Ernesto Kroch

Heimat im Exil – Exil in der Heimat

Ernesto Kroch

Heimat im Exil – Exil in der Heimat

Autobiografie

Assoziation A

Die Autobiografie Ernesto Krochs erschien erstmals 1990 im
Frankfurter dipa-Verlag unter dem Titel
Exil in der Heimat – Heim ins Exil.
Die vorliegende Neuauflage wurde komplett überarbeitet
und um ein Kapitel über die 90er Jahre ergänzt.

Berlin, Hamburg, Göttingen, April 2004
Nachauflage: August 2008

Assoziation A
Gneisenaustraße 2a
10961 Berlin
Tel.: 030-69582971
E-Mail: assoziation-a@t-online.de

ISBN 3-935936-29-X

Titelgestaltung: kv
Druck: Winddruck Siegen

Inhalt

Stefan Thimmel: Ein Leben im Widerstand

»Wehren müssen wir uns dagegen, fertige Ansichten zu übernehmen und weiterzugeben, die dümmste Reaktion ist besser als ein pflichtbewusstes Nachbeten respekteinflößender Litaneien oder ein Schweigen zu Taten, die wir nicht hinnehmen können«, so Peter Weiss in seiner *Ästhetik des Widerstandes.* Ernesto Kroch hat sich in seinem langem Leben immer gewehrt und nie geschwiegen. Ein Beispiel dafür, wie man das Gegenteil von Egoismus lebt. Man lernt wenige so uneitle Menschen kennen. Menschen, die ohne jedes persönliches Gewinnstreben in sich ruhen.

Die Lebensgeschichte des Ernesto Kroch ist eine Geschichte zum Lernen und zum Kennenlernen. Sie beinhaltet viele Geschichten des 20. Jahrhunderts. Angefangen von der Annäherung des aus einem kleinbürgerlichen jüdischen Haushalt in Breslau stammenden Ernst an die Arbeiterbewegung Anfang der 30er Jahre während seiner Lehrjahre als Maschinenschlosser, über seine politische Sozialisation bei den »Kameraden«, einem deutsch-jüdischen Jugendbund dieser Zeit, über sein Engagement im Untergrund gegen den aufkommenden Faschismus, seine Verhaftung im Alter von 17 Jahren, seine Zeit im KZ Lichtenburg, gefolgt von einigen Monaten Zwischenaufenthalt in Ungarn und Jugoslawien, bis er im Alter von 21 Jahren Ende 1938 auf einem Schiff Europa in Richtung Lateinamerika verlässt. Die Geschichte Ernesto Krochs ist ein Beispiel für eine »andere«, minoritär gebliebene deutsche Geschichte des letzten Jahrhunderts.

Das Besondere am Lebensweg des 1917 in Breslau Geborenen ist die Parallelität der Ereignisse in seinem Leben. Zwei Mal, im zeitlichen Abstand von 45 Jahren, steht er – wenn auch unter grundverschiedenen historischen Bedingungen – vor einer Entscheidungssituation, weil er sich gewehrt und nicht geschwiegen hat. Gezwungen, sein »Heimatland« zu verlassen, stellt sich für ihn die Frage: Wohin jetzt? Eindrucksvoll beschreibt er im Anfangskapitel *Am Scheideweg* die innere Zerrissenheit und die Zweifel bei diesen Entscheidungen. 1937, im Alter von 20 Jahren, nach der Entlassung aus dem Konzentrationslager stellt sich für den deutschen Juden Ernst Kroch, der die Emigration nach Palästina ablehnt, die Frage, wohin? Mehr aus einem Zufall heraus gelangt er nach Lateinamerika, nach Uruguay. Ein halbes Menschenleben später muss er 1982 die Verhaftung durch die seit 1973 in Uruguay herrschende Militärdiktatur fürchten und steht in Brasilien, wohin er zu Verwandten geflohen ist, wiederum vor der Frage: Wohin jetzt? In Brasilien bleiben, unter Lebensgefahr in den Untergrund nach Uruguay zurückkehren oder nach Deutschland gehen?

Dieses doppelte Exil ist das ganz Besondere am Lebensweg Ernesto Krochs. Ohne Sprachkenntnisse, ohne Vermögen, ohne Beziehungen strandet er in Uruguay, damals wie heute, von Deutschland aus gesehen, ein unbekanntes Land am anderen Ende der Welt. Von dieser anderen Welt erfährt man viel aus Ernestos Autobiografie. Trotz aller Widrigkeiten hat er dieses für lateinamerikanische Verhältnisse kleine Land in sein Herz geschlossen. Und hat auch dort die Geschichte miterlebt und mitgestaltet, ist in dem Land heimisch geworden. Exil ist immer ein schmerzhafter Bruch, aber im traditionellen Einwanderungsland Uruguay, in dem nahezu alle BewohnerInnen von zumeist europäischen ImmigrantInnen abstammen und Rassismus und Diskriminierungen kaum vorkommen, wurde ihm das Einleben erleichtert. *El alemán, el turco* oder *el gallego* – Spitznamen erhalten fast alle, aber es war und ist relativ gleichgültig, wer woher kommt und warum. Das kaum bevölkerte, zwischen den beiden großen Nachbarn Argentinien und Brasilien am Rio de la Plata gelegene Land wird für mehr als 40 Jahre seine neue Heimat. Ein Schicksal, das er mit vielen anderen deutschen EmigrantInnen teilt. Obwohl auch in Uruguay Mitte der 30er Jahre für fünf Jahre eine Diktatur herrscht, betritt er das Land in dem Moment, als die Rückkehr zur Demokratie eingeleitet wird. Eine Demokratie, die bis zum Jahre 1973 Bestand haben sollte. In diesen Jahrzehnten gründet Ernesto Kroch eine Familie, arbeitet als Metallarbeiter über Jahrzehnte im gleichen Betrieb und engagiert sich in der Gewerkschaft und in der Kommunistischen Partei Uruguays. Und obwohl er immer *»El alemán«* geblieben ist, wird er doch zum Uruguayer und verliebt sich in das Land. Sein politisches Engagement, hauptsächlich in der Metallarbeitergewerkschaft, ist auch in Uruguay der Mittelpunkt seines Lebens.

Ernesto Kroch entscheidet sich 1982, als er seiner bevorstehenden Verhaftung durch die uruguayischen Militärs entgeht, für das »Exil in der Heimat« und kehrt nach fast 45 Jahren nach Deutschland zurück. Und das trotz seiner bitteren Erfahrungen unter den Nazis und dem Schicksal seiner Familie. Seine Eltern wurden in Auschwitz von den Nazis ermordet, etwas, was er erst viele Jahrzehnte später bei einem Besuch im KZ Theresienstadt mit Gewissheit erfuhr.

Er macht es sich zur Aufgabe, über Uruguay aufzuklären und von Deutschland aus gegen das Militärregime zu kämpfen. Knapp drei Jahre verbringt er in der Bundesrepublik Deutschland, bevor er 1984 wieder nach Uruguay zurückkehren kann. Die Militärdiktatur geht ihrem Ende entgegen, die Bevölkerung erzwingt die Rückkehr zur Demokratie, und für Ernesto gibt es dieses Mal keinen Zweifel, wohin er gehört. Also wieder ein Neuanfang in Uruguay. Bei diesem Neuanfang knüpft er nahtlos dort an, wo er zweieinhalb Jahre vorher aufgehört hat. Er arbeitet im gleichen Betrieb weiter und engagiert sich in der lokalen Politik, vor allem seines Stadtteils. Gemeinsam mit seiner zweiten Frau Eva Weil, die er in Montevideo – auch sie eine Tochter deutsch-jüdischer Emigranten – kennen und dann Jahre später in Deutschland auf der Zwischenstation nach einer Israel-Reise lieben gelernt hatte. Eva zog 1981 von Frankfurt/Main erneut nach Montevideo, ging 1982 mit Ernesto zurück nach Frankfurt und kehrte mit ihm 1984 nach Uruguay zurück. Seitdem sind sie unzertrennlich. Zu Ernst gehört Eva – oder Feva, wie sie hier genannt wird –, die ihn überall hin begleitet und umgekehrt. Eva, die ebenso unermüdlich ist wie Ernesto. Das praktische politische Engagement, sei es im lokalen Basiskomitee der Frente Amplio (seit fast fünfzehn Jahren regiert das linke Parteienbündnis die Hauptstadt Montevideos), sei es im kommunalen Zentrum im Stadtteil, ist nach wie vor der Mittelpunkt ihres Lebens. Und das Engagement für das Kulturzentrum »Casa Bertolt Brecht«, einem selbstverwalteten Institut in der Altstadt von Montevideo, in dem Kurse stattfinden und Seminare und Veranstaltungen über die aktuelle politische und kulturelle Lage in Uruguay und Deutschland organisiert werden.

Ernesto Kroch ist ein Wanderer zwischen und in den Welten. Zwischen den Welten, weil er es sich seit einigen Jahren gönnt, im uruguayischen Winter ein paar Monate im deutschen Sommer zu verbringen, eine Zeit, die auch immer angefüllt ist, mit Veranstaltungen über Uruguay und mit politischen Diskussionen. Und in den Welten, weil das Wandern in der Natur bis heute eine seiner größten Leidenschaften geblieben ist. Etwas, was aus seiner Jugendzeit herrührt, als er mit den »Kameraden« im Alter von 14 bis 17 Jahren die Natur rund um seine schlesische Heimat erkundete. Die menschlichen Erfahrungen, die er in seinem Leben auf beiden Kontinenten und auf allen seinen Reisen gemacht hat, sind denn für ihn auch heute das Wichtigste: »Alte wie neue Freunde in Uruguay, in Lateinamerika, in Europa und in Deutschland: Dies ist unser größter Schatz.« So Ernesto Kroch in in den Schlusszeilen seiner Autobiografie.

Am Scheideweg

Für Spaziergänge ist São Paulo bestimmt nicht die richtige Stadt. Am wenigsten in der Januarhitze. Aber ich gehe durch die Stadt und bemerke kaum die Autokarawanen, die an mir vorüberziehen. Nehme das fremde Stadtbild – verstreute Wolkenkratzer inmitten eines Häusermeers in gleißendem Sonnenlicht – nur hin und wieder wahr. An Kreuzungen etwa, wo man nicht seinen Gedanken nachhängen darf und bei dem tobendem Verkehr immer den Blick heben muss. Ich bin nicht lebensmüde. Der Straßenlärm filtert sich verworren durch mein Gehirn. Doch es lässt mich nicht los, stets geht es mir durch den Kopf: Kehre ich nach Montevideo zurück? Gehe ich nach Deutschland, in meine erste Heimat, zurück? In ein zweites Exil? Oder bleibe ich hier in Brasilien?

In einem Leben gibt es nur wenige Momente, in denen man an einem Scheideweg steht, aus eigener Entscheidung der Zukunft eine Richtung geben muss. Meist wird man getrieben und lässt sich treiben. Einflüsse der Umgebung, Gelegenheiten, die sich bieten oder verpasst werden, Sachzwänge drängen einen auf diesen oder jenen Kurs. Und dann ergibt eins das andere. Wahre Alternativen bieten sich selten. Fast immer bist du der Spielball äußerer Umstände. Trotzdem bist du fest überzeugt: Alles was du machst, entspringt eigener freier Entscheidung. Nur ob diese freie Entscheidung wirklich so frei ist?

Es gibt Momente des Entweder-Oder im Leben. Mir passiert das zum zweiten Mal, und ich bin inzwischen 65 Jahre alt! Ich kann wählen, bewusst wählen. Zurück nach Uruguay oder nach Deutschland gehen? Oder hier in Brasilien bleiben? Alles wäre möglich. Und je nach Wahl wird meine Zukunft verschieden ausfallen. Wie, weiß ich nicht. In jedem Fall bleiben die Folgen ungewiss. Auch nach Jahren wird man nicht wissen: Hat man richtig gehandelt oder nicht? Denn wohin die nicht verwirklichte Möglichkeit geführt hätte, bleibt auf ewig unbekannt. Und somit unvergleichbar. Auf gut Glück also und unzählige, unwägbare Momente gegeneinander abwägend: Nun muss ich mich entscheiden.

Über Nebenstraßen mit blütenträchtigen Bäumen am Rand des Bürgersteigs – *Paraísos, Jacarandas, Cuaresmas*, die ein wenig Schatten spenden – bin ich am Park Ibirapuera angelangt. Gepflegter Rasen, große Grünflächen, ein japanischer Teich, wenig Spaziergänger, aber eine Menge spielender Kinder auf den Wegen und im Sandkasten. Ich lasse mich auf einer Bank unter einem weit ausladenden Eukalyptusbaum nieder. Die Ereignisse der letzten Tage ziehen wie ein Film an meinen Augen vorüber.

Feva ist in Montevideo zurückgeblieben, um zu sehen, was sich in den folgenden Wochen ereignen wird. Ob sie mich an meinem Arbeitsplatz aufsuchen, ob unsere Wohnung bewacht wird. Ob es zu weiteren Verhaftungen unter meinen Freunden und Bekannten kommt. Gibt es Anzeichen dafür, dass Beatriz unter der Folter Namen genannt hat? Meinen wirklichen Namen kennt sie zwar nicht, und was man nicht weiß, kann man nicht sagen. Für sie bin ich nur Nicolas. Aber sie weiß, wo ich arbeite und dass ich Deutscher bin. Und das genügt, um mich zu identifizieren und aufzufinden.

Deshalb sind wir – Feva und ich – am Sonntag über die Grenze nach Brasilien gegangen. Am Freitag, als ich von der Arbeit im wie immer überfüllten Omnibus nach Hause fuhr, ging Adrian an mir vorbei. War es ein Zufall, dass er im selben Bus fuhr, oder hatte er vielleicht auf mich gewartet. Nur so im Vorübergehen sagte er: »Beatriz ist jetzt da, wo Rosario ist.« Da wusste ich Bescheid. Rosario, der Vorsitzende der Metallarbeitergewerkschaft, saß seit nun schon sechs Jahren im Militärgefängnis von Libertad. Libertad, Freiheit, so heißt eine kleine Ortschaft ca. 30 km nördlich von Montevideo gelegen. Ausgerechnet hier wurde das Männergefängnis für die politischen Häftlinge errichtet. Adrian teilte mir also mit, dass Beatriz, die meine Verbindung zum Finanzsekretariat der Gewerkschaft war, ebenfalls im Gefängnis war.

Das war am Freitagabend. Falls Beatriz unter der Folter tatsächlich die ihr bekannten Daten über meine Person aussagen sollte, würden die Militärs in die Fabrik gehen, um aus der Personalliste oder nach Befragung des Betriebsleiters meinen Namen und Wohnsitz ausfindig zu machen. Doch die Fabrik war bis zum nächsten Montag geschlossen. In Uruguay gibt es kein Einwohnerregister. Niemand ist bei einem Ordnungsamt gemeldet. Die Fabrikbesitzer am Wochenende aufzufinden wäre zwar nicht unmöglich, doch ziemlich unwahrscheinlich. Ich konnte also bis zum Montag relativ beruhigt sein. Relativ – denn irgendwie konnten die Militärs natürlich doch einen der Besitzer auftreiben. Bei der Steuerbehörde war die Firma und eventuell auch deren Besitzer mit Wohnsitz eingetragen. Zudem war mein Chef ein Jahr zuvor meinetwegen zum Generalstab der Armee zitiert worden.

Eine Denunziation gegen mich sei eingelaufen, ich sei »Kommunist«, kassiere im Betrieb Beiträge für die verbotene Metallarbeitergewerkschaft, das Unternehmen solle mich sofort entlassen. Anscheinend gab es damals noch keine ausreichenden Gründe, um mich festzunehmen. Auf solche Anzeigen hin hätten sie ansonsten weitere Tausende verhaften müssen, wo ohnehin schon alle Kasernen und Gefängnisse mit Leuten überfüllt waren, die für »gefährlicher« gehalten wurden. Aber ich sollte kein Unheil mehr im Betrieb anrichten können, und meine Entlassung sollte den Kontakt mit den Arbeitskollegen unterbinden und ich selbst damit verwarnt sein. Damals hatte mich mein Chef, der meine politische Einstellung sehr wohl kannte, vor den Militärs verteidigt. Er hob meine Arbeitstugenden hervor, meine Kenntnisse, meine Tüchtigkeit. Und schilderte, dass ich die Planung im Technischen Büro leiten und den Arbeitsprozess organisieren würde und dass die Arbeiter meine Vorgaben und Anleitungen respektierten. Er könne mich nicht entlassen, die ganze Produktion würde dadurch nachhaltig gestört werden. Die Firma habe schließlich auch Aufträge von der Armee. Daraufhin entgegnete der Oberst, der ihn und den zweiten Fabrikdirektor empfangen hatte: »Das ist ja gerade die Taktik der Kommunisten. Sie beherrschen die Technik, sie arbeiten vorbildlich, sie avancieren auf diese Weise in leitende Positionen, um, einmal in Schlüsselstellungen infiltriert, unentbehrlich zu werden.« Meinem Chef soll darauf entfahren sein: »Wenn das der Kommunismus ist, so soll er hochwillkommen sein.« Beinahe hätte man ihn gleich, an meiner Stelle, dort behalten. Ich war also bei den Generälen kein unbeschriebenes Blatt, was die Gefahr für mich erhöhte. Allerdings war die Kooperation zwischen den verschiedenen Instanzen der Armee und der Polizei alles andere als perfekt. Ihre Geheimdienste und Kommandostellen verfolgten grausam und unerbittlich jeden des Widerstandes Verdächtigen, aber jede Abteilung handelte auf eigene Rechnung. Eine Zentralisierung der Daten war angestrebt, aber wie alles in Uruguay – in diesem Falle zum Glück! – improvisiert und nur zum Teil realisiert. Die nordamerikanischen Botschaftsattachés – wie der von den Tupamaros ermordete Folterexperte Dan Mitrione – sowie die Agenten der CIA hatten ihr Bestes getan, Ordnung und System in den Repressionsapparat zu bringen, aber außer bei der Perfektionierung der Verhör- und Foltermethoden nur mäßige Erfolge erzielt. Andererseits, ebenfalls aufgrund der Spontaneität und des fehlenden Ordnungssinns der Uruguayer, erleichterten wir den Milicos ihre Arbeit durch Unvorsichtigkeit, Unpünktlichkeit und eine traditionelle Schludrigkeit.

So sprach vieles dafür, dass bis zum Montag nichts zu befürchten war. Dann allerdings konnte die Falle zuschnappen. Niemand konnte dafür bürgen, dass unter der bestialischen Folter, der jeder unterworfen wurde, der in die Hände der Militärs fiel, nicht ein Name genannt, nicht ein Hinweis entrissen wurde. Und blieb ich im Lande, konnten sie auch mich holen kommen. Dann wäre es zu spät.

Mit Feva überdachte ich am Samstag das Für und Wider. Feva lebte erst seit einem Jahr mit mir zusammen. Als wir uns entschlossen hatten, zusammen zu leben, hatte sie ihre Arbeitsstelle in Frankfurt am Main aufgegeben und war wieder nach Montevideo gekommen, wohin sie als neunjähriges Mädchen mit ihren Eltern emigriert war. Meine Frau war über drei Jahre zuvor gestorben, unsere Tochter und unser Sohn lebten in Montevideo. Ich hatte eine Anstellung, seit fast vier Jahrzehnten in derselben Werkstatt, eine Arbeit, die mir gefiel, weil es immer Neues und Interessantes dabei zu tun und zu entdecken gab und wenig Routine herrschte. Ich verstand mich gut mit allen Arbeitskollegen und auch mit dem Chef. Seitdem dieser vor zehn Jahren den Betrieb übernommen hatte, verdiente ich ganz gut, konnte mir Reisen erlauben und war von unmittelbaren

Geldsorgen befreit, nachdem ich unter dem vorhergehenden Chef stets am Rande der Verzweiflung unseren Haushalt auszubalancieren hatte. Meine politische und gewerkschaftliche Aktivität hielt ich für sinnvoll genug, um zu glauben, hier sei ich am rechten Platz, hier gehörte ich hin. Und das auch unter der Diktatur, trotz oft starker Nervenanspannung, trotz aller Ängste.

Uruguay war zu meiner zweiten Heimat geworden, nachdem ich meine erste Heimat verlassen musste. Ins Exil gegangen, hatte ich hier bald Fuß gefasst und Haushalt und Familie gründen können. Und nun sollte ich dieses Land, in dem ich mich eingelebt und wie zu Hause gefühlt hatte, von einem Tag auf den anderen – vielleicht für immer – verlassen? Ein ungewisses Leben fernab beginnen, ohne zu wissen, wo und wie. Aber wäre das noch ein Zuhause, wenn man mir die Kapuze über den Kopf stülpen, mich durch die »Maschine« ziehen und, falls ich die Tortur überhaupt überleben würde, für ungewisse Zeit im Militärgefängnis oder in einer Kaserne verschwinden lassen würde? Natürlich konnte die Gefahr auch vorübergehen, wenn weder Beatriz noch irgendein anderer, der mich kannte und von dem ich nur noch nicht wusste, dass er bei der jüngsten Razzia in die Klauen der Militärs gefallen war, meine Daten angab. Dann würde ich, obwohl immer mit dem Risiko lebend, gefasst zu werden, ebenso weiter leben und arbeiten wie bisher. Wenn, dann – so ging es durch meinen Kopf. Was aber nach diesem Sonntag geschehen würde, war nicht vorauszusehen. Und am Montag wäre ich vielleicht bereits jeder eigenen, freien Entscheidung enthoben und ein Spielball in Händen skrupelloser Folterknechte.

Das Für und Wider abwägend, entschieden wir uns für die Flucht. Zunächst über die brasilianische Grenze, nach São Paulo, wo Fevas Bruder wohnte. Dort würde ich erst einmal abwarten, was in Uruguay passieren würde. Feva, die nicht gefährdet war, konnte mir Nachricht zukommen lassen. Ohne einen Bescheid von ihr würde ich keinesfalls zurückkommen. Vorsichtshalber hatte sie mich noch bis über die Grenze begleitet. Für alle Fälle. Sollte ich am Grenzübergang verhaftet werden, war wenigstens eine Zeugin dabei. Festnahmen ohne Beisein von Zeugen waren die gefährlichsten, das Risiko des »Verschwindens« war um ein Vielfaches größer.

Wir hatten den Bus von Montevideo ins brasilianische Porto Alegre genommen. Dort musste man umsteigen, um nach São Paulo zu kommen. Es passierte nichts. Unbehelligt, aber mit bebendem Herzen, kamen wir in Chuy durch die Grenzkontrollen. Ein Gefühl der Erleichterung überkam uns. Ein bleierner Druck war von uns gewichen, denn mit der Wahrscheinlichkeit ist das so eine Sache. Du kannst dir ausrechnen, dass das, was du befürchtest, zu 95 Prozent unwahrscheinlich ist – meine Festnahme an der Grenze –, dass fast alles dagegen spricht. Die restlichen fünf Prozent Wahrscheinlichkeit und das »Fast« genügen, um wie eine unerträgliche Beklemmung auf Herz und Brust zu lasten. Du atmest erst wieder frei auf, wenn alles vorüber ist. Ich erinnerte mich an eine ähnliche Situation, 24 Jahre zuvor. Damals passierte ich die deutsch-tschechoslowakische Grenze und hatte dasselbe Gefühl, das Territorium der Freiheit betreten zu haben.

Dabei war Porto Alegre, obwohl schon über 400 km landeinwärts gelegen, alles andere als ein vor dem Zugriff der uruguayischen Geheimdienste sicherer Ort. Kurze Zeit darauf sollte ein uruguayisches Ehepaar, Universindo und Lilián Celiberti, mit seinen zwei Kindern von einem uruguayischen Militärkommando unter Mithilfe brasilianischer Polizisten aus seiner Wohnung in Porto Alegre nach Montevideo entführt und dort furchtbar gefoltert werden. Wir beschlossen zu feiern. Bevor sich unsere Wege trennten, wollten wir noch einen Tag zusammen in den Bergen der Serra Gaucha, nördlich von Porto Alegre, verbringen. Wir nahmen den Bus und waren in weniger als zwei Stunden in Nova Petropolis bei »Tante Gretel«, einem Ferienheim, in dem evangelische Gruppen Treffen veranstalteten, aber auch Bungalows an Ausflügler und Touristen vermietet wurden. Wir bezogen einen solchen Bungalow mitten im Park und verbrachten einen idyllischen Tag in der Natur und die Nacht in der diskreten Geborgenheit unserer Holzhütte. Nach dem Frühstück am anderen Morgen wohnten wir dem Gottesdienst jener kleinen Gemeinde bei. Der Pfarrer richtete dabei seine Worte offensichtlich an uns, denn er sprach so langsam und gut artikuliert, dass wir von der in Portugiesisch gehaltenen Predigt fast alles verstehen konnten. Er wollte uns überzeugen, dass »O senso da vida«, der Sinn des Lebens, im Glauben an Jesus Christus lag. Nach der Andacht entwickelte sich ein angeregter Dialog zwischen Feva und dem Geistlichen, Spanisch gegen Portugiesisch, über die irdischen Konsequenzen überirdischen Glaubens.

So verging ein wundervoller Tag. Nachmittags, wieder in Porto Alegre, trennten sich unsere Wege. Feva fuhr mit dem Bus südwärts nach Montevideo, ich nordwärts nach São Paulo. Bereits zuvor hatten Feva und ich ihren Bruder dort besucht. 2.000 km von Montevideo aus! 32 Stunden Omnibusfahrt! Diesmal allerdings machte ich die Fahrt allein. Neben mir saß nicht Feva, sondern ein Fremder. Ein langer Nachmittag und Abend. Eine lange Nacht allein mit mir und dem befreienden Gefühl, einer Gefahr entronnen zu sein, aber vor mir ein dichter Schleier der Ungewissheit über die Zukunft.

Diese Ungewissheit beschäftigt mich, während ich auf der Bank im Schatten des Eukalyptusbaumes im Park Ibirapuera sitze. Wohin? Wie und wo neu beginnen? Neu beginnen, ein großes Wort, voll Lebensmut und Optimismus! Aber was beginnen? Mit 65 Jahren eine Anstellung in der Bundesrepublik Deutschland bei über zwei Millionen Arbeitslosen suchen? Dampfkesseltechnik *Made in Uruguay* ist im »High-Tech-Land« Deutschland wohl kaum gefragt. Also was dann? Mein Spanisch nutzen? Bei so vielen Gastarbeitern von der iberischen Halbinsel? Leicht wird es bestimmt nicht sein, Fuß zu fassen. Überhaupt, in was für ein Land komme ich da? Es ist meine Heimat, das ja. Aber es ist nicht mehr das Land, dass ich verlassen musste. Und diesmal käme ich nicht als Besucher oder Tourist, sondern als »Asylsuchender«. Dort Zuflucht suchend, von wo ich vertrieben wurde.

Ja, ich bin »Heimatvertriebener«. Ich stamme aus Breslau. Jetzt heißt es Wroclaw. Ich bin also ein Schlesier! Ein »Vertriebener«, ja das ist das richtige Wort. Doch nicht von den Russen oder den Polen vertrieben. Nein, fast ein Jahrzehnt, bevor die Rote Armee in diesen Teil des ehemaligen Deutschen Reichs einmarschierte, wurde ich von den Nazis vertrieben. Und obwohl diese *via crucis* mich viel gekostet hat, Jahre der Freiheit, Jahre meiner Jugend, muss ich das als einen »Glücksunfall« des Schicksals betrachten, denn andernfalls wäre ich wohl kein Vertriebener, sondern vergast worden. Wahrscheinlich hätte ich, wäre ich nicht damals bei Oderberg über die Grenze gegangen, das Schicksal meiner jüdischen Eltern geteilt, deren Spuren sich im Jahre 1942 im Konzentrationslager Theresienstadt verlieren. Dort oder in Maidanek oder Auschwitz oder Treblinka, ich weiß es nicht.

Werde ich dennoch nach Deutschland zurückkehren? Seit gestern ist das wahrscheinlicher geworden. Gerardo, ein Arbeitskollege aus meiner Fabrik und ebenfalls aktiv im Widerstand gegen die Militärdiktatur, kam gestern mit seiner Familie aus Montevideo in São Paulo an. Er hatte bemerkt, dass sein Haus beobachtet wurde, und wollte nicht warten, bis die Militärs ihn verhaften würden. Natürlich war das noch kein Beweis dafür, dass sie auch hinter mir her waren, aber doch ein weiteres alarmierendes Signal. Feva hatte mit Gerardo noch vor seiner überstürzten Abreise sprechen können. Er sollte mir mitteilen, dass es weder zu Hause noch in der Fabrik – sie hatte bei meinem Chef nachgefragt – Anzeichen dafür gäbe, dass sie mich suchten. Auch das war kein sicherer Beweis dafür, dass sie es nicht dennoch taten. Denn fast nie schlugen sie sofort zu, sondern warteten eine Zeit ab, bis der Verfolgte sich unbeobachtet und sicher fühlte, folgten ihm dann erst von weitem und passten auf, mit wem er sich traf.

Nach Uruguay zurückzukehren war im Moment keine Alternative. Und je länger ich fortblieb, umso eher konnte das Verdacht erregen. Mein Chef, der noch auf meine Rückkehr hoffte, hatte in der Fabrik verlauten lassen, er hätte mir eine Art Krankenurlaub gegeben. Ich hätte einen Nervenzusammenbruch erlitten, von dem ich mich erholen müsste. Einigen, die von meiner Überarbeitung wussten – zwischen zehn und zwölf Stunden war mein Tagespensum damals –, mochte das glaubhaft scheinen. Andere wiederum – wohl die Mehrzahl – tippten gewiss eher auf eine politische Motivation. Vor allem nachdem auch Gerardo nicht mehr zur Arbeit erschien.

Die meisten wussten von unserer politischen Überzeugung. Trotzdem, von den Arbeitern und Angestellten drohte kaum Gefahr. Denunziationen waren eine Seltenheit unter den Arbeitern. Die Gefahr bestand eher darin, dass der eine oder andere ungewollt Kommentare über mein Verschwinden vor den falschen Leuten machte.

Am Sonntagmorgen vor meiner Abfahrt war ich noch in der Wohnung meines Chefs gewesen und hatte ihm reinen Wein eingeschenkt. Ohne dass ich ihn darum gebeten hatte, schoss er mir von sich aus 500 Dollar vor und gab mir die Adresse einer brasilianischen Gesellschaft für Dampfkesselbau in São Paulo, mit der er über eine Lizenz für Holzvergaser in Verhandlungen stand. Das war eine Technik, die wir in den letzten Jahren erfolgreich entwickelt hatten. Ich sollte mich bei jener Firma melden und, da ich maßgeblich an der Entwicklung dieses Projekts mitgearbeitet hatte, den Bau der Holzvergaser und der von diesen gespeisten Dampfkessel leiten.

So hatte ich mich bei dieser Firma in Diadema, einem Vorort São Paulos, vorgestellt und es bestand die Möglichkeit, dort zu arbeiten. Doch gerade zu dieser Zeit war man dabei, die Produktion nach Nova Iguaçu, einer Satellitenstadt von Rio de Janeiro, zu verlegen. Bei dem Gedanken an die Tropenhitze dort, das Abgeschnittensein von Freunden und Kultur, dem zweifelhaften Ruf jenes nach frühkapitalistischem Muster im Eiltempo emporschießenden und von Banden geprägten Industriezentrums, konnte ich mich nicht recht dafür begeistern. Gewiss wäre mir die Umgebung dort noch fremder als die in Deutschland vorgekommen. Andererseits blieb ich dort noch auf demselben Kontinent wie meine Kinder und Enkelkinder.

Für und Wider – Uruguay, Brasilien, Bundesrepublik Deutschland: Für einen Weg muss ich mich entscheiden. Der Schatten des Eukalyptusbaumes wird länger. Die Luft flimmert nicht mehr, die Hitze ist erträglicher geworden. Auch sind jetzt mehr Menschen auf den Parkwegen, Entspannung suchend vom Stress des Arbeitstages, von der Bruthitze in Werkstätten und Büros, von der Hektik der Großstadt. Nur in meinem Kopf fiebert es noch und geistert die Frage herum: Wohin?

Ins Dunkle tretend ...

Auf dem Weg von der Berufsschule zur Fabrik machte ich einen kleinen Umweg. Ich wollte den Zettel mit der Verabredung bei Büttner abgeben. Die Fabrik »Smoschewer und Co., Feldbahnbau und Lokomotiven«, in der ich als Maschinenschlosserlehrling arbeitete, lag weit außerhalb der Stadt, in Klein-Mochbern. Dass ich für keine zwei Stunden bis zum Feierabend noch mal raus musste, war eine Formsache. Für mich, der ich im Süden der Stadt wohnte, großer Mist. Nach Schluss der Berufsschule hätte ich zum Mittagessen zu Hause sein können. Jedenfalls – ob ich nun direkt zur Arbeit fuhr oder vorher noch bei Büttner vorbei, machte schon nichts mehr aus. Ich hatte ja nur – ihm oder seiner Mutter, falls er nicht zu Hause war – den Zettel abzugeben.

Georg Büttner wohnte in einem Arbeiterviertel. Mietskasernen, Hinterhöfe, dunkle Korridore und dunkle Treppenaufgänge. Die Dunkelheit sollte mir zum Verhängnis werden. Na, vielleicht hätten sie mich auch so erwischt. Ich stellte also meinen Drahtesel vor dem Haus ab, ging zu Büttners in den ersten Stock und klingelte. Den Zettel hatte ich schon in der Hand.

Vielleicht hätte ich fragen können, in welchem Stock Schmidts oder Schulzes wohnten. Aber in der Dunkelheit konnte ich ja nicht sehen, dass es ein Unbekannter war, der mir die Tür öffnete. Ich fragte nach Georg.

Die Person, die aus der Dunkelheit trat, zog mich brüsk in die Wohnung hinein. Eine andere öffnete eine Zimmertür. Jetzt erst fiel ein wenig Licht in die Diele, und ich sah zwei unbekannte Männer vor mir. Der mir aufgemacht hatte, ein mittelgroßer mit Menjoubärtchen, riss mir auch schon den Zettel aus der Hand.

Verdattert, wie ich war, kam kein Ton aus mir heraus. Durch die offene Tür konnte ich in ein chaotisches Zimmer blicken. Möbel, Bücher, Kleider, alles lag durcheinander auf dem Boden und auf dem Bett. Weder Georg noch seine Mutter schienen da zu sein.

»Sie begleiten uns ins Polizeipräsidium«, sagte der mit dem Menjoubärtchen. Dass die beiden Typen von der Gestapo waren und dass das, was in Büttners Wohnung vorging, eine Hausdurchsuchung war, war mir inzwischen aufgegangen.

»Ich muss aber unbedingt vor halb zwei bei meiner Arbeit sein. Meinem Freund, dem Georg, wollte ich auf dem Weg dahin doch nur mal ›Guten Tag‹ sagen.«

Der Beamte dürfte auf meinen naiven Ablenkungsversuch kaum eingegangen sein. In der Erinnerung blieb mir aber, als hätte er gesagt: »Na, nun kommen Sie mal mit. Das wird sich ja alles bei der Verhandlung herausstellen.«

Wahrscheinlich sagte er etwas ganz anderes und in einem wesentlich weniger gemütlichen Ton. In der Erinnerung verklärte sich mir jedoch das Schreckliche, das bevorstand, in diesen farblos sachlichen Worten. Und im Grunde kommt es ja kaum darauf an, wie etwas gesagt wird, sondern was es tatsächlich bedeutet. Und das wurde mir sofort klar, als ich in einem kleinen Auto zwischen den beiden Gestapoleuten – dem Menjoubärtchen und dem anderen mit dem Fuchsgesicht – auf dem Hintersitz saß und wir durch die Straßen Breslaus ins Polizeipräsidium auf der Graupenstraße fuhren. Mein Fahrrad war angeschlossen vor Büttners Haus stehen geblieben. Sie würden es später holen, sagte das Fuchsgesicht, und auch all meine anderen Einwände betreffs Benachrichtigung der Betriebsleitung, weil ich nicht rechtzeitig zur Arbeit kommen könne, verhallten ungehört und unbeantwortet. Eigentlich hätte all das meine geringste Sorge sein sollen. Es zeugte nur von der Weigerung, mir den ganzen Ernst der Situation einzugestehen. Verzweifelt so zu tun, als ob das nur eine unangenehme, kurze Unterbrechung meines normalen Lebens wäre. Als ob ich morgen das Rad wieder brauchen würde, mich morgen im Betrieb für eine Verspätung entschuldigen müsste.

Dabei war ich mir, trotz meiner natürlichen Einfalt und meiner siebzehn Jahre, stets der Konsequenzen bewusst gewesen, die meine illegale antifaschistische Betätigung, einmal aufgedeckt, haben musste. Eben deshalb würde ich auch unter keinen Umständen irgendeine politische Verbindung mit Büttner oder wem auch sonst zugestehen.

Als mich dann die beiden von der Gestapo an der »Rezeption« unten im Polizeipräsidium ablieferten, sah ich, dass da einige junge Burschen standen, denen man die Taschen durchsuchte und alles wegnahm. Daher bat ich, bevor ich an die Reihe kam, auf die Toilette gehen zu dürfen, »ich müsste mal eilig«. »Der pinkelt sich ein.« Ein Polizist lachte höhnisch und begleitete mich zu einem Klo, ließ die Tür aber offen und blieb dicht hinter mir stehen.

Ich hatte nämlich noch einen Zettel mit einer Verabredung für eine andere Kontaktaufnahme in der Tasche. Kontakte rissen damals oft ab, und es kostete dann besondere Mühe, sie wieder herzustellen. Auf dem Klo jedenfalls konnte ich das Papierchen unauffällig hinunterspülen. Erleichtert ging ich daraufhin durch die Kontrolle, gab alles ab, was ich in den Taschen hatte, Kamm, Schlüssel, Portemonnaie, und ließ mich, nun ganz unbekümmert, durchsuchen. Auch die Armbanduhr und meinen Gürtel musste ich abliefern. Wegen des Zettels, den mir das Menjoubärtchen weggenommen hatte, musste ich mir allerdings noch etwas einfallen lassen.

Ein Uniformierter brachte mich danach in eine Einzelzelle in einer der oberen Etagen. Jetzt war ich mit mir allein und konnte meine Lage in Ruhe überdenken.

Ich war in eine Falle gelaufen. Der Raum, in dem ich mich befand, war dazu angetan, mir das auch bildlich zu vergegenwärtigen. Eine eiserne Tür und ein kleines vergittertes Fenster, nicht größer als 50 cm breit und 30 cm hoch, weit über Kopfhöhe, fast an der Decke. Ein Holztischchen und ein Stuhl sowie ein Klappbett, mit Scharnieren an einer der Seitenwände hochgeklappt, eine Strohmatratze dazwischen. Das war das einzige Mobiliar der engen Zelle. Sie mochte einen Meter fünfzig breit und vielleicht drei Meter lang sein.

Mit meinen Händen langte ich gerade an die Gitterstäbe des Fensters und zog mich mit einem Klimmzug hinauf. Das Fenster ging auf einen Hof. Gegenüber und zu beiden Seiten sah man von unten bis oben nichts anderes als solche Gitterfenster. Nicht mal auf die Straße konnte man sehen. Ich setzte mich auf den Stuhl und dachte nach. Bei einem Verhör hatte ich gewiss zwei Fragen zu beantworten: Woher kannte ich Büttner, und wer war Marianne? Denn auf dem Zettel, den das Menjoubärtchen mir abgenommen hatte, stand: »Marianne erwartet dich, Flüche über deinem Haupt entladend, um 6 Uhr nachmittags an der Friedrich-, Ecke Sadowastraße.«

Natürlich war »Marianne« nicht Marianne. In Wahrheit hieß sie Ruth. Und sechs Uhr bedeutete nicht sechs, sondern sieben Uhr. Es war meine Schrift. Ich konnte also nicht gut sagen, das hätte mir ein Unbekannter zugesteckt. Folglich musste ich auch eine Marianne kennen.

Schön, dann kannte ich sie alle beide, den Büttner und die Marianne vom Baden am Oderstrand. Vor einigen Wochen hätten wir uns da kennen gelernt, seien gemeinsam geschwommen, hätten uns angefreundet und heute hätte ich auf dem Weg zur Arbeit zufällig besagte Marianne getroffen. Da hätte sie mir ihr Leid geklagt, Büttner, ihr Freund, hätte sie letztens sitzen lassen, ich möchte doch so freundlich sein und ihn zu jener Zeit an jenen Ort hinzitieren, sie wolle, seiner Mutter wegen, nicht zu ihm in die Wohnung. Und da ich auf dem Wege zur Arbeit ohnehin bei Büttner vorbeikäme ... warum sollte ich ihr den Gefallen nicht tun?!

Das Risiko bei dieser Darstellung war nur, dass Büttner eine andere Erklärung dafür geben konnte, woher er mich und woher er Marianne kannte. Dass er keine politische Bekanntschaft angeben würde, war anzunehmen. Damit hätte er sich ja nur selbst belastet. Und es war auch eine Tatsache, dass wir uns des Öfteren am Oderstrand getroffen hatten. Also, vielleicht hatte ich Glück, und er sagte etwas Ähnliches aus. Auch er musste ja bestrebt sein, unsere Bekanntschaft dem Zufall zuzuschreiben und alles so harmlos wie möglich darzustellen. Marianne zu kennen, würde er, der den Zettel ja nicht gelesen hatte, zuerst gewiss ableugnen. Doch stand es nicht in meiner Macht, diesen offensichtlichen Widerspruch zu verhindern.

Ich konnte dann der Gestapo nur sagen: »Vielleicht will er nichts mehr von ihr wissen. Er hat sie ja vorher schon sitzen lassen. Schließlich ist das seine Sache.« So malt man sich aus, was auf einen zukommt, und dann kommt alles ganz anders.

Um sechs kamen sie mich holen. Ich hatte meinen Namen schon auf dem Flur rufen hören, und mein Herz klopfte schneller. Wenig später knarrte das Schloss, ein Polizist führte mich durch lange verschlungene Gänge treppab. Ich nahm an, zum Verhör. Aber unten übergab er mich denselben Kommissaren, die mich zur Mittagsstunde verhaftet hatten. Sie setzten mich wieder ins Auto. Eingepfercht zwischen ihnen auf dem Hintersitz, ging es zur Friedrich-, Ecke Sadowastraße. Da stellten sie mich an den Bürgersteig. »Hier bleiben Sie, bis Marianne kommt. Wir stehen hinter Ihnen. Unternehmen Sie einen Fluchtversuch, schießen wir.«

Es war November, und am Abend wurde es schon ziemlich kühl. So vertrat ich mir ab und zu die Beine und rieb mir die Hände, da ich keine Handschuhe hatte. Ich wusste, Marianne würde erst um Punkt sieben kommen. Vielleicht warteten sie nicht so lange und brachten mich vorher ins Polizeigefängnis zurück. Um sechs würde ja niemand erscheinen.

Es kam aber anders. Ein leicht angetrunkener Mann eilte auf mich zu – »Hallo Heinrich, was machst du denn hier?« – und schüttelte mir die Hand. Dann sah er mir ins Gesicht – »Ach, entschuldigen Sie, ich dachte, 's wär der Heinrich« – und torkelte weiter. Er mochte keine zehn Schritte weit gekommen sein, da wurde er, wie ich mit einem flüchtigen Seitenblick gewahrte, von meinen Begleitern festgenommen. Wahrscheinlich brachten sie ihn gleich ins Auto. Als ich ihn später auf der Rückfahrt neben mir sitzen sah, war er totenbleich, anscheinend aber gänzlich nüchtern. Das Menjoubärtchen redete ihn unaufhörlich mit »Marianne« an.

Ehrlich gesagt, belustigte mich das Ereignis. Ich hoffte, die Gestapo würde der falschen Fährte folgen. Das würde anderen, die gefährdet sein konnten, Zeit zum Abhauen geben. Da jener Freund eines Heinrichs aber nicht Punkt sechs Uhr, sondern etwa eine Viertelstunde später gekommen war, dazu noch blau, waren sie sich ihrer Sache doch nicht ganz sicher. Fürs Erste ließen sie mich jedenfalls weiter an der fatalen Ecke stehen.

Da trat von hinten jemand an mich heran, klopfte mir auf die Schulter. »Wie geht's Ernst?« Ich erschrak. Es war ein Genosse, den ich vor zwei Jahren, also vor der Machtübernahme der Nazis, flüchtig kennen gelernt hatte und mit dem ich seitdem nichts mehr zu tun hatte.

»Hau ab!«, konnte ich ihm zuflüstern, »die Gestapo hat mich hier als Lockvogel hingestellt. Wenn sie dich fragen, sagst du, wir kennen uns von der Berufsschule.«

Er verschwand eiligst. Wahrscheinlich nahmen sie ihn gleich darauf fest, vielleicht aber auch erst, nachdem sie ihm gefolgt und ihn tagelang beobachtet hatten – ich weiß es nicht, ich wurde ihm nie gegenübergestellt.

Erst zwei Jahre darauf sollte ich ihn im KZ Lichtenburg wiedersehen. Wie er mir dort sagte, wurde er damals nicht verhaftet, sondern erst später und auch wegen einer ganz anderen Sache. Aber natürlich war es schon möglich, dass sie an jenem Abend auf ihn aufmerksam geworden waren.

Inzwischen waren die Straßenlaternen angegangen, mir wurde immer kälter und ich bangte, es müsste nun bald sieben sein und Ruth – die wahre »Marianne« – auf der Bildfläche erscheinen. Und da kam sie auch schon die Friedrichstraße runtergeradelt.

Ich sah ihr abweisend starr in die Augen. Mit den Händen, die ich mir vor Kälte gegeneinander rieb, winkte ich ihr ab. Das konnten meine zwei Begleiter, fünf Meter hinter mir, nicht sehen. Jedenfalls hatte Ruth meinen Blick und das Zeichen mit der Hand verstanden. Ein gutes Stück vor mir bremste sie, stieg vom Rad, stutzte – schließlich sollte ja nicht ich, sondern Büttner sie hier erwarten –, stieg sogleich wieder auf und radelte weiter. So entkam sie – und auch ich – einer Gegenüberstellung.

Mehrere Tage verbrachte ich daraufhin in meiner kleinen Zelle, ohne dass man sich um mich kümmerte. Mir selbst überlassen, kreisten meine Gedanken unaufhörlich um eine Frage: Was stand mir bevor? Würden sie mich in eins ihrer »Braunen Häuser«, die berüchtigten SA-Kasernen, schleppen und mich da zusammenschlagen? Oder hätte ich vielleicht Glück und es bliebe bei einem Verhör, bei dem meine Aussagen nicht durch die von Büttner Lügen gestraft würden und auch kein anderes belastendes Moment gegen mich spräche. Denn so wie Büttner konnten sie auch andere Genossen verhaftet haben, und je mehr, umso wahrscheinlicher war es, dass einer mich kannte. Da ich in der ganzen Zeit keinen Menschen zu sehen bekam, außer dem Gefängniswärter und den Suppenausteilern, hatte ich nicht die geringste Ahnung, wie es um meine Lage bestellt war.

Der Optimismus der ersten Tage, dass sie mir weiter keine Bedeutung beimessen und mich freilassen würden, verflog sehr bald. Und damit die lächerliche Sorge um das Fahrrad, um das Fehlen am Arbeitsplatz und auch um mein Fernbleiben von Zuhause. Inzwischen mussten meine Eltern wissen, wo ich gelandet war.

Aber auch der anfänglich lähmende Schock schwand. Ich begann, klarer zu denken, systematisch alle möglichen Anklagen gegen mich zu erwägen, und wie ich sie erwidern konnte. Gewiss, es gab da viele Unbekannte: Hatten sie etwa bei einer Hausdurchsuchung in unserer Wohnung im Spülkasten der Toilette den Gummibeutel mit den Berichten aus den Betrieben der Metallindustrie gefunden? Derart gut versteckt! ... Unwahrscheinlich, aber nicht unmöglich. Für diesen Fall musste ich mir zurechtlegen, woher ich die Berichte hatte und zu welchem Zweck ich sie aufbewahrte. Zum Glück war es meine eigene Handschrift. Also konnte ich auf Gerüchte hin, die ich irgendwo mal vernommen hatte, mir das aufgeschrieben haben, um mir ein Bild von der Situation in meiner Branche zu machen. Nicht gerade glaubhaft, aber etwas musste ich schließlich sagen.

Und was war, wenn Büttner oder irgendein anderer Genosse, von dem ich nur noch nicht wusste, dass er in ihre Hände gefallen war, zugab, mich zu kennen?

»Beim Baden an der Oder kennen gelernt« wäre da wohl das Unverfänglichste. Bezogen mich aber ihre Aussagen in politische Aktivitäten ein, dann war der Bart ab. Aussage verweigern schien mir idiotisch. Eine derartige Brüskierung der Gestapo wäre einem Selbstmord gleichgekommen. Aber ich nahm mir vor, immer nur so viel zuzugeben, wie sie ohnehin bereits erfahren hatten. Keinesfalls mehr und keinesfalls einen anderen gefährden. Das war mein Vorsatz. Dabei musste ich allerdings scharf aufpassen. Denn, das war mir klar, sie würden bluffen und vorgeben, Sachen zu wissen, die sie nur vermuteten. Eine komplizierte Situation! In diesen leeren Tagen zermarterte ich mir das Hirn mit der Vorstellung des Verlaufs verschiedenartigster Verhöre.

Das macht einem die Nerven kaputt. Und das war wahrscheinlich auch die Absicht der Gestapo. Als ich dahinter kam, hörte ich zu grübeln auf – soweit man seine Sinne in solch einer Situation überhaupt beherrschen kann. Ich beschloss, mich auf Abwarten und Improvisieren zu verlegen und mich mit Mathematik, den trigonometrischen Additionstheoremen, zu beschäftigen. Ich rekonstruierte die Formeln im Kopf, aber ganz wollte das Ablenkungsmanöver nicht gelingen.

Nach einer Woche – schätze ich – holte man mich zum ersten Verhör. Ein Beamter fragte mich im trockensten Bürokratenstil nach meinen Beziehungen zu Büttner und zu Marianne, ich gab meine vorbedachte Version zum Besten, und er setzte sich an die Schreibmaschine, nahm ohne den geringsten Einwand oder Widerspruch zu dem, was ich sagte, Wort für Wort zu Protokoll und ließ mich unterschreiben.

Dass er nicht einmal auf die offenkundigen Lücken und Unschlüssigkeiten meiner Aussage einging, machte mich stutzig. Dass sie sich mit dieser einfältigen Darstellung nicht zufrieden geben würden, war mir – obwohl ich damals ein recht naiver Junge war – doch ziemlich klar. Eine Katastrophe stand bevor.

Und sie kam. Diesmal kam kein Polizist, sondern ein SS-Mann in schwarzer Uniform, Revolver am Gurt, um mich abzuholen. Es muss so gegen Mitternacht gewesen sein. Ich hatte schon geschlafen. Es ging endlos durch nächtliche, unheimliche Gänge, nach rechts, nach links, treppauf, treppab, bis wir in einen großen leeren Raum, der im Halbdunkel lag, kamen. Dort stellte mich der SS-Mann mit dem Gesicht zur Wand, brüllte: »Stramm gestanden!«, zog einen Sessel heran und setzte sich hinter mich. »Wenn du Kommunistenschwein auch nur einen kleinen Finger rührst, setzt es was!«

Gut, ich stand stramm. Wenn es weiter nichts wäre ... Im Gegensatz zur Bewegungslosigkeit meiner Glieder aber hasteten die Gedanken in meinem Kopf unaufhaltsam weiter und weiter: Das war doch sicher nur der Anfang. Was kommt danach?

Würden sie mich hängen? Auspeitschen? Die Fingernägel ausreißen? Ich war wehrlos in ihren Händen. Und wozu sie fähig waren, wusste ich zur Genüge. Von der Welt abgeschnitten, konnte ich mich an niemanden wenden. Niemand konnte das Geringste für mich, einen »Vaterlandsverräter«, tun. Weder meine Eltern noch irgendein Anwalt, solange die Voruntersuchung nicht abgeschlossen war. Und auch danach nur im Fall, dass sie einen richtigen Prozess machten. Machten sie aber »kurzen Prozess« oder hielten es für angebracht, mich in ein Konzentrationslager zu stecken, so war ich erledigt. Dann konnte sich niemand mehr für mich einsetzen.

Ich muss unwillkürlich irgendeinen Körperteil gerührt haben, vielleicht waren mir vor Müdigkeit die Knie etwas eingeknickt. Ein Stiefeltritt in den Hintern ließ mich gegen die Wand taumeln, mein Kopf brummte vom harten Aufprall. Ich nahm sofort wieder Haltung an.

»Das nächste Mal kommst du nicht so billig davon, du Kommunistenschwein!«

Und als man jetzt vom Hof her Schreie und das Anlassen eines Motors hörte: »Mach nur so weiter. Wenn uns die Geduld reißt, verladen wir dich auch in den Wagen da unten, und ab ins ›Braune Haus‹! Wie du dann ausschaust, wenn überhaupt noch was von dir übrig bleibt ...« Er schüttelte sich vor Lachen und gab mir wieder einen Tritt, ohne dass ich mich gerührt hätte. Nur so zum Spaß.

Da fühlst du deine ganze Ohnmacht. Sie können mit dir machen, was sie wollen. Ich versuchte keinen Anlass mehr zu bieten, aber im Verlauf der nicht enden wollenden Nacht erhielt ich noch mehrere Tritte. Der SS-Mann sprach kein Wort mehr. Innerlich jedoch zuckte ich jedes Mal zusammen, wenn sich unten vom Hof her der Motor eines Autos und Stimmen hören ließen. Ich stellte mir vor, wie sie mich da hineinstoßen und zur Folterhölle in einer SA-Kaserne bringen würden.

So verging die Nacht, langsam, Minute für Minute, der Morgen graute, ich sah es am diffusen Licht, das die Wand vor mir allmählich erhellte. Eine Stehlampe hinter mir wurde ausgeknipst. Endlich, endlich hörte ich eine erlösende Stimme: »Na, kommen Sie mal her. Rühren Sie sich.«

Als ich mich umdrehte, war es das Fuchsgesicht. Der SS-Mann war weg. »Rühren Sie sich«, wiederholte der Gestapomann. Doch ich konnte kaum einen Schritt vor den anderen setzen. Ich versuchte, den Arm zu bewegen, zu heben. Er war geschwollen. Völlig steif. Nur mit großer Mühe konnte ich erst die Finger ein wenig rühren, dann den Unterarm etwas anwinkeln. Meine Glieder waren wie abgestorben.

»Gewiss wollen Sie jetzt ein Geständnis ablegen«, lud mich das Fuchsgesicht freundlich zum Sprechen ein.

»Ja, was soll ich denn sagen?«, stammelte ich eingeschüchtert, aber auch entschlossen, nichts Verfängliches zuzugeben.

Er führte mich wieder durch lange, jetzt aber schon belebte Gänge in ein Zimmer, in dem ein beleibter, älterer Mann vor einem Schreibtisch saß, in Akten vertieft. Neben ihm eine Frau vor einer Schreibmaschine. Sie spannte einen Bogen ein. Der Stuhl neben ihr auf der anderen Seite war leer.

»Nehmen Sie Platz«, sagte der beleibte Mann, ohne aufzublicken, und ich setzte mich auf den freien Platz neben seine Sekretärin. Doch die stand auf und rückte ihre Schreibmaschine vor meinen Sitz. »Wir tauschen die Plätze«, sagte sie, »da können Sie Herrn Kluske besser verstehen.«

Das Aas! Sie wusste sehr wohl, weshalb sie mich in Reichweite des stämmigen Mannes brachte. Der begann auch sogleich mit süßlicher Stimme: »Nun Robert, erzähl mir doch mal, was ihr so alles in euren Fünferzellen angestellt habt.«

Als ich erwiderte, mein Name sei Ernst, Ernst Julius Kroch, hatte ich die erste Maulschelle weg. Seine fleischige Hand war so wuchtig, dass ich vom Stuhl fiel.

Ich sollte die enorme Kraft seiner Hand an diesem Vormittag noch mehrmals zu spüren bekommen. Wobei ich den physischen Schmerz kaum wahrnahm, derart war ich von der plötzlichen Erkenntnis schockiert, Büttner oder irgendein anderer müsste umgefallen sein und die illegale Organisation verraten haben. Da ich aber nicht wusste, was er angegeben hatte – im Untergrund kannte ein jeder, selbst die Leitung, lediglich den eigenen kleinen Kreis und die unmittelbaren Verbindungsleute nach unten wie nach oben und meist auch nur mit den Decknamen –, so verharrte ich dabei, nichts zu wissen. Denn fing ich zu reden an, ohne Kenntnis, was der Gestapo bereits bekannt war und was nicht, so konnte ich mich entweder in Widersprüche mit anderen Aussagen verwickeln oder mich selbst und andere mehr als vonnöten belasten.

Natürlich kamen mir Herr Kluske und später meine anderen Verhörer stets mit der Floskel: »Wir wissen alles. Alle anderen haben bereits gestanden. Sei kein Idiot und Selbstmörder, es ist sinnlos, das Geständnis zu verweigern.« Daraus entnahm ich, dass sie etwas, doch nicht alles wussten und mich gerade deshalb mit allen Mitteln – Argumenten und Misshandlungen – zum Reden bringen wollten.

Herr Kluske fuhr also fort, mich in liebenswürdigem Ton, akzentuiert von seiner mächtigen Hand, mit »Robert, Stadtteilleiter von Süd« anzureden, mir auch die Vorteile eines rückhaltlosen Geständnisses und die beträchtlichen Nachteile und körperlich schmerzhaften Folgen weiteren Leugnens darzulegen, doch ich blieb stur. Die Kanaille von Sekretärin blieb steif vor ihrem in der Schreibmaschine eingespannten Bogen Papier sitzen, ohne ein Wort zu tippen. Herr Kluske wollte keine Lügen niederschreiben lassen, und anderes hatte ich nicht anzubieten. So endete das Verhör ohne Protokoll und mit der Drohung, dass die Sache jetzt ernst würde. Sie seien schon mit ganz anderen Leuten als mir fertig geworden. Ihm könne es ja gleich sein, ob ich im Guten oder auf einer Bahre auspackte und das Geständnis ablegte. Im Übrigen habe er Zeit und wolle mich nicht mehr sehen, bis ich selbst darum bäte und ihm reinen Wein einschenkte. Das heißt, wenn ich dann überhaupt noch dazu in der Lage sei.

Eingeschüchtert und zerschlagen wurde ich in meine Zelle zurückgebracht. Und von da an begann für mich ein Martyrium, das mich im Laufe von weniger als drei Wochen an den Rand der Verzweiflung brachte.

Die folgenden Verhöre führten die beiden Kommissare durch, die mich festgenommen hatten, das Menjoubärtchen und das Fuchsgesicht. Ich musste in Kniebeuge gehen. »Etwas höher!« »Etwas tiefer!« In der schwierigsten, schmerzhaftesten mittleren Stellung musste ich ihre Fragen beantworten. Ich dachte mir: Lange hältst du das sowieso nicht aus. Wozu warten, bis du am Ende deiner Kräfte bist und nicht mehr weiter kannst?!

Ich ließ mich bald zu Boden fallen. Doch da begannen sie mich mit ihren Stiefeln zu traktieren. Sie traten mich auf die Brust, den Kopf, den Bauch und ich stand schnell wieder auf. Sie merkten gewiss, dass ich Erschöpfung simulierte, mit meinen 17 Jahren hätte ich viel länger aushalten müssen, und ließen mich von da an die Kniebeugen mit vorgehaltenem Revolver exerzieren. Als ich dann wirklich endgültig fertig war, sagte ich, ich unterschriebe alles, was sie wollten, jedes Protokoll, das sie mir vorlegten, wiewohl ich nichts mit alledem zu tun hätte.

Doch da sie mein Geständnis kaum, meine vermutlichen Kenntnisse der Organisation dagegen umso mehr interessierten, schlugen sie mein großzügiges Angebot aus. »Wir wollen die Wahrheit. Nichts als die Wahrheit!«

Als Stadtteilleiter von Süd – sie sprachen mich nur noch mit Robert an – sollte ich »nur« die vier Namen meiner Verbindungsleute nach »unten« nennen. Die »oben« hätten ohnehin schon alles gestanden. Sie würden nicht locker lassen, bis sie aus mir alles wie aus einer Zitrone herausgequetscht hätten. Das sei die letzte Gelegenheit, die sie mir böten, bevor sie mich der SS übergäben.

Das mit der »letzten Gelegenheit« wiederholten sie immer wieder. Doch ich wusste, einmal würde ihnen die Geduld reißen. Dann war es endgültig aus.

Alle Tage und zu jeder beliebigen Tageszeit wurde ich nun abgeholt, um an die zehn Stunden erschöpfendes Strammstehen mit anschließendem Verprügeln oder auch »Strafexerzieren« zu erdulden, begleitet von Demütigungen, Beschimpfungen, Ankündigung einer Überführung ins »Braune Haus«, von Androhungen, mich zu verprügeln, »bis dir das Wasser im Arsche kocht«.

Ich war mir nicht mehr sicher, wie lange ich das noch durchhalten konnte. Und reden wollte ich nicht. Das nicht so sehr aus Überlegung, sondern vielmehr, weil mir klar war, dass wenn ich anfangen würde, etwas einzugestehen, sie nicht locker lassen würden, bis sie das Letzte aus mir herausgepresst hätten. Und möglicherweise mehr als das Letzte, falls sie mehr vermuteten, als ich tatsächlich wusste.

Meine Standhaftigkeit war nicht nur von der Idee bestimmt, den Kampf gegen Faschismus und Krieg nicht zu verraten oder andere Genossen nicht mit reinzureißen, sondern – wie ich jetzt meine – auch aus einem psychischen Trägheitsgesetz heraus, einer Willensverhärtung, die einen in dem gleichen Maße durchdringt, wie man von außen bedrängt und misshandelt wird. Eine Art automatischer Reaktion, unabhängig davon, worum es geht. Etwas jenseits rationaler Überlegungen, so unvermeidlich wie in der Mechanik Druck Gegendruck erzeugt.

Hin- und hergerissen zwischen dieser sturen Beharrlichkeit und steigender Lebensangst, sah ich keinen Ausweg mehr. Ich begann, an Selbstmord zu denken. Wie aber konnte ich meinem Leben ein Ende setzen? Das Fenster war vergittert. Um mich aufzuhängen, hatte ich weder einen Gürtel noch etwas, das als Strick zu gebrauchen war. Messer oder scharfkantige Gegenstände gab es in der Zelle nicht. Ich hätte vielleicht, auf meinem Klappbett stehend, die Birne oben aus der Fassung schrauben und die Finger der linken und rechten Hand an je einen Pol legen können. Der elektrische Stromstoß wäre sicher gewesen, der Tod aber nicht. So geschwächt war mein Lebenswille wohl aber doch nicht, als dass ich, um mich umzubringen, so ausgefallene, komplizierte Methoden angewendet hätte. So blieb ich in der Sackgasse stecken, ausweglos.

Aber auch, was noch schlimmer war, hoffnungslos. Man kann sich für eine gute Sache opfern, hoffnungsvoll selbst in den Tod gehen, wenn man trotz aller einen umgebenden Finsternis am Ende des dunklen Tunnels ein Licht sieht. Ich sah keines mehr. Es war nicht nur, dass ich einsam und von aller Welt verlassen in dieser Zelle saß, aus der der einzige Ausgang durch dunkle, kafkaeske Gänge in Folterhöllen führte.

Mehr als der Terror, der mich und so viele andere in seinen Fängen hielt, war es die Einsicht, dass damals Ende 1934 ein Großteil der Bevölkerung bereits im Gleichschritt mit den Marschkolonnen des Nationalsozialismus und seinem allmächtigen Führer marschierte. Aus Überzeugung, aus Pflichtgefühl, Opportunismus oder Anpassung, begeistert oder von Angst getrieben. Aber sie marschierten zu Millionen und Abermillionen mit.

Wie klein war dagegen das Häuflein derer, die, sich der Sturmflut des Chauvinismus und der Barbarei widersetzend, ihren Ideen treu geblieben waren: Sozialdemokraten, Kommunisten, Pazifisten, Humanisten und Christen. Im gewaltigen Gegenstrom mussten wir untergehen. Bestenfalls waren wir noch das Gewissen einer Nation zur Zeit ihrer absoluten Gewissenlosigkeit. Das wurde mir bewusst, als ich nicht mehr ein noch aus wusste.

So stur allerdings, wie ich gegenüber der Gestapo war, so stur war ich auch im Beharren auf meiner Überzeugung. Sie bedurfte nicht des Triumphes, des unmittelbaren Erfolgs. Nur, zerschlagen und einsam, wie ich war, gab es, so weit ich blicken konnte, keinen Lichtschimmer mehr. Und eine Idee ohne Ausstrahlung ist unfruchtbar, wie ein Samen in der Wüste.

Obgleich man meiner Misshandlung mehr Zeit als dem Verhör widmete, bekam ich doch allmählich ein ungefähres Bild von dem, was die Gestapo wusste, und ahnte auch, wen sie verhaftet und wen sie nicht verhaftet hatten.

Eines Tages zeigten sie mir die Passbilder von Uli und Eva. Ob ich die kenne? In der Gewissheit, dass sie über die Grenze entkommen waren, sonst hätten sie sie mir persönlich gegenübergestellt, gab ich zu, sie zu kennen. »Jugendfreunde«, sagte ich, was auch stimmte. Sie waren nicht da und konnten also keine dem widersprechende Aussage machen.

Denn »Marianne«, die wahre Marianne, hatten sie mir nach einer langen Nacht des Strammstehens höchstpersönlich gegenübergestellt. Ruth war, obwohl totenbleich im Zwielicht des Morgengrauens, ein bildschönes Mädchen. Die beiden Gestapobeamten, Menjoubärtchen und Fuchsgesicht, starrten sie wie gebannt an, als man sie ins Zimmer schob. Mich schaute keiner an, eine gute Gelegenheit, ihr ein Zeichen zu geben. Ich schüttelte heftig den Kopf und Ruth verstand, dass ich sie und sie mich nicht kenne. Es konnte allerdings sein, dass die beiden Kommissare sich erinnerten, sie schon einmal gesehen zu haben, nämlich damals an der Friedrich-, Ecke Sadowastraße. Nun war sie doch auf andere Weise in ihre Hände gefallen. Wer weiß?! Vielleicht hatte Büttner sie verraten.

Dadurch, dass die Namen der zum Verhör abzuholenden Gefangenen unten von der Zentrale aus aufgerufen wurden, so dass es laut schallend durch das ganze Zellengebäude hallte, wusste ich ziemlich genau, wen von meinen Bekannten sie festgenommen hatten. Natürlich konnten es mehr sein, denn einige kannte ich nur mit ihren Decknamen. Den Namen Büttner hörte ich nie, hingegen zwei andere, von denen ich annahm, dass sie mit ihm in der Bezirksleitung waren. Daraus und aus dem Umstand, dass sie mich kein einziges Mal nach Büttner fragten, obwohl ich doch in seiner Wohnung verhaftet worden war, schloss ich, dass er wahrscheinlich umgefallen war und die anderen verraten hatte. Genaues wusste ich freilich nicht, und so gab ich lieber gar nichts zu, obwohl ich körperlich und seelisch ziemlich am Ende war.

Eines Nachts wurde ich abgeholt, den beiden Kommissaren übergeben, und diese führten mich, was noch nie passiert war, ohne Drohungen und Schimpfkanonaden in ein hell erleuchtetes Zimmer, in dem Bielitzky, den ich mit seinem wahren Namen kannte und in dem ich den politischen Leiter vermutete, auf mich zu warten schien. Die beiden von der Gestapo zogen sich in ein Nebenzimmer zurück und ließen mich mit Bielitzky allein.

»Du hast dich gut gehalten«, sagte er und nahm mich bei der Schulter, zog mich nahe an sich heran und flüsterte: »Büttner ist umgefallen und hat alle, die er kannte, hochgehen lassen. Es ist jetzt sinnlos, weiterhin alles abzustreiten.« Dann erklärte er mir kurz die Lage, sodass für mich jetzt eindeutig klar war, was die Gestapo wusste und was nicht, wen sie hatten und wen nicht.

Es war ein Kreis von etwa zehn Genossen, davon fünf, die ich als »Stadtteilleiter von Süd« kennen musste, die der Zugehörigkeit zur Organisation überführt waren. Auch dass wir alle zwei Wochen geheim – mal im Ostpark, mal an der Oder bei Dyherrnfurt – zusammenkamen und diskutierten, konnte eingestanden werden. Nichts aber von den Klebeaktionen, den Wandparolen, den Flug- und Informationsblättern.

Kurz und gut, alles, was über die bereits verhafteten Mitglieder der Organisation nicht mehr zu verheimlichen war, nichts hingegen über unsere Aktivitäten über die internen Treffs hinaus.

Dann traten Menjoubärtchen und Fuchsgesicht wieder ins Zimmer, Bielitzky wurde abgeführt, und ich legte in derselben Nacht noch ein Geständnis ab, unterschrieb das Protokoll, wohl wissend, dass mich das einige Jahre Gefängnis kosten würde. Doch zumindest hörte nun die Hölle der Voruntersuchung bei der Gestapo auf und damit die stete Furcht vor den Folterungen der SS und die Angst, nicht durchzuhalten. Das Fuchsgesicht, ebenfalls erleichtert, den Fall endlich abschließen zu können, bot mir sogar eine Zigarette an. Doch ich rauchte nicht, und ein Glas Milch wäre mir lieber gewesen.

Zwei Tage darauf wurde ich aus der Gestapogruft ins Untersuchungsgefängnis überführt. Ein erfreulicher Fortschritt! Und eine Atempause. In Ruhe konnte ich nun Bilanz ziehen. Ich konnte mein Leben, Vergangenheit und Gegenwart, überdenken.

Kindheit in Schlesien

Wie bei der Laterna Magica reiht sich Bild an Bild. Verschwommen, ohne feste Konturen die ersten Bilder, deutlicher werdend die späteren. Einige erregen wegen ihrer Tiefenschärfe geradezu Verdacht an ihrer Echtheit. So tritt mir die Kindheit aus dem Dunst ferner Tage entgegen: ungereimt, ein bunt durcheinander gewürfeltes Mosaik. Belangloses neben Bedeutsamem.

Eine Sandgrube hinter unserem Haus im Süden von Breslau. Ein Kind mit heiterem, rundem Gesicht und blondem Bubikopf springt um die Wette mit anderen Kindern in die Grube. Eine Narbe über dem Schienbein zeugt heute noch vom Rand des Blecheimers, der in der Kuhle lag und auf dem ich landete, um blutüberströmt nach Hause zu laufen, wo die Nanna, unser lettisches Kindermädchen, mir die Wunde auswusch und verband.

Ein tiefroter Samtvorhang hebt sich, und auf der Bühne erscheint eine bezaubernde Mondlandschaft. Der böse Mondmann trägt auf seinem Buckel ein schweres Bündel Reisig. Peterchen und Anneliese stehen winzig klein in ihren Nachthemdchen vor ihm. Und der Maikäfer spielt auf seiner Geige.

Ein Stabilbaukasten unterm Weihnachtsbaum mit brennenden Kerzen und Lamettabehang. Damals feierten wir Weihnachten und Chanukka gleichermaßen, und die weihevoll traute Melodie von *Stille Nacht, heilige Nacht* klingt in mir noch ebenso nach wie *Mo auschur j schuossi.*

Ich sitze stundenlang im Kinderzimmer auf meinem Nachttöpfchen und spiele mit Bausteinen, türme Klötzchen auf Klötzchen. Ich kann mich gut allein unterhalten.

Sicherlich war ich ein ruhiges und folgsames Kind. Meine Mutter dürfte keine Schwierigkeiten mit meiner Erziehung gehabt haben. Von ihrem Charakter, versöhnlich in der Art, aber zielbewusst und energisch, ist wohl einiges auf mich übergegangen. Sie wusste sich durchzusetzen, war dabei aber durchaus tolerant, vertraute mehr auf die Macht der Worte als auf elterliche Gewalt. Sie tadelte mich sogar aus der Entfernung. Wenn ich im Nebenzimmer spielte, hörte ich durch die geschlossene Tür in regelmäßigen Abständen ihre Stimme: »Ullychen« (meine Familie nannte mich Ully, ich wüsste nicht zu sagen warum), »Ullychen, das macht man nicht!« Und meist traf es sich, dass ich tatsächlich etwas machte, das man »nicht macht«, und so konnte ich nur ihre Weit- und Voraussicht bewundern und unterließ es dann auch.

Der Wissensdrang verführt zuweilen aber auch die artigsten Kinder. So schnitt ich einmal den Teddybär meiner Schwester auf, um zu erforschen, was darin war. Es war nichts weiter als Stroh! Und ich schäme mich noch heute, aber ich war zu feige, die Schuld auf mich zu nehmen, und die Nanna schimpfte Suse, meine fünf Jahre jüngere Schwester, an meiner Stelle aus. Sie war damals noch sehr klein und hat es mir nicht übel genommen. Mit ihr verstand ich mich immer sehr gut. Zu meinem sieben Jahre älteren Bruder Heinz hatte ich als Kind dagegen nur wenig Beziehung. Sieben Jahre sind in diesem Alter fast ein Generationsunterschied. Selbst als ich schon aufs Gymnasium und er auf die Universität ging, waren wir nur selten zusammen.

Ich erinnere mich an eine gemeinsame Tageswanderung im Riesengebirge über den »Kleinen Teich« bis hinauf zur »Hauptmannsbaude«. Ein anderes Mal nahm er mich zu einem Konzert mit. Es war die *Kunst der Fuge* von Bach. Kamen seine Freunde ihn besuchen, so hielt ich mich fern. Einer brachte manchmal ein Grammophon mit, damals etwas ganz Neues, und sie hörten sich im Esszimmer Schallplatten an.

War es bloß Schüchternheit, war es Respekt vor einem höheren intellektuellen Niveau? Ich wagte nicht, mich ihnen anzuschließen, und lauschte ergriffen den Klängen von Mozarts »Kleiner Nachtmusik«, die aus dem dunklen Korridor nach außen drangen.

Auch mein Vater will in der Erinnerung nur wenig klare Konturen annehmen. In der Woche war er meist für ein Konfektionsgeschäft auf Reisen. An den Sonntagen machten wir Spaziergänge an der Oder, fuhren manchmal mit dem Dampfer nach Wilhelmshafen, zuweilen besuchte ich auch mit meinen Eltern eine alte Tante oder einen »Onkel«, der kein Onkel war.

Interessanter war es für mich, wenn wir ins Umland nach Trebnitz oder Obernig fuhren, zumal das immer mit Torte und Schlagsahne verbunden war. Wenn meine Eltern bei Tisch über etwas redeten, das wir Kinder nicht hören sollten, sprachen sie französisch. Wahrscheinlich war es über das Geschäft, das im Zuge der Wirtschaftskrise immer schlechter zu gehen schien. Doch über Geld hörte ich zu Hause niemals jemand reden. Allerdings konnte ich damals auch kein Französisch.

Mit meinen Freunden verstand ich mich immer sehr gut. Einen Freund, Franz, bewunderte ich vor allen anderen und spielte auch besonders gern mit ihm, obwohl ich stets der Verlierer war. Spielten wir Räuber und Detektiv und war ich der Räuber, so wurde der nach Sherlock-Holmscher Methode stets entdeckt. War ich der Detektiv, so konnte der Räuber stehlen, was er wollte, ich kam ihm nie auf die Spur. Spielten wir Krieg, meist waren es Seeschlachten und ich war Panama und er Venezuela, so erlitt Panama stets schwere Niederlagen und musste unrühmliche Friedensabkommen schließen. Franz war ein Jahr älter als ich und beherrschte, als Detektiv wie als Räuber, als Krieg führender Staat wie als friedliebender, mit unfehlbarer Sicherheit und Geschick alle Situationen, deren Umstände und Bedingungen freilich er, und nicht ich, bestimmte. Das mochte unfair sein, für mich in meiner Einfalt aber äußerst abenteuerlich und spannend.

Dabei bin ich mir wohl bewusst, dass man nie ganz sicher sein kann, ob eine Erinnerung tatsächlich die direkte Widerspiegelung eines persönlichen Erlebnisses ist oder ob man sich nur bildlich vorstellt, was andere einem später erzählt haben, und es dann ins eigene Gedächtnis integriert. Wahrscheinlich vermischt sich Erlebtes, dessen man sich entsinnt, mit dem, woran man erinnert wurde.

Ich war wohl auch mehrmals in Berlin bei Tante Mile. Das gütige, zerfurchte Gesicht von Tante Mile könnte ich heute noch nachzeichnen. Von Berlin ist mir allerdings nur der Erinnerungsfetzen einer großen Brücke, von der aus man unzählige Bahngleise überschaut, geblieben und in der Nase der ätzende Geruch schwefliger Kohlengase aus den Schornsteinen der Lokomotiven. Die Eisenbahnfähre von Stralsund hingegen, die hohen Kreidefelsen bei Saßnitz und der Duft von Seetang und Teer, der vom Strand oder den Fischerbooten herüberwehte, sind mir noch heute präsent. Krummhübel, ein Kurort im Riesengebirge ist mir auch noch deutlich in Erinnerung. Dass ich im Speisesaal der Pension, ein erwachsenes Mädchen nachahmend, vor versammelten Kurgästen »Grazie« tanzte, erfuhr ich aus den Erzählungen meines Bruders.

Das Tanzen klang sofort in meiner Erinnerung an, und ich könnte es mir gut erklären, da es meinem Hang zum Schauspielern entspricht und zudem meiner Vorliebe für schön klingende Fremdwörter, vor allem, wenn ich sie nicht ganz verstehe. Meine Liebe zu den Bergen und Tälern, den Wäldern und Wiesen ist wohl auch dort in Krummhübel geboren.

Der Zirkus war meine Leidenschaft. Der Glanz der Gala-Uniformen der Reiter betörte mich, der Mut des Tigerbändigers, der seinen Kopf in den Rachen der Bestie legte, begeisterte mich. Ich wollte auch Tigerbändiger werden. Später änderte ich meine Berufswahl: Eine Zeit lang dachte ich daran, Chauffeur des Lieferwagens von Großweiler zu werden, einer Konditorei in Breslau, wohin meine Eltern mich zuweilen mitnahmen und ich ein Tortenstück der »Weißen Dame« bekam. Als Chauffeur glaubte ich, gratis Auto fahren zu können, so viel Kuchen essen zu können, wie ich wollte, und dafür auch noch bezahlt zu werden. Dann aber wechselte ich auf Schiffskapitän um. Das war, als ich zu lesen anfing und *Robinson Crusoe* und *Sigismund Rüstig* meine Lieblingslektüre waren. Diese Abenteuer las ich immer wieder und immer kamen mir die Tränen beim Tod der Helden.

Eine große Verehrung empfand ich auch für Friedrich II., König von Preußen. Ich kannte alle seine Schlachten auswendig, malte patriotische Bilder vom »Alten Fritz«, von Episoden aus seinen Kriegen und seinem Leben und machte damit eine große Ausstellung in unserem Kinderzimmer. Meinen Freunden aus der Nachbarschaft sowie all meinen Verwandten zeigte ich stolz die Kollektion und ließ sie meine Kunst bewundern.

Zu dieser Zeit, ich mag etwa acht Jahre alt gewesen sein, fing ich auch an zu schreiben. Zuerst Geburtstagsgedichte für meine Eltern. Dann wagte ich mich an

Geschichten. Eine begann mit: »Es war einmal ein armer Mann, der hatte nur ein Auto.« Woraufhin meine Mutter mir Vorhaltungen machte: »Aber Ullychen, wir sind doch keine armen Leute und haben kein einziges Auto.« Scheinbar war Logik nicht meine Stärke. Dafür aber Fantasie.

Eine Geschichte hieß »Meier Knopp«, war reich bebildert und handelte von einem Jungen, der die Schule abbrannte. Angesichts der verkohlenden Reste endete sie mit dem Ruf: »Ach, wie war der Meier froh!« Überhaupt muss ich in meiner Kindheit sehr individualistisch gewesen sein. Als ich in meiner Zelle im Untersuchungsgefängnis selbstkritisch daran zurückdachte, meinte ich, meine Charaktereigenschaften – nicht nur meine Anschauungen – hätten sich, seit ich in die Fabrik ging, radikal gewandelt. In bürgerlichem Hause aufgewachsen, wäre ich durch den Kontakt mit den Arbeitern in meiner Verhaltensweise sozusagen »proletarisch« geworden. Oder zumindest, es fehle nicht viel dazu. Heute glaube ich, dass das eher einem Wunschdenken entsprach, nämlich, die eigene Persönlichkeit mit seinen Ideen in Einklang bringen zu können.

»Kameraden«: Heraus in die Natur

Wann vollzog sich der Einschnitt in meinem Leben? Was war der Umstand, der mich aus einer nach innen gekehrten naiven Ichbezogenheit herausriss? Um dann Schritt für Schritt Verantwortung zu übernehmen und Widerstand gegen den Faschismus zu leisten. Etwas, das mich letztlich in diese dunkle Zelle des »Dritten Reiches« geführt hatte?

Es ist absurd anzunehmen, ein Moment allein zu einem bestimmten Zeitpunkt hätte den Anstoß zu einer entscheidenden Entwicklung gegeben. Kein Zweifel aber ist, das erste Glied in dieser Kette meines Werdegangs war der Beitritt zu den »Kameraden«. Mit zwölf Jahren zog ich mir die kurze blaue Kordhose und den grünen Wandervogelkittel an, band mir das Halstuch mit der schwarz-grün-weißen Kordel um und nahm im Jugendbund »Kameraden« an Wanderungen, Radtouren und Heimabenden teil. Von da an hörte ich auf den Namen »Janusch«. Hier fand ich die Vitalität, die der eintönigen Regelmäßigkeit und Gebundenheit des Familienlebens und der etablierten Schulordnung fehlte. Da war die Freiheit von hergebrachter Unterordnung, die Gleichheit gleichaltriger Jungen und Mädchen, das Geheimnis selbstgewählter Gemeinschaft.

In der Jugendbewegung – mit langer Tradition in Deutschland – erhob sich die junge Generation gegen die verknöcherte Lebensart der alten Generation. Das jedenfalls war aus unserer Sicht die gebotene Auseinandersetzung mit der Gesellschaft. Wir wollten die doppelte Moral in der Familie wie im Berufsleben nicht mehr mitmachen. Heraus aus der Verlogenheit moderner Zivilisation und zurück zur Natur! Gewiss gab es Unterschiede zwischen den verschiedenen Jugendbünden. Gesellschaftliche und kulturelle Unterschiede. Die völkischen Jugendbünde verstanden unter Heimatliebe Deutschtümelei und hatten das Sendungsbewusstsein, »das Abendland zu retten«. Die katholischen Jugendbünde setzten ihre Akzente auf Demut und Tugendhaftigkeit, die der Arbeiterbewegung auf Völkerfreundschaft. Aber allen gemein war der Ausbruch aus der herrschenden Gesellschaftsordnung. Daher auch die Ähnlichkeit ihrer Rituale und Gebräuche.

Verantwortungsvoll leben, sich selbst und anderen gegenüber ehrlich sein, Körper und Geist gesund erhalten – nicht rauchen, keinen Alkohol trinken, klare Verhältnisse zwischen den Geschlechtern, das sollten die Wege zum »Neuen Menschen« sein. Politik konnte diesem Ziel nicht dienen. Mit Parteipolitik beschmutzte man sich nur. Wir trachteten, danach zu leben. Und es war ein erfülltes, großartiges Leben!

Mehrere Stunden schon sind wir in der Dunkelheit gewandert, den schweren Rucksack auf dem Rücken, darauf die Zeltbahn gebunden, die Feldflasche am

Gürtel. Erst geht es an einem Feldrain entlang, über Sandwege quer durch Wiesen und Auen. Man hört einen Bach rauschen, ohne ihn zu sehen. Am klaren Sternenhimmel über uns weist der Polarstern in der Deichsel des Kleinen Wagens den Norden aus. Im Aufblitzen der Taschenlampe über der Generalstabskarte erkennen wir an der Kreuzung den richtigen Pfad. Dann tut sich dunkel der Wald auf. Der Weg wird breiter. Man kann zu dritt oder zu viert nebeneinander gehen. Und wir singen *Wann wir schreiten Seit an Seit* und *Hebt unsre Fahnen in den Wind.* Eine Klampfe begleitet mit rhythmischen Akkorden das Lied, gibt Takt und Gleichschritt an. Ich trage die Fahnenstange, den Wimpel mit der weißen Möwe auf grünem Grund, das Wahrzeichen unseres Bundes. Dann geht es bergauf. Der Aufstieg wird beschwerlich, der Atem reicht nicht mehr zum Singen. Auf der Kuppe oben treten wir in eine Lichtung, und vor uns öffnet sich der Blick ins Tal. Tief unten flimmern verstreute Lichter eines verschlafenen Dorfes. Es ist bereits Mitternacht, und wir schlagen im Halbdunkel die Zelte auf. Am Lagerfeuer singen wir unsere Lieder, streitbare und fröhliche. Als das Feuer allmählich erlischt, liest unser Anführer, Ernst mag vier Jahre älter gewesen sein als wir, aus Manfred Hausmanns Vagabundenbuch *Salut gen Himmel* eine Geschichte vor.

Nachdenklich und müde ziehen wir uns in die Zelte zurück und wickeln uns in unsere Schlafsäcke ein. Ein erlebnisreicher Tag liegt hinter uns. Morgen geht es weiter. Wir wollen das Bergland des »Glatzer Kessels« durchqueren. Mit den Gedanken beim nächsten Morgen und über die fragwürdige Freiheit des Landstreicherlebens grübelnd schlafe ich ein.

Das Leben in der Natur, die Abenteuer und die damit verbundene Romantik nahmen eine immer größere Bedeutung an. In unserer Gruppe bei den »Kameraden« war stets etwas los. Ein Völkerballspiel, eine Radtour in den Scheitniger Park oder ein Geländespiel zwischen zwei Gruppen, Aufspüren und Miteinander-Ringen wie die Indianer. Überraschte uns an einem Wochenende der Regen, so ging doch keiner nach Hause, sondern wir setzten die Fahrt in den großen Zimmern der Villen von Jinny oder Rudi fort, nur ohne das übliche Lagerfeuer.

In dieser Zeit hatten es mir vor allem die Heimabende angetan. Da diskutierten wir über Themen wie »Individuum und Gesellschaft«, »Glaube und Wissenschaft«, »Tradition oder Fortschritt«, »Was ist ein Spießer?« und »Moderne Kunst«. Einer von uns, es waren etwa ein Dutzend Jungen und Mädchen in der Gruppe, bereitete das Thema vor, und dann konnte jeder seine Meinung dazu abgeben. Unser Anführer Ernst leitete die Debatte. Ich erinnere mich, dass ich mich einmal mit dem Thema »Zivilisation und Kultur« auseinander zu setzen hatte. Ich glaube, ich definierte die beiden Begriffe damals naiv und radikal als sich ausschließende, ja geradezu gegensätzliche Begriffe.

Jedenfalls regten mich diese Zusammenkünfte stark an. Bei den gemeinsamen Ausflügen am Wochenende wuchs ich immer mehr mit der Gemeinschaft zusammen. Im Winter während der Weihnachtsferien fuhren wir ins Riesengebirge. Mit der Bahn bis Hirschberg und dann auf Skiern bergauf bis zu irgendeiner Baude oder einer zuvor von Ernst gemieteten Hütte. Da verbrachten wir eine gute Woche zusammen. Oben auf dem Kamm angekommen, bauten sich alle aus ihren »Bretteln« und »Stöckeln« einen Liegestuhl, zogen sich Jacke und Hemd aus, rieben sich mit Niveacreme ein und alle ließen sich von den von der weißen Schneefläche verstärkt reflektierten Sonnenstrahlen bräunen. Am Nachmittag, oft im Nebel schon, ging es dann ins Tal hinunter. Den langen Abend saßen wir beisammen, müde und hungrig vom Skilauf, aber aufgelegt zu Spaß und Unterhaltung. Nach der üblichen Erbsensuppe mit Bockwurst oder auch Reis mit Tomatensoße, blieben wir noch bis in die späte Nacht auf, über Belangloses plaudernd oder Weltprobleme erörternd, Schinkenklopfen oder »Konkret oder Abstrakt« spielend.

In den Sommerferien ging es dann auf Große Fahrt. Vorher musste Ernst jedoch einen Besuch bei den Eltern abstatten, um die Erlaubnis einzuholen. Mit meinen Eltern hatte ich eigentlich nie Schwierigkeiten. Sie waren liberal und tolerant, wir waren ja Jungen und Mädchen in einer Gruppe, hatten Vertrauen zu mir, und was wohl noch wichtiger war, zu Ernst, der einen guten Eindruck auf sie machte. Die Kosten waren gering, zu Fuß gehen und Autostopp waren gratis, die Bahn nicht teuer, und außerdem waren sie wohl froh, uns für ein paar Wochen, in guter Obhut wissend, los zu sein.

Meine erste Große Fahrt war allerdings gar nicht so groß. Es ging an die Militscher Seen, nahe der polnischen Grenze gelegen. Dort war das Bundeslager. Hier kamen aus allen Städten Deutschlands die Gruppen der »Kameraden« zusammen. Hunderte von Zelten standen verstreut auf der riesigen Wiese. Viel Sport, Ausflüge in die Wälder der Umgebung, Seminare unter freiem Himmel, »Arbeitsgemeinschaften«, wie es bei uns hieß. Die Themen wurden gemeinsam erarbeitet, oft in »sokratischem Dialog«, wobei der jeweilige Leiter die Rolle des Sokrates bzw. des Plato übernahm. Als ich fünfzehn war, fand der Bundestag im anderen, im westlichen Teil Deutschlands, in Bad Hornburg am Fuße des Taunus, statt. Über Prag, das Fichtelgebirge, Bamberg, Würzburg, von Miltenberg quer durch den Odenwald bis Heidelberg, dann die Bergstraße, die seinerzeit zum Glück noch keine Autobahn, sondern eine von Kirsch- und anderen Bäumen umsäumte Landstraße war, hinauf nach Frankfurt und schließlich zum Bundeslager. So lernte ich erstmals Deutschlands Westen kennen. Wir übernachteten in Zelten oder in den Städten in Jugendherbergen. In Heidelberg, wo zur späten Stunde unserer Ankunft die Herberge geschlossen war, am Rande des Philosophenweges. Vom Bundestag am Fuß des Taunus sind mir nur noch vage Erinnerungen geblieben. Seltsam! Gerade dort wurde nämlich indirekt auch über meine Zukunft Beschluss gefasst: Der Wanderbund »Kameraden« löste sich auf.

Eine neue Welt: Die Fabrik

Mein Bruder konnte noch studieren, die Universität war damals eine teure Angelegenheit, bei mir reichte es dazu nicht mehr. 1932 war die Wirtschaftskrise an ihrem Höhepunkt angelangt. Ich sollte einen Beruf lernen und vielleicht später auf eine Fachhochschule gehen. Wegen meiner Vorlieben für Physik und Mathematik wählte ich die Maschinenschlosserei. Meine literarische Ader dagegen war, seit ich bei den »Kameraden« war, versiegt. Nicht mal zu Geburtstagsgedichten reichte es mehr. Nachdem ich den Test bei der Berufsberatung bestanden hatte, mit etwas Glück, denn in Wahrheit hatte ich seinerzeit zwei linke Hände, ging ich bei »Smoschewer & Co., Feldbahnbau und Lokomotiven« in die Lehre. In diesem Industriezweig – Stahl, Eisen, Dampfkessel – bin ich, mit kurzen Unterbrechungen, dann auch ein halbes Jahrhundert geblieben. Es hat mir stets Vergnügen bereitet, Arbeiten oder Themen anzupacken, von denen ich kaum Ahnung hatte, die meine Fantasie forderten, mir am Ende aber auch ein Plus an Erfahrung oder Wissen einbrachten.

So lernte ich mühsam eine gerade Fläche feilen, ein Gewinde bohren, ohne den Gewindebohrer abzubrechen, und schließlich auch den Vorschub des Muschelschiebers über dem Dampfzylinder zu regulieren. Vor allem aber lernte ich eine neue, mir bisher unbekannte Welt kennen: die Welt der Arbeit. Der Begriff »Arbeiter« oder auch »Proletarier«, wie es in der marxistischen Literatur hieß, war für mich bis dahin vollkommen fremd gewesen. Hier bei »Smoschewer & Co.« hörte er auf Begriff zu sein: Hier sah ich Arbeiter aus Fleisch und Blut.

Karl Wagner war mein Meister. Ein kleiner, untersetzter Mann, arbeitsam und dienstbeflissen. Er war ein Mann, der wenig Worte machte und uns, wir waren drei Lehrlinge und zwei Hilfsarbeiter in seiner Blechschlosser-Gruppe, sachlich seine Anweisungen gab. Wenn ich etwas falsch gemacht hatte, korrigierte er mich, ohne zornig zu werden.

Ich bin mir allerdings nicht ganz sicher, ob er wirklich so ausgewogen war oder nur seine Wut beherrschte. Denn wir arbeiteten im Akkord und jeder Fehler oder Zeitverlust bedeutete einen Abstrich vom Lohn. Deshalb machte Karl Wagner, wie die meisten Vorarbeiter, seine Aufstellung der Stückzahl und Ausführung der am Tage geleisteten Arbeit haargenau. Auch achtete er peinlich auf Sauberkeit und Ordnung am Arbeitsplatz.

Wir durften nichts herumliegen lassen. Am Wochenende kehrte ich mit dem Besen unsere Abteilung und schaffte den Metallabfall auf den Schrotthaufen nach draußen. Eine andere alltägliche Pflicht war, für warmes Wasser am Feierabend zu sorgen. Dazu wurde ein Eisenkloben in der Schmiedeesse auf Weißglut erhitzt und mit der Zange in einen Eimer Wasser getaucht, so dass es nur so zischte.

Duschen und Warmwasserleitung waren damals anscheinend noch nicht erfunden. Immerhin waren wir ja eine Dampfkesselfabrik! Aber nur, wenn eine Lokomotive oder eine Dampfwalze ausprobiert wurde, konnte das Kondenswasser für die menschliche Hygiene verwendet werden.

Natürlich war es Irrsinn, Kohle und elektrischen Strom für das Anwärmen von ein paar Eisenpflöcken zu vergeuden. Aber warum sollte der »Prolet« Wagner, wie seine Kollegen, mit Material, das nicht ihres war, sparen?! Im Übrigen aber war er wohl ein deutscher »Musterarbeiter«, ein anständiger Mensch, ohne Hinterlist und respektvoll, gemessen in seiner Hast, gemäßigt in seinen Gesten. Ich habe ihn allerdings niemals lachen sehen.

Ganz anders war da zum Beispiel Hase, mein zweiter Meister. Ein mächtiger Körper von urwüchsiger Kraft. Ein quadratisches großes Gesicht mit Bürstenhaarschnitt und Kaiser-Wilhelm-Bart. Seine Schlosserkluft war abgetragen und verschmiert, im Gegensatz zu der fast adretten Arbeitskleidung von Meister Wagner. Allerdings war seine Arbeit auch die gröbere und dreckigere. Bei ihm lag man meist unter den Rädern der Lokomotive bzw. in der Laufgrube. Die Lagerung und Federung der Räder, aber auch der gesamte Mechanismus vom Dampfzylinder über Gestänge und Steuerung bis zum Radexzenter oblagen unserer Gruppe.

Hase verstand sein Metier, aber er verstand es auch, lautstark auf seinen Rechten zu bestehen. Selbst in der Nazizeit, zumindest in den ersten zwei Jahren, in denen ich dort arbeitete, nahm er kein Blatt vor den Mund. Seine Proteste, meist wohl berechtigt, ließen den Betriebsleiter, einen dicken Ingenieur mit hochrotem Gesicht und einem grünen Hütchen auf dem runden Schädel, erzittern, und selbst der Betriebsrat, der freilich öfters mehr die Interessen der Firma als die der Arbeiter vertrat, machte einen Bogen um den rebellischen Hase. Dabei war er politisch kaum engagiert, jedoch wie die meisten Mitglied in der Gewerkschaft. Uns, seine Untergebenen, behandelte er zwar ebenfalls in seiner grobschlächtigen Art, aber trotzdem auch mit Achtung. Seine Kollegen achteten ihn, zumal er ihre Interessen vertrat, auch wenn er zunächst für sich sprach. Eine kurze Zeit war ich auch dem Facharbeiter Knobloch zugeteilt. Ein hagerer, fahriger Mann mit ausgemergeltem Hungerleidergesicht, der leicht die Beherrschung verlor. Bei jeder unvorhergesehen auftauchenden Schwierigkeit oder wenn ich eine Sache nicht rechtzeitig fertig brachte, wallte er auf. Nicht so sehr gegen mich wie gegen den Schicksalsschlag an sich. Denn gewiss hatte das seine Rückwirkung auf die Höhe seines Wochenlohns. Außer sich fluchte er dann: »Pest! Elend! Krieg! Verzweifle mein Junge! Verrecke mein Junge!« und ähnliche Weltuntergangsverwünschungen. Möglicherweise hatte seine Nervosität auch ihren Ursprung in der Angst vor

Entlassung, denn er war keiner der alten Stammarbeiter, und in jener Zeit gingen Gerüchte um, die Firma beabsichtige, die Belegschaft zu reduzieren. Dabei waren nur noch 150 Arbeiter beschäftigt und das in einer Fabrik, in der drei, vier Jahre zuvor weit über tausend Arbeiter beschäftigt waren.

Von den vielen Werkhallen auf dem großen Gelände waren nur noch drei in Betrieb. Einige der anderen wurden als Materialdepots benutzt. Manchmal schickte man mich dorthin, ein Bandeisen oder einen Profilstahl zu holen. Die riesigen menschenleeren Hallen machten einen trostlosen Eindruck. In der Totenstille, in bedrückendem Kontrast zum betäubenden Lärm, aus dem ich kam, und inmitten jenes Friedhofs verrostender Maschinen wurde mir erst das ganze Ausmaß der Krise bewusst.

Das Wesentliche aber, das ich nun konkret begriff, war, dass es tatsächlich eine Arbeiterklasse gab. Ja, eine Arbeiterklasse, denn so verschieden sie auch waren, die Wagner, Hase und Knobloch, sie hatten doch etwas gemein. Gleich ob ihr Charakter mehr zu Anpassung, zu Empörung oder zu Auflehnung neigte, keiner machte sich Illusionen über seine Lage, die unentrinnbare Abhängigkeit vom Fabrikbesitzer, und allen war auch klar, dass sie mit ihren Kollegen im selben Boot saßen. Und ich habe es später immer wieder bestätigt gefunden, dass ein Arbeiter – vielleicht in einer primitiven und direkten Art – oft realitätsbezogener ist als viele so genannte Bildungsbürger.

Für mich, der ich aus genau diesem Bildungsbürgertum kam, war die Anpassung an meine neue Umwelt nicht einfach. Zwar war meine anfänglich stark individualistische Wesensart durch die Erfahrung der Gemeinschaft bei den »Kameraden« bereits ziemlich abgebaut, doch mein Hang zum Ideellen und Vergeistigten versperrte mir den Weg, nicht zum Verständnis wohl aber zur Integration in die so andere, so unmittelbar auf das Elementare bezogene Welt der Arbeiter.

Gut eine halbe Stunde länger hätte ich schlafen können. Doch fahre ich nicht direkt in die Fabrik. Auf dem Weg nach Klein-Mochbern liegt in der Nähe des Flugplatzes ein Wäldchen. Mehr dichtes Gebüsch als Bäume eigentlich. Dort steige ich vom Rad, setze mich auf einen Baumstumpf, ziehe die Blockflöte aus meiner Umhängetasche, wo sie neben Wurst- und Käsestullen und dem Malzkaffeekanister liegt, und spiele das Menuett aus Mozarts *Don Giovanni*, vielleicht einen Satz aus Beethovens Frühlingssonate oder einfach nur *Am Brunnen vor dem Tore*. Dann packe ich alles wieder zusammen und beeile mich, die letzte Strecke bis zur Fabrik zurückzulegen und meine Kontrollkarte wenigstens eine Minute vor sieben in die Stechuhr zu stecken. Von elf Uhr bis halb zwölf ist Mittagspause. Den Malzkaffee wärmt man vorher am Rande der Schmiedeesse an. In zehn Minuten kann man seine Mahlzeit gegessen haben. Die Arbeiter sitzen dann noch beieinander und unterhalten sich. Die Lehrlinge bilden einen anderen Kreis. Aber ich verziehe mich in eine der leeren Hallen, dorthin wo die Schienen enden. Auf einer kleinen Grünfläche, wo einige Birken einen dürftigen Schatten spenden, lege ich mich ins Gras und träume vor mich hin oder denke einfach nur nach. So über die Bücher, die ich gerade gelesen habe, z.B. über *Tonio Kröger* von Thomas Mann. Eine Künstlernatur, die sich nach den »Wonnen der Gewöhnlichkeit« sehnt. Mit einer »Liebe zum Bürgerlichen«, die »gut und fruchtbar« ist. Bürgerlich hier nicht im Gegensatz zur Lebensart der Arbeiter, sondern als Gegenpol zu den im Geiste Lebenden und Schaffenden begriffen. Auch über *Demian* von Hermann Hesse, der mich stark beeindruckt hat. Oder es geht mir Rilkes Gedicht von der verlorenen Kindheit durch den Sinn. Mit jener Geborgenheit hat es nun ein Ende. Ich stehe einer mir noch fremden Welt gegenüber. Mein Verstand ist mit meinem neuen Status mitgegangen. Ich arbeite nicht nur acht Stunden täglich in einer Fabrik, ich will auch zu denen stehen, die dort beschäftigt sind. Aber meine Gefühle, mein innerstes Ich ist noch nicht dabei, sondern schwebt in den Wolken, die hoch am blauen Himmel über mir dahin und in die Ferne ziehen. Da ertönt die Sirene: Ich kehre aus den Wolken zurück an die Radialbohrmaschine.

Erste Erfahrungen mit der Politik

Meine erste Begegnung mit Karl Marx war ein tief greifendes Erlebnis. Ich hatte Karl Kautskys *Einführung in die politische Ökonomie* gelesen, eine Zusammenfassung von Marx' *Kapital*, und war sowohl hingerissen von der Schlüssigkeit seiner Analyse der Waren- und Kapitalwirtschaft wie von der dialektischen Methode des Aufspürens gesellschaftlicher Verhältnisse in der leblosen Warenwelt.

Nie zuvor hatte ich mich mit ökonomischen Problemen beschäftigt, ja sie geradezu als fad und öde verabscheut. Und es war wohl zuerst mehr die Art und Weise wissenschaftlicher Auseinandersetzung, die gleiche, die mich auch an der Mathematik Begeisterung empfinden ließ, also mehr der Stil als das Objekt, was mich faszinierte. Hätte ich gleich das *Kapital* im Original gelesen – wozu es Jahre später erst einer Gelbsucht und wochenlanger Bettlägrigkeit bedurfte –, wäre mein Enthusiasmus durch die urdeutsche Pedanterie des Textes bestimmt gedämpft worden.

Nach der Lektüre von Kautskys Buch jedenfalls bekam ich Appetit, mehr von Marx und Engels kennen zu lernen, und machte mich daran, andere Werke – zum Glück leichtere Kost als das *Kapital* – zu lesen. Doch meine intellektuelle Begeisterung wäre wohl ohne Folgen geblieben, wären nicht zwei Umstände hinzugekommen, die in meinem Fall zwar Zufall, aus historischer Sicht jedoch durchaus determiniert waren. Im Sommer 1932 ging der Wanderbund »Kameraden« in die Brüche. Die Wirtschaftskrise mit über sechs Millionen Arbeitslosen und die daraus folgende politische Radikalisierung in Deutschland machte auch vor der Jugendbewegung nicht Halt.

Ihre rein auf Ethik und Erziehung begründete Verhaltensweise gab keine Antwort auf die Fragen einer sich rapide verändernden Umwelt, hielt dem Strom der Zeit nicht länger stand. Und das umso mehr, als die Mitglieder des Bundes deutsch-jüdischer Herkunft waren. Angesichts einer drohenden Machtübernahme durch die Nazis wurde eine Politisierung unausweichlich.

Die »Kameraden« spalteten sich damals in drei Tendenzen: erstens in eine zionistische, die den Ausweg in der Auswanderung nach Palästina und im Anschluss an die Kibbuzbewegung sah. Deren Pioniergeist konnte als eine Fortsetzung der Jugendbewegungsideale gelten. Dieser neue Bund nannte sich »Werkleute«.

Zweitens in eine deutsch-nationale Richtung, die bereit war, den Trend zum Völkischen mitzumachen. Doch da »Bereitsein« nicht alles war, zerfiel dieser »Schwarzes Fähnlein« genannte Bund, verstoßen und verboten von den bald an die Macht kommenden Nazis, deren Antisemitismus noch weit über deren Nationalismus hinausging.

Die dritte Abspaltung wies nach links. Die »Freie Deutsch-Jüdische Jugend« – FDJJ – sah im gemeinsamen Kampf mit den sozialistischen Bewegungen und Parteien Deutschlands den gebotenen Weg, zu verhindern, dass die Nazis an die Macht kommen würden, und sich andererseits für eine sozial gerechtere Gesellschaftsordnung einzusetzen.

Dieser letzten Tendenz gehörte auch meine Gruppe unter Führung von Ernst und später Walross an. Natürlich diskutierten wir all die Probleme, und die meisten aus unserer Gruppe schlossen sich unserer Haltung an. Die Orientierung auf den Sozialismus war ja nicht aus heiterem Himmel gefallen, denn der Einfluss der Führer wirkte seit Jahren und war schon immer in diese Richtung gegangen.

Die Bewegungen oder Parteien, denen sich die Mitglieder der FDJJ anschlossen, waren von Stadt zu Stadt verschieden und gingen von der SPD über die SAP zur KPD. Naturfreunde, Freidenker, Sozialistischer Schülerbund oder Sozialistische Arbeiterjugend waren oft Bindeglieder. In Breslau war es die KPO, der sich die Gruppen der FDJJ zuwandten.

Die »Kommunistische Partei Deutschland/Opposition« war eine Abspaltung der KPD unter deren früherem Sekretär Brandler. 1928 aus der Partei ausgeschlossen, trat sie für die Politik einer Einheitsfront mit der SPD gegen Faschismus und Kriegsvorbereitung ein. Ebenso für die Mitarbeit der Kommunisten in der sozialdemokratisch orientierten Gewerkschaftsbewegung ADGB. Somit stand sie im Gegensatz zur offiziellen Taktik der KPD, die seinerzeit mit ihrer Charakterisierung der Sozialdemokratie als »Steigbügelhalter des Faschismus« oder »Sozialfaschisten«, trotz gelegentlicher Einheitsfrontangebote und steter Aufrufe zu einer »Einheitsfront von unten«, eine gemeinsame Front gegen rechts erschwerte.

Die KPO stimmte in ihren Zielen mit der KPD überein und prangerte auch die sozialdemokratische Politik des »kleineren Übels« und ihr Verständnis als »Arzt am Krankenbett des Kapitalismus« an, sah jedoch in einer Einheitsfront die einzige Möglichkeit, das vorrangige Ziel, den Weg Hitlers zur Macht zu verhindern und die faschistische Diktatur und den Krieg aufzuhalten. Wie die KPD sah auch die KPO die Sowjetunion als das Land an, in dem der Sozialismus verwirklicht worden war. In Stalins Fünfjahresplänen für die UdSSR sah sie den Weg zur Überwindung jahrhundertealten Rückstandes. Sie wandte sich jedoch gegen den Einfluss Stalins auf Deutschland, so gegen die sektiererische Taktik der KPD in der Kommunistischen Internationalen. Ab den Moskauer »Hexenprozessen« von 1936 gegen Bucharin, Sinowjew und Kamenjew an, wandte sich die KPO auch gegen Stalins Politik innerhalb der Sowjetunion.

Zahlenmäßig waren die KPO und ihre Jugendorganisation, die KJO, relativ klein. Doch waren ihre Mitglieder meist sehr aktiv und kampferprobt. Vielleicht war das der Grund, weshalb sie nach der Machtergreifung der Nazis eine der relevanten und vor allem dauerhaftesten Gruppen im Widerstand war. Davon zeugten auch die vielen Prozesse von 1934 bis 1939 gegen KPOler wegen »Vorbereitung zum Hochverrat«, wie damals die Anklage wegen Teilnahme am antifaschistischen Kampf im Untergrund juristisch benannt wurde.

Da ich der »Kameraden«-Gruppe von Ernst und Walross – jetzt FDJJ – angehörte, war meine politische Integration gewissermaßen vorgegeben. Meine Einstellung, meine persönlichen Bindungen wiesen zur KJO.

Trotzdem sollte sich meine erste politische Aktivität im Rahmen des offiziellen kommunistischen Jugendverbandes, des KJV, abspielen. Die Arbeit in der Lokomotiv-Fabrik brachte mich nämlich nicht allein gesellschaftlich in Kontakt mit dem Milieu der Arbeiter, sondern auch politisch mit engagierten jungen Kommunisten.

Während zwischen mir und den Meistern oder Vorarbeitern eine gewisse Distanz blieb, es nur zu Gesprächen über die Arbeit und den Lohn kam, begann ich mich, nach der ersten Zeit der Selbstisolierung, mit einigen Lehrlingen anzufreunden. Ich zog mich in der Mittagspause nicht mehr auf die Wiese mit den Birken zurück, sondern setzte mich zur Runde der Lehrlinge, die sich um den Ofen im Werkbereich von Meister Hase gruppierte. Wahrscheinlich hatte das im Winter begonnen. Dort war der mit Koks gespeiste Kanonenofen, der den unmittelbaren Umkreis wärmte, der Mittelpunkt von uns Jungen während der Ruhepause. Einer hatte eine Holzkiste, andere einen umgekehrten Eimer als Sitz und jeder seinen genau festgelegten Platz im Kreis.

Wir, über ein Dutzend Lehrlinge, plauderten über Mädchen, über Sport, Filme, natürlich über unseren Lohn und, wenn auch oberflächlich, über die Tagespolitik. Ich freundete mich besonders mit drei Lehrlingen an, die im KJV waren oder ihm zumindest nahe standen. Wolf, einer von ihnen, wurde mir zum Vorbild dank seiner Erfahrung und seiner entschlossenen Art, im Betrieb die Interessen der Lehrlinge beim Betriebsrat wie auch beim Betriebsleiter mit dem grünen Hütchen zu vertreten.

Zu dieser Zeit begann meine eigentliche politische und auch journalistische Laufbahn. Wir vier Lehrlinge hatten beschlossen, unsere Kollegen dazu zu bringen, in die Gewerkschaft, das war für uns die Metallarbeiterjugend MAJ, einzutreten, und sie zugleich von unseren Ideen zu überzeugen. Neben der Unterhaltung mit ihnen spielte dabei die Herausgabe einer Betriebszeitung eine Rolle. Ihr pathetischer Name war *Der Smo-Prolet*. Wir stellten sie mit einer Wachsmatrize und einem Gestettener-Vervielfältigungsapparat monatlich her und ließen sie vor dem Fabriktor von anderen KJV-Genossen verteilen.

Ich schrieb dazu einen regelmäßigen Beitrag unter dem Titel *Gespräche am Ofen*. Das war nicht ganz zutreffend, weil es eigentlich nie wirklich geführte Gespräche waren, sondern Produkte meiner noch recht simplen Vorstellungen und meiner Fantasie.

Einen kleinen Erfolg zeitigten unsere Bemühungen. Wir konnten einige Lehrlinge für unsere Sache gewinnen. Gemeinsam gingen wir zu den Zusammenkünften der MAJ und drängten darauf, allerdings vergebens, dass der Verband sich konsequenter für die Belange der Lehrlinge in der Metallindustrie einsetzen und außerdem Stellung gegen die Anbiederung Leiparts, des Vorsitzenden des ADGB, an die Regierung General Schleichers nehmen solle.

Auch unsere Vorschläge bezüglich des »ganzen freien Tages« am Tag des Berufsschulbesuches fanden kein Echo. Die damalige Gewerkschaftsleitung war nicht zu Konfrontationen mit den Unternehmern aufgelegt, und der MAJ war mehr ein Geselligkeitsverein als eine Interessenvertretung der jugendlichen Arbeiter. Man las eine Geschichte von »Arthur mit dem langen Arm« vor und unliebsame Unterbrechungen wurden nicht geduldet.

Auch unsere Forderung, die Gewerkschaft solle, statt das Kabinett Schleicher, die letzte Regierung vor der Machtübernahme Hitlers zu stützen, zusammen mit den christlichen »Hirsch-Dunckerschen« und den kommunistischen »RGO«-Gewerkschaften eine gemeinsame Front bilden, um den Generalstreik gegen die bedrohlich näher rückende Machtübernahme der Nazis vorzubereiten, verhallte ohne Echo. Der Antrag mochte reichlich naiv vorgetragen sein, und ich begriff die Tragweite unseres Plädoyers für eine demokratische Einheitsfront der Arbeiterbewegung noch nicht so recht. Sie wäre aber die einzige Chance gewesen, Faschismus und Krieg noch zu verhindern. Ebenso vergebens wie unsere Proteste und Aufrufe war auch General Schleichers Bestreben, auf Reichswehr und Gewerkschaften gestützt, eine starke Regierung und damit einen Damm gegen Hitler zu bilden. Als ich am 30. Januar 1933 abends mit meinen Eltern vor dem Radio saß und die Nachricht hörte, dass Reichspräsident Hindenburg Adolf Hitler das Kanzleramt übergeben hatte, schaute mein Vater erwartungsvoll auf den Lampenschirm – in der Hoffnung, dass nun das Licht gleich ausginge. Es brannte aber diesen Abend und alle folgenden ruhig weiter. Wahrscheinlich erinnerte er sich an die Generalstreiks, die im März 1920 den Kapp-Putsch vereitelt und im August 1923 die Errichtung einer Rechts-Diktatur der Schwarzen Reichswehr mit dem Sturz der Cuno-Regierung verhindert hatten. Als in der MAJ »gebranntes Kind« wusste ich, dass die dazu notwendige Einheit leider nicht zu erwarten war.

Hitler sei auf legale Weise an die Macht gekommen, ein Generalstreik sei daher verfassungswidrig, »ein Schuss ins Leere«. Erst wenn Hitler und der deutschnationale Politiker und Verleger Hugenberg den Rahmen der Weimarer Verfassung durchbrechen würden, dürften Kampfmaßnahmen der Arbeiter eingeleitet werden. Die Einheitsfront mit den Kommunisten sei bis dahin überflüssig, vielleicht sogar schädlich, hatte der »Vorwärts« auf das Angebot Ernst Thälmanns, des Generalsekretärs der Kommunistischen Partei, geantwortet. Als die Nazis dann ihr wahres Gesicht zeigten, war es bekanntlich zu spät.

Am 28. Februar kam mein Bruder aufgeregt nach Hause: »Der Reichstag brennt«. Was das bedeutete, begriff ich ohne weiteren Kommentar. Die Hetzjagd auf »Marxisten und Juden« begann nun im großen Stil. Ein Bekannter von mir aus den »Kameraden«, Walter Steinfeld, Molly nannten wir ihn, wurde auf Breslaus Hauptstraße am helllichten Tage von SA-Leuten erstochen. Keiner der vorübergehenden Fußgänger wagte es einzugreifen.

Heinz, mein Bruder, der nach Beendigung seines Jurastudiums auf dem Amtsgericht in Breslau arbeitete, wurde von SA-Leuten hinausgeworfen. Damit war seine Juristenkarriere beendet. Er lernte Fliesenleger. Wahrscheinlich bereits mit der Absicht, nach Palästina zu gehen.

In der Fabrik hingegen spürte ich nichts von Verfolgung. Natürlich waren wir jetzt sehr vorsichtig mit politischen Äußerungen. Aber auch als Jude habe ich dort nie eine Beschimpfung oder gar Diskriminierung erfahren. Dabei war Alois Schollek, unser Werkmeister, ein »alter Kämpfer«. Aber nie hörte ich von ihm eine antisemitische Bemerkung.

Übrigens änderte er seine Gesinnung bald nach der Machtergreifung, denn sein Sohn, der bei uns im letzten Jahr seiner Lehrzeit und vor der Gesellenprüfung stand, wurde zum »Freiwilligen Arbeitsdienst« eingezogen. Damit war seine Ausbildung kurz vor der Beendigung unterbrochen. Seitdem fluchte Alois Schollek in allen Tonarten auf die Nazis. Gewiss wusste auch er sich unter den Arbeitern der Fabrik so gut wie sicher. Und das, obwohl auch bei »Smoschewer«, wie allerorts, eine NSBO-Betriebsgewerkschaft gegründet worden war und einige Arbeiter sich ihr sofort anschlossen. Wahrscheinlich aus purem Opportunismus. Immerhin belästigten sie keinen ihrer Kollegen.

Die Betriebsratswahl am 21. März 1933 bewies noch einmal statistisch, dass die Nazis unter den Arbeitern in der Minderheit waren. Der NSBO-Kandidat fiel bei uns durch, selbst nach eigenen Angaben waren im Reich nur 25 Prozent der Stimmen für deren Kandidaten abgegeben worden, so blieb der alte SPD-Betriebsrat im Amt.

Der erste Mai wurde dann zum »Tag der nationalen Arbeit« erklärt, und erstmals mussten die Unternehmer den freien Tag bezahlen. Der Aufmarsch auf dem Flugfeld in Gandau wurde von der NSBO demagogisch vorbereitet. Die Nazis vergaßen nicht, darauf hinzuweisen, dass am 1. Mai 1929 der sozialdemokratische Polizeipräsident von Berlin, Zörgiebel, die Demonstration hatte verbieten und dann 33 Arbeiter erschießen lassen.

Außer mit Propaganda halfen die Nazis dem Zulauf zu ihrer Kundgebung mit Freimarken für Bier nach. Wie weit Druck von Seiten des Betriebes ausgeübt wurde und wie viele Arbeiter von uns daran teilnahmen, weiß ich nicht. Ich ging nicht hin, umging überhaupt alle Umzüge, bei denen man die Hand zum Hitlergruß heben musste. Im Betrieb sprach auch niemand vom 1.-Mai-Aufmarsch. Ich glaube, die einen schämten sich, weil sie daran teilgenommen hatten, und die anderen, die wie ich nicht hingegangen waren, hielten wohlweislich den Mund.

Tags darauf wurde den ADGB-Gewerkschaften, die aus Anbiederung zur Teilnahme am Aufmarsch aufgerufen hatten, die Rechnung präsentiert. Die misslungenen Betriebsratswahlen lagen Goebbels und Ley noch im Magen. Sie wollten auf Nummer sicher gehen. So besetzte die SA am 2. Mai alle Gewerkschaftshäuser und -büros. Ich entsinne mich nicht, ob für diesen Tag eine Zusammenkunft angesetzt war oder ob wir, durch die Nachricht beunruhigt, zum Gewerkschaftshaus gingen. Es war verschlossen, einige SA-Leute standen davor, und ein kleiner Auflauf von besorgten Mitgliedern diskutierte auf der Straße. Jakob Kaiser, unser MAJ-Leiter, erklärte leichenblass, das sei halt die »Gleichschaltung«. Wir sollten ruhig nach Hause gehen, »fürs Erste« sei da nichts zu machen.

Nicht nur »fürs Erste« war nichts zu machen; es sollte überhaupt das letzte Mal sein, dass wir vor dem Gewerkschaftshaus, und wenn auch nur vor der Tür, zusammenkamen.

Mit der NSBO schienen Goebbels und Ley ebenso wie bei »Smoschewer« überall keine guten Erfahrungen gemacht zu haben. Im Laufe der Zeit ging die unbedeutende Nazigewerkschaft ganz in der »Deutschen Arbeitsfront« auf, in die jetzt alle eintreten mussten, die Arbeiter, die höheren Angestellten sowie die Unternehmer. Allerdings war das nun keine Gewerkschaft mehr, sondern eine reine Nazi-Propagandaorganisation, durch »Kraft durch Freude« allenfalls noch für Freizeitgestaltung zuständig. Anfang 1934 wurden mit dem »Gesetz zur Ordnung der nationalen Arbeit« nach Aufhebung aller Tarifverträge auch die Betriebsräte in so genannte »Vertrauensräte« umgewandelt, deren Vorsitzender der Betriebsleiter war. Von jetzt an wurde dieser »Gefolgschaftsführer« genannt und die Belegschaft »Gefolgschaft«. Diese eher feudal-ständische Namensgebung brachte uns in unserem Betrieb zuerst keine bedeutsame Veränderung, zumal es auf Betriebsebene, mit Ausnahme des allgemeinen Abbaus des Tariflohns, kaum strittige Fragen gegeben hatte.

Die »Vertrauensrätewahl« im März 1934 muss ein neuer Reinfall für die Nazis gewesen sein. Wie und weshalb, weiß ich nicht, da wir Lehrlinge ja nicht wählen durften. Die Ergebnisse wurden jedenfalls nie bekannt gegeben, und seitdem wurden überhaupt keine Wahlen mehr in den Betrieben abgehalten.

Die Arbeiter wurden schweigsamer, aber es lag eine ebenso verhaltene wie verbissene Feindseligkeit in ihrem Verhalten. Als neue Hilfsarbeiter in die Fabrik kamen, sicherlich von der Partei empfohlen oder auch dem Betrieb aufgezwungen, arbeitslose PGs jedenfalls, tat sich ein Graben zwischen ihnen und den Stammarbeitern auf. Mit den Neuen sprach man nur über das für die Arbeit Unvermeidliche und vermied jeden persönlichen Kontakt. Auf ihre Lobpreisungen des Führers und der »Neuen Ordnung« reagierte man nach der Art von Taubstummen.

Es mag mitgespielt haben, dass man sie, die wenig mehr als die Arbeitslosenunterstützung erhielten, als Lohndrücker betrachtete, zumal die Lohnsteuer aus »Solidarität mit den Erwerbslosen« um drei Prozent erhöht worden war.

Eine ähnliche Atmosphäre herrschte in der Berufsschule für Maschinenbau. Natürlich erschienen jetzt einige Jungen in der braunen Uniform der Hitlerjugend und der Lehrer musste uns im Fach Staatsbürgerkunde die Nazi-Ideologie beibringen. Man merkte es: Er musste, denn er tat es auf eine eher objektivierende, unfanatische, nie offen antisemitische Art und Weise, wenn er von »Blut und Boden« oder der Rassenlehre sprach. Im praktischen Unterricht zerlegten und montierten wir Maschinengewehre. Die damals noch versteckte Aufrüstung bestärkte mich in der Überzeugung, dass das Dritte Reich nun wirklich auf einen Krieg zusteuerte.

Dagegen musste man etwas tun. Zusammen mit Wolf ging ich treppauf, treppab in den Arbeitervierteln hinter dem Heumarkt verbotene Zeitungen der KPD verkaufen. Sie denunzierten die Morde und Folterungen in den neu geschaffenen Konzentrationslagern, den Lohnabbau, die Korruption der neuen Herren, die Millionengeschäfte mit der Aufrüstung von Hitlers Geldgebern, Krupp, Thyssen, Flick, die geheimen Kriegsvorbereitungen und riefen zum Widerstand auf.

Natürlich durften wir uns dabei nicht erwischen lassen. Zur Sicherheit begannen wir in jedem Haus oder Hinterhaus im obersten Stockwerk und gingen, die Zeitung anbietend, von Tür zu Tür nach unten, so immer einen Fluchtweg offen haltend. Die Erbitterung der Arbeiter in den ersten Monaten des Schreckensregimes war so groß, dass wir eigentlich nie Probleme hatten. Die Zeitung kauften zwar nur wenige, aber oft rieten uns die Besuchten, an welche Tür im Haus wir lieber nicht klopfen sollten, denn selbstverständlich gab es schon einige Nazis in jedem Wohnblock.

Das mochte so bis Mai gegangen sein. Dann wurde es zu gefährlich. Wir fuhren nun an den Sonntagen mit den Fahrrädern aus der Stadt hinaus, an der Oder entlang bis nach Kottwitz, einer Ortschaft, in der viele Oderschiffer wohnten. Sie waren zumeist arbeitslos, denn die Krise hatte viele Kohlenkähne auf diesem wichtigsten schlesischen Wasserweg lahm gelegt. Wolf kannte ein paar Genossen dort, wir verkauften ihnen die Zeitung und sie wiesen uns an andere weiter. Mit einigen kamen wir ins Gespräch, diskutierten mit Sozialdemokraten und Kommunisten, auch einigen katholischen Schiffern. Obwohl sie sehr ärmlich lebten, boten sie uns stets einen Tee oder Limonade an. Wir hatten einen guten Absatz und fühlten uns in diesem Ort einigermaßen sicher.

Zu sicher leider. Denn eines Tages kamen wir an den Falschen. Wahrscheinlich war er bis vor kurzem noch links eingestellt gewesen und die Nachbarn hatten seinen Wandel nicht wahrgenommen. Als wir an einem Haus anklopften, machte uns ein Mann in SA-Uniform auf. Er musste vorher schon beobachtet haben, dass wir diese Zeitungen bei uns hatten und sie seinen Nachbarn anboten. Er brüllte uns an, wir »Marxisten« vergifteten das ganze Dorf mit Gräuelpropaganda, er werde uns das Handwerk legen. Doch bevor er handgreiflich werden konnte, hatten wir uns aufs Rad geschwungen und rasten, ohne abzuwarten, was er nun wirklich tun würde, in einem irrem Tempo aus dem Dorf. Natürlich fuhren wir nicht die Oder entlang, auf dem Weg, den wir gekommen waren, sondern Ortschaften meidend in großen Schleifen und in atemloser Hast auf Nebenwegen zurück nach Breslau.

Das war im Sommer 1933, und es war der letzte Ausflug mit den KPD-Zeitungen. Bald sollten auch keine gedruckten Zeitungen mehr erscheinen. Und auch Wolf kam eines Tages nicht mehr zur Arbeit. Monatelang wussten wir nicht, was passiert war. War er hochgegangen? War er untergetaucht?

Er war eine Abenteurernatur und man konnte ihm alles zutrauen. Im Herbst erst erfuhr ich durch Alois Schollek, unseren Werkmeister, dass Wolf zum »Freiwilligen Arbeitsdienst« gegangen sei. Er soll eine öffentliche Erklärung abgegeben haben, dass er dem Kommunismus abschwöre und zum Nationalsozialismus übertrete. Ich konnte es nicht glauben. Oder wollte es nicht. Es wäre ein zu harter Schlag für mich gewesen. Denn Wolf war für mich das Muster eines Menschen, der sich voll und ganz für eine gute Sache einsetzt.

Ich musste Gewissheit darüber haben. Es ließ mir keine Ruhe. Und so fuhr ich eines Sonntags raus bis zum Arbeitsdienstlager, wo nach Alois Scholleks Aussage Wolf sein sollte. Ich wagte mich aber nicht ins Lager hinein, wagte auch nicht, am Eingangstor nach ihm zu fragen. Ich wartete lange Stunden, ob er vielleicht herauskäme und ich ihn dann fragen könnte. Es wurde Abend, aber er kam nicht. Vielleicht stimmte alles gar nicht, und er war nicht einmal hier.

Ermüdet und enttäuscht machte ich mich auf den Rückweg. Und lange noch bohrte die ungeklärte Frage in mir wie ein schmerzender Stachel. Die Wahrheit war: Ich besaß damals möglicherweise zwar mehr Wissen als die meisten Jugendlichen meines Alters, hatte aber keine Lebenserfahrung und keine Erfahrung mit Menschen. Ein Hang zur Gutgläubigkeit und Blauäugigkeit, mehr vielleicht als ratsam, um in der Welt durchzukommen, ist mir zeitlebens geblieben.

Im Untergrund

Die Oder war unser Ausflugsziel. Kaum ein Wochenende im Sommer, an dem wir nicht mit dem Rad an eine der Buchten fuhren, die sich an beiden Ufern aneinander reihten, und uns am Rande zwischen Strand und Wiese niederließen. In Badehosen sprangen wir ins kühle Wasser, ließen uns vom Strom treiben oder schwammen an das andere Ufer. An die Lagerstätte zurückgekehrt, erwärmten wir unsere klammen Glieder bei einem Völkerballspiel, um dann zur Mittagszeit die mitgebrachten Stullen zu verzehren und danach die Arbeitsgemeinschaft über dieses oder jenes Thema fortzusetzen und bis in die Nacht hinein an einem Lagerfeuer Lieder zu singen.

Das war bei den »Kameraden« so gewesen, das blieb so bei der Nachfolgeorganisation, der FDJJ. Mit dem Unterschied, dass die Themen wie die Lieder politischer wurden und die Lieder gedämpfter, doch mit mehr Inbrunst gesungen wurden. Ab Spätsommer 1934 nahm ich auch an Zusammenkünften der KJO teil, bei denen wir die politische Lage und unsere Aktivitäten besprachen.

Die Grundeinheit der Arbeiterorganisationen war früher die Fünfer-Zelle gewesen. Das wusste natürlich auch die Gestapo. Zu fünft an die Oder rauszufahren war daher äußerst riskant. Wir stellten uns deshalb auf Vierer-Gruppen um. Das war unauffälliger, zumal wir dabei auch schwimmen gingen und Ball spielten, so wie es viele Jugendliche aus der Arbeiterschicht damals machten.

Am 1. Mai 1934 jedoch ließen wir alle Vorsichtsmaßnahmen fallen. Wir fuhren in kleinen Gruppen an die Oder und trafen uns dort in einer Bucht mit dreißig, vierzig oder fünfzig anderen. Und es wurde eine richtige Mai-Feier. Oben am Wege standen ein paar Genossen Schmiere. Da bei der öffentlichen Mai-Kundgebung alle mitmachen mussten, an erster Stelle alle Nazis, von der Hitlerjugend bis zur SS, war die Umgebung von Breslau an jenem Tag von der »braunen Pest« frei, und es war nicht viel zu befürchten. So sangen wir nach langer Zeit wieder einmal im Chor die alten Arbeiterlieder. Eine Ansprache wurde gehalten, Eingeständnis unserer großen Niederlage und flammender Aufruf zur Fortsetzung des Kampfes gegen Faschismus und Krieg zugleich, und als es zu dunkeln begann, ertönte vor dem lodernden Feuer die Internationale. Es mochte leichtsinnig gewesen sein, aber bei der niederdrückenden Atmosphäre, in der wir unseren täglichen kleinen Aufgaben nachgingen, gab es uns neuen Mut.

Noch eine andere Episode sollte uns inmitten der einbrechenden Nacht des Faschismus einen Lichtblick geben. Es war wie ein Blitzlicht, leuchtete für den Bruchteil einer historischen Sekunde auf und verlosch. Die Nacht, die darauf folgte, war jedoch tiefer als alle anderen zuvor.

Zwei Monate nach jener begeisternden Maifeier kamen wir wiederum an einem Wochenende, es war der erste Juli, von unserer Fahrt an die Oder zurück. Schon bei unserer Fahrt durch die östlichen Vororte erschien uns die Stadt wie verwandelt. Überall standen Gruppen von Leuten und diskutierten mit lauter Stimme. Das hatte es seit anderthalb Jahren nicht mehr gegeben.

Als wir an einer SA-Kaserne vorbeikamen, wurden wir freundlich von einem Polizisten gebeten, auf einer Nebenstraße weiterzufahren. Wir konnten gerade noch sehen, dass Reichswehr vor dem »Braunen Haus« stationiert war. Neugierig gemacht, gesellten wir uns zu einer der unbehelligt diskutierenden Gruppen. Was wir erfuhren, war unklar, sich widersprechend, durch Gerüchte ergänzt, zumal den offiziellen Berichten sowieso niemand Glauben schenkte. Doch so viel stand fest: In der vorangegangenen Nacht hatte die Reichswehr, gemeinsam mit Görings Leibwache, der SS, die SA entwaffnet und in ihre Kasernen eingesperrt. Viele ihrer Führer waren erschossen worden. Ihren Stabschef Ernst Röhm und Edmund Heines, den SA-Obergruppenführer von Schlesien und Polizeipräsidenten von Breslau, hatte man in Wiessee zusammen umgebracht. Auch der General Schleicher wurde in dieser »Nacht der langen Messer« ermordet. Der ehemalige Reichskanzler Franz von Papen kam mit eingeschlagenen Zähnen davon. Seine Lebensrettung verdankte er dem Eingreifen des Generals Freiherr von Fritsch, Chef der Heeresleitung.

Im Gau Breslau waren in jener »Bartholomäusnacht« 185 Menschen von den SS-Mordkommandos umgebracht worden. War man auch über das Blutbad entsetzt, Heines Tod nahmen alle mit Genugtuung auf. Wegen seiner ruchlosen Verbrechen und Morde, seiner Korruption und der Orgien, die ein ganzes Häuserviertel im Umkreis seiner Residenz im Süden der Stadt geradezu unbewohnbar gemacht hatten, war er zum meist gehassten Mann Breslaus geworden.

Ein Bild von alledem konnten wir uns vorerst nicht machen. Die offizielle Version des »Röhmputsches« war ebenso idiotisch wie die angeblich »für den Führer unerträglich gewordene unnatürliche Veranlagung der SA-Führer«. Doch aus der allgemeinen Stimmung, die sich erstmals auf den Straßen öffentlich kundtat, schlossen wir, dass die Bevölkerung von den Auseinandersetzungen in den Nazireihen und in der Reichswehr den Fall Hitlers und Görings erhoffte. Die Angst vor dem Naziterror schien gewichen.

Hätte eine einheitliche Führung bestanden, wären bei der großen Erregung, vor allem in den Arbeitervierteln, Kampfmaßnahmen möglich gewesen. Aber die allgemeine Schadenfreude lähmte eher ein gemeinsames Handeln. Als bereits am folgenden Tag ersichtlich war, dass sich die SA kampflos hatte überrumpeln lassen und Hitler und Göring fester denn je im Sattel saßen, folgte der Katzenjammer auf die voreilige Vorfreude. Am Montag ließen dann auch bei Smoschewer alle die Köpfe hängen.

Aus unserer über die Grenze geschmuggelten Zeitschrift *Gegen den Strom* konnten wir Wochen darauf entnehmen, dass der Schlag gegen die SA-Führung von Hitler, Thyssen, Krupp, Kirdorf und dem Reichswehrminister Generaloberst von Blomberg präzise vorbereitet worden war, um die absolute Machtstellung Hitlers als politischem Führer, des »Stahlvereins« als Wirtschaftsdiktator und der Reichswehrgeneralität auf militärischem Gebiet gegen jede Rivalität abzusichern. Dass dabei auch persönliche Rechnungen blutig beglichen wurden und die Täter des Reichstagsbrandes als lästige Mitwisser liquidiert wurden, war nur eine Begleiterscheinung.

Die radikale Demagogie einer »zweiten Revolution« konnte jedenfalls zu den Akten gelegt werden. Nachdem die uneingeschränkte Herrschaft der Spitze der Nazipartei im Verein mit der Rüstungsindustrie und der Armee konsolidiert war, bedurfte es keiner »sozialistischen« Phrasen wie »Brechung der Zinsknechtschaft« mehr. Der Weg zu Krieg und Eroberung stand offen. Unser Hoffnungsschimmer hatte nur einen Tag gedauert.

Aber, um auf die Oder zurückzukommen, an den großen Strom fuhren wir weiterhin, selbst im Winter. Dann waren die Ränder des Flusses meist zugefroren, die Oderkähne lagen verlassen und unbeweglich im Eis eingeklemmt am Ufer. Ihre leeren Laderäume gaben ideale Versammlungslokale ab. Ungestört konnte man hier Besprechungen abhalten.

Im Frühjahr machten wir uns auch einen Spaß daraus, Schifffahrt auf Eisschollen zu betreiben. In dieser Zeit, in der das Tauwetter einsetzte und die Eisschicht dünner wurde, konnte man mit starken Ästen Eisschollen abbrechen und, die Äste als Ruder und Steuer benutzend, sich flussabwärts treiben lassen. Nur mussten wir aufpassen, dass während der Fahrt unser Floß nicht ganz zusammenschmolz oder auseinander brach. So blieben wir lieber nahe am Ufer. Abenteuer, Vergnügen und Ernst der Politik kamen bei mir meist zusammen. Eines gab dem anderen die Würze.

Meine Tätigkeit lag zu dieser Zeit wieder beim Schreiben, im Miniatur-Journalismus. Ich hatte Berichte aus den größeren Metallbetrieben über die Arbeitslage, den nach Aus- bzw. Gleichschaltung der Gewerkschaften verstärkten Lohndruck, über die Stimmung unter den Arbeitern und über Widerstandsaktionen, die damals noch ab und zu stattfanden, zu sammeln.

Außer zu meiner Fabrik, »Smoschewer & Co.«, hatte ich Verbindung zu »Kemna«, »Montan« und den »Linke-Hoffmann-Werken«. Mit je einem Genossen aus einem dieser Betriebe traf ich mich in einer Kneipe oder auch an einer Straßenecke, die Fabriken lagen nahe beieinander am Stadtrand, und sie erzählten mir, was bei ihnen passierte. Zu Hause schrieb ich es dann auf. Seltener übergaben sie mir einen geschriebenen Bericht. Die im Laufe des Monats gesammelten Berichte bewahrte ich in einem wasserdichten Gummibeutel im Spülkasten unserer

Toilette auf. Die Spülkästen aus Gusseisen waren seinerzeit ganz oben, fast unter der Decke, angebracht.

Zu diesen Lokalnachrichten kam der Leitartikel hinzu, die Analyse der aktuellen politischen Lage. Meist handelte es sich dabei um Abschriften von Artikeln aus im Ausland gedruckten Zeitschriften, die illegal nach Deutschland gebracht wurden. *Gegen den Strom* auf Seidenpapier in Oktavbogen und die *Juniusbriefe* als Fotoabzüge im Format 6 x 9, wahrscheinlich als Negative ins Land gebracht, gaben ein gutes Bild von der Situation in Deutschland und im Ausland zu einer Zeit, in der die gesamte Presse »gleichgeschaltet« und alle Nachrichten durch die Zensur sorgsam gefiltert waren. Gerade noch der »Blick in die Zeit« gab durch die gewitzte Zusammen- und Gegenüberstellung widersprüchlicher Ausschnitte aus den verschiedensten Zeitungen des Reiches einen gewissen Einblick, was hinter den Kulissen vorging.

Meine Aufgabe war es, die Artikel zusammenzustellen, zu überarbeiten, den Umbruch vorzubereiten und zusammen mit Rudi, einem Freund aus der »Kameraden«-Zeit, das Ganze auf eine Wachsmatrize zu tippen. Rudi, ein Büromensch, konnte perfekt Schreibmaschine schreiben und besaß einen Schlüssel zu dem Geschäft, in dem er arbeitete. Bis spät in die Nacht hinein saßen wir in seinem Kontor und fertigten das Bulletin an.

Einmal, Mitternacht war schon vorüber, hörten wir Schritte unten im Flur. Das Herz stand uns beinahe still. Wir löschten das Licht, nahmen die Matrize aus der Schreibmaschine, versteckten sie unter dem Teppich und hielten den Atem an. »Der Nachtwächter vom Sicherheitsdienst«, flüsterte Rudi. Wir warteten, bis seine Schritte verhallten, und schlichen uns durch die Hintertür hinaus. Eigentlich hatten wir immer Glück und kamen auch bei ähnlichen Gelegenheiten mit dem Schrecken davon. Auch bei Rudi in der Wohnung tippten wir manchmal, wenn seine Eltern nicht zu Hause waren. Unsere Eltern durften auf keinen Fall erfahren, was wir da trieben. Sobald wir sie kommen hörten, unterbrachen wir unsere Arbeit.

Selten wurde eine Zeitungsnummer auf einer einzigen Schreibmaschine hergestellt, einmal mussten wir sogar drei verschiedene Maschinen für eine Ausgabe benutzen. Rudi sorgte zur Sicherheit dafür, dass keine Spuren hinterlassen wurden. Nach der Fertigstellung der Matrize vergaß er nie, alle Buchstaben auf einen Papierbogen mit dem Farbband mehrmals anzuschlagen, sodass den Typen wieder Druckfarbe anhaftete.

Obwohl der Gestapo einige dieser illegalen Zeitungen in gefalteten DIN-A-3-Bogen in die Hände fielen, konnten sie doch nie die Schreibmaschinen ausfindig machen, auf denen sie hergestellt worden waren. Jede hatte irgendeine Besonderheit, sei es auch nur an einer Type, und sicherlich haben sie bei der Haussuchung bei Rudi auch die Schreibmaschine seines Vaters unter die Lupe genommen. Die

Vielfalt der benutzten Apparate erschwerte aber die Suche nach besonderen Merkmalen der Lettern.

Den Gestettener-Vervielfältigungsapparat hingegen konnten sie in der Wohnung von Büttner beschlagnahmen und zwar genau an dem Tag, an dem ich ihnen in die Hände fiel. Der Apparat und ich wurden im gleichen Auto ins Präsidium transportiert. Bis dahin wusste ich nicht, dass die Matrizen mit diesem Apparat abgezogen wurden, und Büttner nicht, von wem und wo die Matrizen angefertigt wurden, sonst hätte er bestimmt auch das angegeben. Zum Glück, denn mir hat man es nicht zur Last gelegt.

Über die Anzahl und Verteilung wusste ich ebenfalls nichts. Einige Exemplare gab ich an Lehrlinge in der Fabrik weiter, etliche auch an ältere Arbeiter, die mir zuverlässig schienen. Auch auf der Toilette ließ ich ein paar Zeitungen liegen. Als neue Hilfsarbeiter eingestellt wurden, unterließ ich das jedoch.

Ein Hauptthema der monatlich, zuweilen auch zweimonatlich erscheinenden kleinen Zeitung war die Kriegsvorbereitung. Deutschland war bereits aus dem Völkerbund ausgetreten, die zwei Millionen Mitglieder der SA waren, entgegen dem Willen der Reichswehrgeneralität, auf bestem Wege, unter Röhm zu einem ausgebildeten Berufsheer zu werden. Die Alliierten hatten zwar nicht ihre Zustimmung zur Einführung der allgemeinen Wehrpflicht und der Erhöhung des Bestandes der Reichswehr von 100.000 auf 300.000 Mann gegeben, unternahmen aber auch nichts, um diesen offensichtlich bevorstehenden Schritten zuvorzukommen. Die allmähliche Überwindung der Wirtschaftskrise und der Arbeitslosigkeit war zu einem guten Teil durch die Aufrüstung herbeigeführt worden. Der Bau der Autobahnen zu einer Zeit, in der es nur geringen Autoverkehr gab, konnte nur militärischen Zwecken dienen. Und Hitlers Geldgeber an der Ruhr heimsten mit den großen Rüstungsaufträgen nun die ersten Dividenden ihrer Millionenspenden für SA und NSDAP ein.

An eine Titelseite unserer Zeitung erinnere ich mich noch genau. Da stand ein Gedicht von Erich Weinert gegen den Krieg:

Für wen marschiert ihr?
Ist es so süß,
für die Schieber in London, Berlin und Paris
als Helden zu sterben, Soldaten?

Zwischen den Strophen ließ ich von Kampfflugzeugen, die oben am Titelkopf flogen, Bomben fallen, die am unteren Rand des Blattes, wo sich Konturen von Häusern abhoben, zerbarsten. Auf der Matrize konnte man das mit einem Stilett sehr schön ins Wachs ritzen. Nur musste man ein Stück Blech oder eine Glasscheibe darunter legen. Auf diese Art stellten wir zu besonderen Ereignissen auch kleine Flugblätter her. Auf einer Matrize konnten bei einem kurzen Text acht oder zwölf Flugblätter Platz finden. Da man Flugblätter aber nicht mehr vor Fabriktoren oder in Stadtteilen austeilen konnte, machten wir in der Dunkelheit zwischen drei und vier Uhr morgens Radrundfahrten, die über die Zufahrtsstraßen zu den Fabriken in den Außenbezirken der Stadt führten, und verstreuten die Flugblätter dort auf den unbewohnten Strecken, die zu dieser Zeit menschenleer waren. Früh um sechs, wenn die Arbeiter in die Betriebe gingen, fanden sie die Flugzettel und hoben sie auf:

Hitler, das bedeutet Krieg. Laßt Euch und Eure Kinder nicht noch einmal für Rüstungsprofite in den Völkermord hetzen! Leistet Widerstand!

Hitler hatte nach Hindenburgs Tod die Weimarer Verfassung endgültig außer Kraft gesetzt und beide Ämter, das des Reichspräsidenten und das des Reichskanzlers, auf sich vereinigt. Nachträglich, im September 1934, veranstaltete er eine Volksbefragung, um sich in seiner jetzt allmächtigen Position als »Führer und Reichskanzler« bestätigen zu lassen.

Wir malten damals auf die Mauern der Stadt unser »Nein!« und verstreuten vor den Fabriken Flugzettel: *Stimmt mit Nein gegen faschistische Diktatur und Krieg!*

Es waren trotz allem noch sieben Millionen, die mit »Nein« stimmten.

Ich weiß nicht, zu welchem Anlass es war, zur Mai-Feier 1934, oder war es erst nach Hindenburgs Tod, Ende Juli des Jahres, dass die Nazis eine Massenkundgebung unter dem Motto »Das Herz eines Volkes liegt an seinen Grenzen« veranstalteten. Mit einer wüsten Hetze gegen Polen und Tschechen sollte Stimmung für die Einführung der Wehrpflicht gemacht und mit nationalistischen Phrasen die Unzufriedenheit wegen der großen sozialen Missstände zum Schweigen gebracht werden.

Gegen die chauvinistische Vernebelung klebten wir eine Woche vor der Kundgebung in vielen alten Stadtteilen Breslaus Plakate, die aufzeigen sollten, wohin das führte, nämlich in Krieg und Niederlage. Der Aufruf endete, pathetisch, aber leider bald nur zu wahr, mit dem Satz: *Wenn das deutsche Volk leben will, muß der Faschismus sterben.*

Jene relativ breite Klebeaktion ermöglichte, dass sich in Breslau drei sozialistische Jugendorganisationen zu einem antifaschistischen Bündnis zusammenschlossen. Bei aller organisatorischen Selbstständigkeit – schon aus Sicherheitsgründen musste die Aufteilung in untereinander unbekannte kleine Gruppen beibehalten werden – koordinierte man über Verbindungsleute gemeinsame und gleichzeitig ablaufende Aktionen. Konkret nahmen beim Kleben dieses Aufrufs unsere KJO, der offizielle KJV und die Jugend der SAP, die SAJ, teil.

In jenen Jahren war es nicht ungewöhnlich, dass man in der Nacht junge Pärchen in den Türnischen der Häuser im Arbeiterviertel stehen sah, die nur hier ungestört zusammenkommen konnten. Dabei stand das Mädchen mit dem Rükken zur Tür und der Junge mit dem Rücken zur Straße.

Das Besondere in dieser Nacht war, dass der Junge einen Topf mit Kleister und einen Pinsel unter seinem glockenförmigen Regenmantel verbarg und das Mädchen die zusammengerollten Plakate. Der Junge bestrich mit ein paar Pinselstrichen in Kopfhöhe eine kleine quadratische Fläche der Haustür mit Kleister, das Mädchen hob ihre Rolle, der Junge ergriff sie, rollte sie ab, gab seiner »Freundin« die restliche Rolle zurück und beide rückten nun etwas zur Seite, um das Plakat mit ihren Köpfen zu verdecken. So blieben sie ein Weilchen stehen, bis ein Radfahrer vorbeikam und das Mädchen sagte: »Wir können nun weitergehen.«

Hätte er einmal geklingelt, so hätten sie sogleich, doch ohne Eile, in der Richtung, in der er fuhr, verschwinden müssen. Bei zwei Mal Klingeln in entgegengesetzter Richtung. Folgte dem eine schnelle Serie von Klingelzeichen hieß das: Kleistertopf und Papierrolle in der Haustür lassen und fortlaufen. Jedes Pärchen hatte einen Häuserblock zugeteilt bekommen und jeder Radfahrer die Betreuung von vier bis sechs Pärchen, je nach Seitenlänge und Lage der Häuserviertel. Zu dieser Stunde waren nur noch wenige Menschen auf der Straße, und da die Haustüren meist im Halbdunkel lagen, waren die bereits geklebten Anschläge nicht auffällig. Blieb jedoch ein Fußgänger vor einem stehen, so konnte das gefährlich werden. Ging er zu einer Telefonzelle, so musste die Aktion im ganzen Umfeld unverzüglich »abgeklingelt« werden. Da es auch sein konnte, dass ein Nachtschwärmer vom Bummel nach Hause kam, hatte das Pärchen darauf zu achten, dass bei den meist doppelflügeligen Türen nur der feste Flügel beklebt wurde, sie diesen und keinesfalls den aufschließbaren verstellten. Ein unachtsames Pärchen, das gerade auf diesen Flügel ihren Anschlag geklebt hatte, musste zur Seite treten, als – ausgerechnet! – ein SA-Mann in Uniform ins Haus treten wollte, sodass er den Aufruf zu lesen bekam. Natürlich verschwanden die beiden, bevor der Mann etwas unternehmen konnte. Und der Radfahrer alarmierte vorsichtshalber die Pärchen der anliegenden Viertel. Ansonsten aber kümmerte sich niemand um die Pärchen. Für Liebe hatte man scheinbar allerorts Verständnis. Jedenfalls mehr als für Politik.

Um drei Uhr war die Aktion abgeschlossen, die Radfahrer – einer davon war ich – mussten um halb vier in der »Kräuterbar« Meldung erstatten. Das heißt, wenn alles gut abgelaufen war, an die Theke treten, ein Bier bestellen, eine Zigarette rausnehmen, in den Taschen nach Streichhölzern suchen, keine finden und den Bielitzky, der neben mir am Ausschank stand, um Feuer bitten. Nur im Fall, dass etwas nicht glatt gegangen war, sollte ich mich mit ihm in ein belangloses Gespräch einlassen, um uns dann zusammen in eine Ecke an einen Tisch zurückzuziehen. Eine Woche vor jener nächtlichen Aktion hatte ich angefangen, mit viel Husten zu rauchen, obwohl ich mich hütete, das Gift in die Lunge einzuatmen. Das Finale in der »Kräuterbar« war für mich das Schwerste, fast eine Zumutung. Niemals zuvor in meinem Leben hatte ich Bier getrunken, niemals eine Zigarette geraucht. Bei den »Kameraden« widersprachen Alkohol und Nikotin unseren Prinzipien. Beides war für mich ein »politisches Opfer«. Das »Bieropfer« allerdings sollte ich in meinem späteren Leben des Öfteren und sogar mit Genuss bringen. Das Opfer mit der Zigarette hingegen wiederholte ich nur wenige Male und stets war es ein wahres Opfer.

Jugendliebe in winterlichen Bergen

Dem Riesengebirge galt meine Liebe. Wohl, weil meine erste Liebe da Gestalt annahm. Die Gestalt war Eva, ein Mädchen aus meiner »Kameraden«-Gruppe, etwas älter als ich möglicherweise, auf jeden Fall aber viel reifer. Dass nichts daraus wurde, mindert nicht deren Bedeutung ... jedenfalls für mich. Ihrerseits, glaube ich, bestand bestenfalls die Achtung einem guten Kameraden gegenüber, kaum aber eine intime Zuneigung. Damals war ich – mit 16 – noch recht naiv, weltfremd und ein schlechter Menschenkenner.

Eva war ein lebhaftes, forsches Mädchen, hatte blondes Haar und einen frohen Blick in einem vollen Gesicht. Jedenfalls gefiel sie mir, und aus der Kameradschaft wurde – im Stillen für mich – Verliebtheit. Nur wusste ich nicht, wie dem Ausdruck zu geben war.

Ich wälzte Bücher – den Van der Velde, Hodanns *Bub und Mädel* –, auch hatte ich versucht, mit ihr allein außerhalb unserer Heimabende und Fahrten zusammenzukommen, nahm Vorwände, ihren Geburtstag etwa, um ihr einen Blumenstrauß zu bringen oder ein Buch. Es kam mir etwas lächerlich vor, aber ich hatte gehört, dass man das so machte. Ich hatte jedoch keinen Erfolg. Vielleicht war sie damals mit einem anderen Jungen, der gewiss lebensgewandter als ich war, befreundet. Ich wusste es nicht genau, wollte es wohl auch nicht wissen. Ich gab aber nicht auf.

Dabei waren mir andere Mädchen meiner Gruppe viel eher zugetan. Mit Bemme, zum Beispiel, kam ich öfters allein zusammen. Einmal lagen wir gar bis in die späte Nacht hinein eng beieinander, nachdem unser Gespräch versiegt war. Doch ich hatte Hemmungen oder wollte nicht, weil mir eben nur Eva gefiel.

Aber im Riesengebirge ... Wenn der Schnee fiel, in den Ferien zwischen Weihnachten und Neujahr, oder auch wenn er zu Ostern noch lag, wurden die Skier mit Stricken längs an den Radrahmen gebunden, hinten drauf kam der Rucksack, und mit dem Drahtesel ging es auf der Landstraße nach Städtisch-Dittersbach. War es schon sehr kalt oder die Straßen verschneit, halt mit der Bahn. Am Abend kamen wir dort an.

Die Skier angeschnallt, glitten wir erst im Langlauf, dann ansteigend bergauf zum Kamm, Richtung Grenz- oder Fuchsbauden. Meist gingen wir auf die tschechische Seite rüber. Die Grenze, die sich entlang des Kammwegs erstreckte, war kaum bewacht. Wir hatten bei einer Frau Lama, etwas unterhalb des Kolbenkamms bei Aupa, einen großen Dachboden gemietet und schliefen da auf Strohmatratzen in unseren Schlafsäcken. Ein Kachelofen muss da auch gewesen sein. Es war schön warm.

Tagsüber waren wir sowieso im Freien auf den Skiern. Auch auf dieser Seite der Grenze sprachen fast alle Leute deutsch. Sie wussten noch nicht, dass sie in weniger als fünf Jahren »heim ins Reich« kommen sollten, denn damals waren die Nazis dort nur eine kleine Minderheit. Und die Sudetendeutschen hatten mit den Tschechen nie Probleme gehabt.

Für uns waren das wundervolle Tage, gleich ob wir nun ins tschechische Spindlermühl, nach Johannesbad oder durch das Wiesenhüttental im Zickzack hinunter nach Brückenberg oder Krummhübel sausten. Oft machten wir auch Rast im Naturfreundehaus in Petzer (Pec). Einige Male trafen wir uns da mit tschechischen sozialistischen Studenten, diskutierten mit ihnen – sie wussten besser über die wahre Lage im Deutschen Reich Bescheid als wir –, sangen gemeinsam revolutionäre Lieder und lernten neue, sehr schöne tschechische Lieder kennen. Dass von da aus auch das in Prag gedruckte illegale Material an uns übergeben wurde, wusste ich zwar nicht, half aber später, dasselbe, gut versteckt in Skihosen und Strümpfen, über die »grüne Grenze« nach Breslau zu bringen.

Vor allem unsere nächtlichen Ski-Ausflüge waren herrlich romantisch. Wenn wir da mit brennenden Fackeln und schallendem Gesang die Hänge hinab ins Tal glitten oder auch mühsam im Grätschschritt hinaufkraxelten, um – oben angekommen – nach der großen Anstrengung unsere eiserne Ration, die Blockschokolade, auszuteilen und zu verzehren. War der Himmel wolkenfrei, ob Mondnacht oder nicht, so genügte der Widerschein der riesigen weißen Schneefläche, um uns gegenseitig auch auf Entfernung gut zu erkennen, und selbst die Hütten unten im Tal sah man deutlich. Nur im Wald, in den Schneisen und Pfaden mussten wir zusammenbleiben, um uns nicht zu verlieren.

Kamen wir dann spät nach Mitternacht in unsere Baude bei Frau Lama zurück, so ging es gleich auf den Dachboden und zu Bett. Das heißt, wir krochen in unsere Schlafsäcke. Manchmal erzählte einer noch eine Schauergeschichte. Hartgesotten und todmüde, kam uns jedoch nicht das Gruseln ... wir schliefen sanft und ruhig ein.

Eine Nacht jedoch wollte der Schlaf nicht kommen. Ich lag neben Eva, hörte ihren gleichmäßigen Atem. Oder war er nicht gleichmäßig? Bewegte auch sie sich unruhig? Ich hielt den Atem an. Angespannt lauschte ich, starrte in die Dunkelheit hinein. Als ich sicher war, dass auch sie wach lag, rückte ich näher an sie heran, streichelte ihr Haar, schmiegte schließlich meinen Kopf an ihren. Strampelte mich aus meinem Schlafsack heraus und konnte sie nun mit beiden Armen umfassen. Auch sie hatte sich aus ihrem Schlafsack gewunden. Nun war ich sicher, dass sie mein Verlangen erwiderte.

Der Duft ihres Körpers machte mich trunken. Wir beide vergaßen wohl, dass wir hier inmitten unserer Kameraden, Seite an Seite mit ihnen, lagen. Aber die schienen ja zu schlafen. Eine ungezügelte Leidenschaft erfasste alle Fasern meines

Seins. Ein Rausch pulste durch meine Adern. Und jetzt war sie es, die die Initiative übernahm. Auf dem weiten, herrlichen Weg, der von Liebkosungen zur Erfüllung führt.

Aber es sollte nicht dazu kommen. Im letzten Moment überfiel mich die Angst ... wenn ich sie schwanger machte?! Ich hatte nichts bei mir, kein Präservativ, ich war unvorbereitet. Ich liebte Eva mit all meiner jugendlichen Kraft, doch schreckte ich vor der Möglichkeit einer Schwangerschaft zurück. Ich erklärte es ihr, ich hätte mich ohrfeigen mögen wegen meiner Ahnungslosigkeit. Ich schämte mich vor ihr und mir.

So sackte aller Sturm und Drang zusammen. Ins Nichts. Wahrscheinlich dachte sie jetzt: Dummer Junge. Und ich war erstmals der Erfahrung nahe gekommen, was Liebe ist. Von Bücherkenntnis und Begehren war ich zum Erlebnis fortgeschritten und hatte es doch nicht zu Ende geführt. Es würde ohne Fortsetzung bleiben.

Und blieb es.

»Vorbereitung zum Hochverrat«

»Der geheimnisvolle Fremde« heißt eine Erzählung von Mark Twain. Vielleicht ist es auch ein Roman. Dieser Text hatte mich, als ich 14 Jahre alt war, stark beeindruckt. Es geht darin um einen Hexenprozess im tiefsten Mittelalter. Doch nicht die Geschehnisse als solche fesselten mein Interesse, sondern die Schilderung, wie ein Ereignis mit unausweichlicher Folgerichtigkeit das andere nach sich zieht. Alle Umstände mit einbezogen, konnte das Ende der Kette von Ursache und Folge kein anderes sein als eben genau dieses Ende. Ein einziger veränderter Faktor der langen Reihe hätte das Resultat verändert.

Etwa so: Wäre der geheimnisvolle Fremde nicht von einem redseligen Händler aufgehalten worden, dann wäre er an jener Ecke nicht dem Zeugen begegnet, ihre Wege hätten sich nicht gekreuzt. Das Ende der Reihe: Die der Hexerei Angeklagte wäre auf dem Scheiterhaufen verbrannt worden. Dank jenes Zeugen aber konnte sie gerettet werden. Die Geschwätzigkeit eines unbeteiligten Händlers hatte eine Unschuldige vor einem grausamen Tode bewahrt. Während ich untätig und meinen Gedanken überlassen in der schon halbdunklen Zelle sitze und wie einen Film mein Leben an mir vorüberziehen lasse, kommt mir jene Erzählung in den Sinn. Der Zufall, das heißt unberechenbare, nicht sinngemäß zum Verlauf der Ereignisse gehörige Umstände sollen für das Endergebnis entscheidend sein? Nein, das wäre Fatalismus. Mark Twain mag seine Hexengeschichte konsequent und schlüssig konstruiert haben. Und im Leben mag es auch vorkommen, dass ein Zufall, ein Umstand, der aus der Reihe tanzt, dir einen Strich durch die Rechnung macht oder umgekehrt dir die Frucht deines Strebens unerwartet in den Schoß fallen lässt. Letztlich sind es aber doch die wesentlichen Triebkräfte deines Seins und Denkens, die im Einklang und Widerstreit mit der wirklichen Welt deinen Weg bestimmen.

Bei mir sah ich drei bestimmende Momente, die mich zur Übernahme politischer Verantwortung bewegt hatten. Zuerst die »Kameraden«. Dort erlebte ich Gemeinschaft, Verantwortungsbewusstsein und Hilfsbereitschaft. Dann die Lektüre des Buches von Kautsky, das mich in die marxistische Weltanschauung eingeführt hatte, und schließlich der Eintritt bei »Smoschewer & Co«. Dort war ich Tag für Tag mit Arbeitern zusammen. Dort lernte ich ihre Gewerkschaften und ihre Parteien kennen.

In den ersten Monaten im Untersuchungsgefängnis zerbrach ich mir den Kopf darüber, was ich mit der Zeit anfangen sollte. Ich wollte die Zeit nützen, um Wissen erwerben zu können, das mir in der Zukunft nützlich sein könnte. Bücher ließ man vorerst nicht in das Gefängnis herein. Und dabei hatte ich mehr Zeit zum Lesen als jemals zuvor. Draußen war es stets ein Gehetze. Man kam so wenig zum Lesen wie zum Denken. Nicht zum Nachdenken und nicht zum Vordenken. Allerdings selbst zum Denken braucht man Stoff. Der einzige Stoff, der mir hier zur Verfügung stand, war mein recht bescheidenes Wissen. Mit dem musste ich auskommen. Aus den wenigen Bestandteilen meiner Kenntnisse musste ich neue Kombinationen bilden. So habe ich mir im Untersuchungsgefängnis wie später im Jugendgefängnis in Kletschkau Denkaufgaben gestellt und sie zu lösen versucht. Ich will dafür einige Beispiele geben:

In Bezug auf die Geschichte des ausgehenden Mittelalters fragte ich mich: Warum blieb die religiöse Reformationsbewegung vornehmlich auf die germanischen Länder beschränkt? Und warum blieben die lateinischen bei der alten katholischen Kirche? In Bezug auf die Baukunst des Mittelalters: Warum strebt in der gotischen Architektur alles steil in die Höhe, während in der Renaissance die horizontale Linie vorherrscht? War die Enge innerhalb der Stadtmauern der ursprüngliche Anlass zur Vertikalen? Wie kann ein ästhetischer Stil aus purer Notwendigkeit geboren werden und wie der himmelwärts gerichtete Blick aus der Feindseligkeit der umgebenden Welt? In Bezug auf die Mathematik: Kann eine unendlich absteigende Reihe eine endliche Summe haben? Im Gymnasium war ich nie bis zur Reihenlehre vorgestoßen. Ich versuchte es mit der geometrischen und fand tatsächlich die Summe. Ich war ungeheuer stolz. Umso größer war die Enttäuschung, als mir – noch in der Haftzeit – Lothar, der schon das Abitur gemacht hatte, erklärte, ich sei nicht der Erste, der die Lösung gefunden habe. Dreitausend Jahre vor mir habe Archimedes das bereits errechnet. Mein Triumph beschränkte sich also lediglich darauf, ein wenig Denksport betrieben zu haben.

Nach den ersten drei Monaten erlaubte man meinen Eltern, mir wissenschaftliche Bücher zu schicken. Eines Tages erhielt ich gleich drei Bände der *Elemente der Stereometrie* von Holzmüller. Dazu Papier und Füller. Diese Wälzer begann ich nun von der ersten bis zur letzten Seite durchzubüffeln, zumal mich mathematisches Denken stets fasziniert hatte. Die vielen Formeln habe ich längst vergessen, aber ich bewahre, als einzige Reliquie aus jener Zeit, noch meine Aufzeichnungen auf. Und das Verständnis der räumlichen Trigonometrie hat mir in meinem Beruf später des Öfteren gestattet, Konstruktionsprobleme auf dem Papier zu lösen, wozu ich sonst eine Feuerwehrleiter gebraucht hätte.

Unerwartet kam ich eines Tages aus meiner Einsamkeit heraus. Bielitzky wurde in die Zelle nebenan verlegt. Ich nehme an, dass das aus Versehen geschah. Beide kannten wir das Morsealphabet. So tippte er mir mit Klopfzeichen durch die Wand erst einmal alles Wissenswerte über unsere Lage. Was Büttner gestanden hatte und was nicht. Wie die Anklage wahrscheinlich ausfallen würde. Es nützte mir, da ich mir daraus mein Verhalten vor Gericht zurechtlegen konnte. Es würde also hoffentlich keine Überraschungen geben.

Nachdem das geklärt war, versorgte mich Bielitzky mit den neuesten politischen Nachrichten und seiner Einschätzung der Lage. Woher er das alles wusste, weiß ich nicht. Natürlich war es nicht viel, aber es öffnete doch ein Fenster zur Welt.

Da diese Art Kommunikation nicht gerade schnell vonstatten ging und auch nur dann ratsam war, wenn auf den Gängen draußen Lärm herrschte, dauerten diese »Gespräche« viele Tage, ja Wochen. Danach begannen wir, Schach zu spielen. Jeder machte sich aus Papierresten ein Schachbrett und Figuren. Dann teilten wir uns abwechselnd unsere Züge mit: B4 nach D5 usw. Ich gewann, ich verlor, wir vertrieben uns wundervoll die Zeit, bis urplötzlich ein Wächter die Tür aufriss und mich bei dem Spielchen ertappte. »Was machen Sie da?« »Ich spiele Schach«. Es war ohnehin ersichtlich. »Alleine?«, fragte der Wachhabende ungläubig. »Ja, alleine. Sehen Sie, ich habe die Weißen und die Schwarzen auf meinem Schachbrett. Ich ziehe abwechselnd die einen und die anderen.« Das schien zu überzeugen. Denn zum Glück hatte Bielitzky Zeit gehabt, sein »Schachbrett« zu verstecken. Warum ich an die Wand geklopft hätte, wollte der Mann wissen. Der Häftling im Stockwerk unter mir hätte sich beschwert. Vom Klopfen wüsste ich nichts, vielleicht störten ihn meine Schritte, wenn ich in der Zelle auf und ab ging. Ich hätte ja nichts zu tun, könnte doch nicht dauernd lesen und etwas mehr Bewegung als die halbe Freistunde im Gefängnishof brauchte ich schon. Auch machte ich ein wenig Gymnastik. Aber Klopfen?! Wozu auch?! Allenfalls würde ich künftig mit meinen Bewegungen in der Zelle etwas vorsichtiger sein. Der Wachhabende ließ die Sache auf sich beruhen, aber irgendetwas muss ihm doch seltsam vorgekommen sein. Bielitzky wurde bald in eine andere Zelle verlegt.

Doch kurz darauf bekam ich sogar einen Zellengenossen. War das wieder ein Versehen der Verwaltung? Laut Gefängnisordnung durften zwei »Politische« nicht zusammen in einer Zelle sein. Und Gerhard Heidenreich war im KJV aktiv gewesen. Wir verstanden uns gut. Natürlich diskutierten wir viel über die begangenen Fehler und über die Perspektiven. Gerhard war ein Arbeiterjunge, ein Jahr jünger als ich, und besaß eine elementare Allgemeinbildung und auch politische Bildung. Er war intelligent, lernbegierig und von einem praktischen Sinn, der es ihm gestattete, für unsere kleinen Alltagsprobleme einfache und passende Lösungen zu finden. Etwas, was mir viel schwerer fiel. Zu zweit verging nun die Zeit schneller. Vor allem konnten wir sie besser nutzen. Für mich war der Dialog ergiebiger als der Monolog. Und mit den Kursen über »Politische Ökonomie« und anderen Themen aus der Literatur von Marx, Engels und Lenin erweiterte sicher auch Gerhard sein Wissen. Wir machten das sehr methodisch, jeden Tag zu einer bestimmten Stunde. Und ebenso methodisch machten wir die Gymnastik, unsere Hygiene und die Gesangstunde. Das Singen natürlich mit gedämpfter Stimme, damit sich nicht wieder ein Nachbar beschwerte.

Die Behandlung durch die Gefängnisbehörden war korrekt, wie übrigens später in Kletschkau auch. Wahrscheinlich war der Stamm der Beamten noch derselbe wie zur Zeit der Republik. Das Essen war ziemlich eintönig und meist flüssig, aber man konnte damit zurechtkommen. Manchmal wusste man auch nicht genau, was es war. Einmal diskutierten Gerhard und ich, ob es Tee oder Malzkaffee war, was wir zum Abendessen tranken. Weder an der Farbe noch am Geschmack konnte man es erkennen. Wir wetteten. Gerhard setzte eine Wurstscheibe auf Tee, ich eine auf Kaffee. Wir schmissen die Klappe, denn wir wussten, dass einer der alten Wachtmeister Dienst hatte. Er öffnete und fragte, was wir brauchten. Wir trugen ihm unser Dilemma vor, und er ging in die Küche, um sich zu erkundigen. Keiner von uns verlor, keiner gewann die Wurstscheibe. Es war Kakao gewesen.

Irgendwann müssen die Gefängnisbehörden doch gemerkt haben, dass wir zwei »Politische« zusammen in einer Zelle lagen. Sie verlegten Gerhard in eine andere Zelle, und bei mir zog eine hagere Gestalt, nur aus Haut und Knochen bestehend, ein. Ein so genannter »Krimineller«. Er war sympathisch, auch wenn er mir mit seinen ständig wiederholten Erzählungen etwas auf die Nerven fiel. Er hatte bereits 18 Vorstrafen, freute sich jedoch jedes Mal von neuem, wenn sie ihn hier einlieferten. Vor allem jetzt im Winter, wenn es draußen kalt war und es so schwierig war, sich etwas zum Essen zu besorgen. Das vorletzte Mal war er wegen Kaninchendiebstahl im Gefängnis gewesen, diesmal hatte er das Bettgestell seiner Schwiegermutter zur Pfandleihe getragen und versetzt. Und die »Kanaille« hatte ihn angezeigt. Was ihn aber am meisten erboste, war, dass seine Frau vor dem Richter gegen ihn ausgesagt hatte.

Wenn er mir nicht gerade erklärte, wie man am besten Hühner oder Kaninchen stiehlt, zog er über seine Frau und deren Mutter her. Sie waren für ihn der Inbegriff aller menschlichen Gemeinheit. Das Erste, was er tun wollte, wenn er entlassen würde, war, zum Haus der Schwiegermutter zu gehen und mit Steinen sämtliche Fensterscheiben einzuwerfen. Der »Kanaille« würde er es schon zeigen!

Ich glaubte, ihm klar machen zu müssen, dass er dann gleich wieder hierher zurückkäme. Doch die Warnung schlug er aus. Vor Gericht würde er beweisen, dass das eine Verleumdung war und seiner Frau würde er schon beizubringen wissen, dass man nicht gegen den eigenen Mann aussagt. Den Ausgang dieses Dramas habe ich nicht erfahren, doch begann ich den guten Mann zu verstehen, als ich sah, wie er alles, was die Wärter in ihren Esskübeln austeilten, regelrecht hinunterschlang. Gab es Hering, so aß er nicht nur alle Gräten mit, sondern dazu noch Kopf und Schwanz.

Besuch von meinen Eltern erhielt ich einmal im Monat. Wir durften nur über Familienangelegenheiten sprechen. Meine Verhaftung hatte Bestürzung zu Hause ausgelöst und Heinz und Suse, meine Geschwister, in ihren Auswanderungsplänen bestärkt. Vorwürfe habe ich von meinen Eltern nie zu hören bekommen.

Eines Tages suchte mich in meiner Zelle ein Rechtsanwalt auf, dem meine Eltern meine Verteidigung anvertraut hatten. Er war ein älterer Mann und Jude. Ein anderer hätte die Verteidigung eines Kommunisten, dazu noch aus jüdischer Familie, sicher abgelehnt. Dieser Dr. Mamlock erkundigte sich nach meinem Vorleben und nach meinen Motiven. Die Anklage lautete auf »Vorbereitung zum Hochverrat«, aber anscheinend waren die vorhandenen Belastungsmomente über unsere Untergrundaktivität ziemlich spärlich. Das heißt, sie hatten illegales Propagandamaterial in Hülle und Fülle gefunden, aber der Nachweis der Beteiligung jedes Einzelnen von uns an dessen Herstellung und Verteilung war keineswegs vorhanden. Mir konnten sie lediglich nachweisen, dass ich in der KJO als »Robert, Stadtteilleiter von Süd«, etwa vier Gruppen zu betreuen gehabt und an konspirativen Zusammenkünften teilgenommen hatte, was ich im Protokoll auch zugegeben hatte. Das allein allerdings genügte schon, um den Tatbestand »Vorbereitung zum Hochverrat« zu erfüllen. Dr. Mamlock erzählte mir nicht viel Neues. Er gab mir väterlich gemeinte Ratschläge: Ich sollte vor Gericht Reue bezeugen. Der alte Mann tat mir Leid, ich widersprach ihm auch nicht. Er meinte, er könne gut verstehen, dass junge Leute wie ich Ideale brauchten, wofür sie sich einsetzen konnten.

»Aber warum ausgerechnet so gefährliche Ideale wie den Kommunismus?! Sie hätten sich doch andere, weniger riskante aussuchen können, zum Beispiel den Zionismus.«

Von seinem Standpunkt aus mochte er schon Recht haben. »Riskant« war die Sache! Innerlich musste ich lachen. Vor dem Prozess sah ich ihn nur einmal kurz wieder. Da nahm er meine Aufzeichnungen über Stereometrie mit.

Der Prozess muss im Juli 1935, also über ein halbes Jahr nach meiner Verhaftung, stattgefunden haben und zwar vor dem Zweiten Strafsenat des Landesgerichtes Breslau. Wir waren elf Angeklagte, Büttner eingeschlossen, aber ohne Bielitzky und Heino, die vor den Volksgerichtshof in Berlin kamen, angeblich eines Fluchtversuches wegen. Als Zeugen fungierten die beiden Gestapobeamten, die mich verhaftet hatten.

Die Sache war nicht sehr aufregend. Obwohl der Staatsanwalt, ein schneidiger Mann und sicher durch und durch ein Nazi, alle unsere »Verbrechen gegen die Volksgemeinschaft und den Staat, das vom Führer wiedervereinte Deutsche Reich« in den grellsten Tönen schilderte, sich aber wohlweislich hütete, etwas aus unseren Aufrufen zu zitieren – es war Publikum im Saal –, ergaben die Aussagen von Menjoubärtchen und Fuchsgesicht sowie unsere Befragung durch den Richter ein eher mageres Resultat. Zudem hatten wir Glück mit den Richtern. Diese alten Herren, die gewiss schon unter dem Kaiser Recht gesprochen hatten, später in der Zeit der Weimarer Republik und jetzt unter Hitler, waren aus Tradition eher monarchistisch und deutsch-national gesinnt.

Nach Hindenburgs Tod und dadurch, das Goebbels dessen Testament umgeschrieben hatte, waren die Deutsch-Nationalen immer mehr an die Wand gedrückt worden und kurz vor unserem Prozess war die »Harzburger Front«, die Koalition von Deutsch-Nationalen und Nazis, durch die Letztere überhaupt erst an die Macht gekommen waren, auseinander geplatzt.

Die Wut der Richter tobte sich dann auch eher an den Gestapobeamten aus, die sie wie kleine Jungs herunterputzten. Und auch Büttner, der uns hatte hochgehen lassen, behandelten sie nicht wie einen Kronzeugen, sondern wie einen gewöhnlichen Angeklagten. Uns hingegen befragten sie durchaus korrekt und waren betont sachlich. Obwohl vier von uns jüdischer Herkunft waren und der Antisemitismus damals bereits Orgien feierte, fiel ihrerseits nicht ein einziges Mal das Wort »Jude«. Mein Rechtsanwalt Dr. Mamlock, plädierte – ich weiß es nicht mehr so genau – für Freispruch oder ein geringes Strafmaß in Anbetracht meiner Jugend. »Romantik von dummen Jungs« oder so ähnlich nannte er mein Tatmotiv. Dass ich aus gutem Hause sei und einen großen Lerneifer an den Tag legte, könne er belegen. Es sei mein Verderben gewesen, dass meine Eltern mich nicht hätten studieren lassen können, auch dass ich meine Klavierstunden hätte unterbrechen müssen. Als dokumentarischen Beweis hatte er zwar weder Klavier noch Notenhefte, hingegen die 228 Seiten meiner im Untersuchungsgefängnis gemachten Aufzeichnungen über Stereometrie, Nautik, Astronomie und Geodäsie herbeigeschafft. Der erstaunten Zuhörerschaft las er lange und gewiss langweilende mathematische Formeln vor und legte am Ende seines Plädoyers den verblüfften Richtern meine Studienarbeit auf den Tisch.

Ich musste mich ob so viel Publizität meiner zum Zeitvertreib angefertigten Niederschriften fast schämen. Zu meiner eigenen Verteidigung sagte ich dann auch so gut wie nichts. Es nutzte ja sowieso nichts. Und eine politische Anklage des Nazismus wäre hier völlig fehl am Platz gewesen, zumal im Gerichtssaal sowieso nur unsere Familienangehörigen saßen.

Die Urteile fielen relativ milde aus. Die höchste Strafe, fünf Jahre Zuchthaus, bekam, außer ein paar anderen, auch Büttner, der, wie ich später hörte, vorzeitig entlassen wurde und der Gestapo weitere Dienste geleistet haben soll. Ich kam mit anderthalb Jahren Gefängnis davon. Der Staatsanwalt hatte für mich zweieinhalb Jahre gefordert, seinerzeit noch die Höchststrafe für Jugendliche unter 18 Jahren, wobei mir die Untersuchungshaft angerechnet wurde.

Ich wurde bald in das Jugendgefängnis in Kletschkau bei Breslau überführt, wo eine strenge Disziplin herrschte und ich auch die ganze Zeit in Einzelhaft verbrachte. Dafür aber konnte ich jetzt Bücher aus der Gefängnisbibliothek beziehen, erhielt sogar die Gefängniszeitschrift *Der Leuchtturm* und bekam Arbeit. Erst musste ich Daunenfedern rupfen, dann Briefumschläge falzen. Aber ich kam eine ganze Stunde täglich an die frische Luft. Obwohl das meist sehr anstrengend war, denn ein Turnlehrer ließ uns fast die ganze Zeit exerzieren. »Linksrum, rechtsrum, im Laufschritt, Marsch, Marsch!« Es war eine Art militärischer Instruktion, ein Kasernendrill. Mit anderen Gefangenen durfte man nicht sprechen, aber ab und zu bot sich doch eine Gelegenheit dazu. Aus meinem Prozess war nur Käschen hier und dann noch Lothar, der zwar in einen anderen Prozess gegen eine sozialistische Studentengruppe verwickelt gewesen war, jedoch am gleichen Tag wie ich verhaftet worden war und dieselbe Strafe von anderthalb Jahren zu verbüßen hatte. Mit ihm sollte ich viele Jahre danach noch das Schicksal teilen.

Hier in Kletschkau durfte ich zwar nicht schreiben, aber ich machte mir aus der Bleitube der Zahnpaste einen »Blei-Stift«, und Papier blieb mir von den Briefumschlägen, die ich zu falzen hatte, stets etwas übrig. Nur musste ich meine Aufzeichnungen jetzt verstecken. Ich klebte sie mit angefeuchteten Brotresten unter die Tischplatte. Schikanen war man hier nur vom Hilfspersonal ausgesetzt. Das waren neu eingestellte SS-Leute. Einer von diesen Dorfidioten ließ mich einmal mit der Zahnbürste den Zementfußboden »bohnern«, weil er nicht »blitzsauber« aussah. Zum Glück hatten diese Typen nur am Abend Dienst und nach neun Uhr durften sie sowieso nicht mehr die Zellen aufschließen. Im Jugendgefängnis nahm ich auch am Gottesdienst teil. Dort bot sich die Gelegenheit, mit Freunden zu sprechen. Obwohl man auch hier Vorsicht walten lassen musste, denn der Gefängnisrabbiner war so niederträchtig, jeden, den er beim Sprechen ertappte, beim Gefängnisdirektor anzuzeigen, wohl wissend, dass dieser daraufhin Sanktionen verhängte, sei es durch den Entzug der Besuchserlaubnis oder des Essens.

Ich kann nicht behaupten, dass die Zeit in Kletschkau sehr bedrückend für mich gewesen wäre, aber natürlich sehnte ich mich nach der Freiheit. Und im letzten Monat zählte ich die Stunden, in Erwartung der Momentes, an dem ich aus diesen Mauern entlassen werden sollte. Es war ein Frühlingstag. Der 9. Mai 1936.

Im Konzentrationslager

Am 9. Mai 1936 kam ich aber nicht frei. Ich wurde zwar aus dem Gefängnis entlassen, doch draußen vor dem Tor warteten auf mich nicht allein meine Eltern, sondern auch Menjoubärtchen und Fuchsgesicht. Sie waren so großzügig, mir die Wahl zu lassen, in einem Auto mit ihnen ins Präsidium zu fahren oder zu Fuß durch die Stadt dahin zu laufen. Natürlich entschied ich mich an dem schönen Frühlingstag für den Spaziergang. Meine Eltern standen ziemlich erschrocken hinter uns, und ich fragte, ob ich ihnen nicht wenigstens mitteilen könnte, dass ich wieder ins Polizeigefängnis musste. Aber sie gestatteten es nicht. So marschierten wir drei voran und meine Eltern etwa zehn Meter hinterher den Weg in die Stadtmitte zurück.

Ich muss gestehen, dass ich keineswegs schockiert über meine Wiederverhaftung war, und so genoss ich den blauen Himmel, das sprießende Grün und die belebten Straßen, Häuser und Geschäfte wie ein wundervolles Geschenk des Schicksals. Im Übrigen konnte ich den Standpunkt der Gestapo verstehen: Für mein »Verbrechen« – und für ihr Terrorregime war es ein »Verbrechen« – waren anderthalb Jahre wirklich zu wenig.

Zunächst blieb ich aber im Polizeipräsidium in Haft »zum Schutze der eigenen Person«. Da ich diesmal jedoch keine Verhöre zu erwarten hatte, verbrachte ich die Wochen dort ohne große Aufregung. Man nahm mich sogar zu den Ausflügen der Polizeibeamten mit, die in Gewerkschafts-, Naturfreunde- und Arbeitersporthäusern, Freidenkerklubs und ähnlichen ehemaligen linken Lokalen die Bibliotheken ausräumen gingen. Wir fuhren in einem Lastwagen hin, und ich und einige andere Häftlinge mussten in großen Wäschekörben die Bücher von den Regalen und Schränken zum Lastwagen tragen. Für mich und meine Kumpel waren die Ausflüge eine Gelegenheit, Zigarettenkippen vom Boden aufzusammeln und sie im Hemd unter der Achsel ins Gefängnis hineinzuschmuggeln. Ich rauchte ja nicht, aber mein Zellengenosse, ein Bauarbeiter, der schon über vier Jahre arbeitslos war, war ganz verrückt darauf. Bevor man mich zum Ausräumen der Bibliotheken einteilte, hatte er sich in seiner Verzweiflung Zigaretten aus dem Matratzenstroh, in Zeitungspapier gewickelt, gedreht. Nun war er glücklich, richtige Zigarettenstummel rauchen zu können, auch wenn sie vom Schweiß meiner Achseln durchtränkt waren. Überhaupt war Tabak ein Äquivalent für Geld. Man bekam alles dafür. Die Kalfaktoren besorgten beim Austeilen des Essens gegen einen Anteil die Tauschgeschäfte. Ein katholischer Priester ließ sich sogar seine Schuhe von den Kalfaktoren – ich weiß nicht für welches Entgelt – täglich putzen. Er brauchte seine Schuhe zum Abendbrot nur vor die Zellentür zu stellen, am nächsten Morgen zum Frühstück glänzten sie nur so vor Politur. Wie sie das mit dem stets gegenwärtigen Wachtmeister machten, war mir ein Rätsel. Mit Zigaretten allein war der doch bestimmt nicht herumzukriegen Aber vielleicht war er auch mehr gläubig als Nazi und drückte für sein Seelenheil die Augen zu.

Hatte man keine Gestapoverhöre zu erwarten, war es im Präsidium ganz erträglich. Doch die Haft »zum eigenen Schutz« dauerte nicht lange. Eines Tages wurden wir in einen Zellenwagen der Bahn verladen und es ging in Richtung KZ Lichtenburg in der Nähe von Torgau in Sachsen. Wir, das waren Käschen, Lothar und ich. Die Fahrt nach Sachsen dauerte drei Tage. Es war für mich insofern vorteilhaft, als ich von Lothar die Differentialrechnung lernte. Das war für mich eine Offenbarung. Der Begriff des »unendlich Kleinen«, des »Limes«, der Null zustrebt, aber nicht Null ist, der »Differentialquotient« und sein Pendant, das »Integral«, die Möglichkeit, nicht mit natürlichen Zahlen, sondern mit beweglichen Funktionen operieren zu können. All das erzeugte bei mir einen Schauder der Ehrfurcht und beglückte mich, während ich in einer engen trost- und fensterlosen Zelle quer durch die deutschen Lande fuhr.

Die letzte Nacht unserer Fahrt verbrachten wir in einem Dorfgefängnis, bekamen ein anständiges Abendbrot mit Leberwurst und lernten von einem Mörder die verschiedenen Arten, eine Flucht auszuführen. Weder ihm noch uns jedoch bot sich Werkzeug und Gelegenheit dazu, unsere Kenntnisse auszuprobieren, und so fuhren wir am nächsten Tag weiter und wurden im Konzentrationslager Lichtenburg abgeliefert.

Schon bei unserer Ankunft merkten wir, dass hier ein anderer Wind wehte als in den Gefängnissen. Wir waren in das Reich der Willkür und Unberechenbarkeit eingetreten. Die Wachmannschaft stellte ein SS-Totenkopfbataillon. Das Entsetzen erregende Abzeichen an ihrer Mütze – der Totenschädel, darunter zwei gekreuzte Schienbeine – sollte sechs Jahre später im Kessel vor Stalingrad zum Symbol ihres eigenen Untergangs werden. Jetzt aber nahmen sie uns mit wüsten Beschimpfungen und Drohungen in Empfang. Hetzten uns herum, sodass wir außer Atem kamen. Dabei ging es zuerst lediglich darum, unsere Zivilkleidung mit der des KZ zu vertauschen. Das waren abgetragene Polizeiuniformen, versehen mit einem aufgenähten roten Dreieck: »Politischer« und einem gelben Dreieck: »Jude«. Hier wurde, anders als in den Gefängnissen, zwischen »Ariern« und »Juden« unterschieden. Die »Arier« waren in den großen Barackenräumen der alten Burg untergebracht, während wir in kleine Zimmer eingeteilt wurden. Die Behandlung, so schätze ich, war jedoch für die einen wie die anderen gleichermaßen schlimm.

Mich schob man in ein Zimmer von etwa vier mal vier Metern, wo bereits acht Häftlinge untergebracht waren. Es standen also keine zwei Quadratmeter pro Person zur Verfügung. Davon war auch noch ein Drittel mit den drei Bettgestellen, ein jedes drei »Stockwerke« hoch, verstellt. Einen Tisch gab es nicht. Nur zwei Holzbänke, worauf wir neun gerade Platz hatten, um eng nebeneinander zu sitzen. Es blieb nur ein schmaler Gang. Einen Schrank gab es auch nicht. Wozu auch?! Was man hatte, trug man am Körper. Wir besaßen nur eine Waschschüssel und einen Kübel mit Deckel für die kleinen Bedürfnisse. Zum großen Geschäft ging es einmal am Tag im Laufschritt in die Massenlatrine, wo man auf Befehl und in kurz bemessener Frist seinen Stuhlgang erledigt haben musste. Jeden Ausgang aus unserem Verlies erwarteten wir mit Verlangen und Angst zugleich. Unsere elementaren Bedürfnisse befriedigen zu können oder auch aus unserer stickigen Bude zur Freistunde an die Luft zu kommen war unfehlbar begleitet von wüstem Gehetze, Kolbenschlägen, der Gefahr, wegen Vergehen gegen irgendein Reglement bestraft zu werden. Stets mussten wir rennen, ob es zur Latrine hin oder zurückging. Die Freistunde bedeutete im Allgemeinen Strafexerzieren, aber nicht so wie in Kletschkau, wo man den Körper trainierte. Hier hing einem die Zunge aus dem Hals heraus. Aus Angst, mit Dunkelarrest, Peitschenhieben oder Hängen bestraft zu werden, gaben wir das Äußerste, mochte der Atem noch so schwer gehen, das Herz noch so wild pochen. Wir Jüngeren hielten noch durch. Die sportliche Betätigung bei den »Kameraden«, das Schwimmen, das Skifahren und das Wandern, kam mir hier außerordentlich zustatten. Ich konnte, wenn auch nur mit enormer Anstrengung, mithalten. Andere in mittleren Jahren oder erst recht Ältere brachen oft zusammen. Sie hatten am meisten zu leiden. Diejenigen, die nicht mithalten konnten, nahmen sich die Posten einzeln vor und hetzten sie herum, geiferten sie an: »Schlappschwänze! Simulanten! Die Eier werden wir euch schleifen, bis euch das Wasser im Arsche kocht.« Sie hörten nicht auf, bis das Herz nicht mehr mitmachte und das Opfer zusammenbrach.

Dabei war das Laufen für uns ohnehin schon eine Qual, denn statt Schuhen hatten wir schwere Holzpantoffeln, die nicht einmal fest an den Füßen saßen und leicht zu verlieren waren. Eine besondere Schikane war das »Karrenschieben«. Einer musste dabei den anderen bei den Füßen greifen, und dieser musste mit den Händen auf dem Boden vorwärts kriechen. Und das im Laufschritt. Da die Armmuskeln des Opfers das nicht lange aushielten, bedeutete es, dass er mit Kopf und Körper über das steinige Pflaster gezerrt wurde.

An all diesen sadistischen Erfindungen hatten die Offiziere und die Posten der SS einen Heidenspaß. Zumeist schienen es Bauernsöhne aus Pommern oder Bayern zu sein, man merkte es an ihrem Dialekt und ihrer Ignoranz. Einer, wir nannten ihn unter uns »Hampelpampel«, fragte mich einmal, weshalb ich denn hier sei. Meist wurde so eine Frage gestellt, weil der Fragesteller dabei vielleicht einen Witz über den »dicken Hermann« oder den »Klumpfuß« zu hören bekam. Nicht wenige Häftlinge waren ja wegen so lächerlicher Vergehen eingeliefert worden. Ich musste den Mann, der so scharf auf Witze war, enttäuschen. »Wegen

Vorbreitung zum Hochverrat«, antwortete ich. »Ja, wen ham se denn verraten?«, wollte der »Hampelpampel« nun wissen.

Gewiss gab es auch unter ihnen welche, die unter dem Lagerregime litten. Die Ursache mochte der harte Drill oder die barbarische Atmosphäre in Lichtenburg überhaupt sein; in meiner Zeit begingen allein drei SS-Rekruten Selbstmord. Nur wenige zeigten sich uns aber von einer menschlichen Seite. Wir lebten regelrecht auf, wenn einer, den wir als anständigen Typ kannten, Dienst hatte und uns ausführte. Solange wir noch in der Baracke oder in der Nähe anderer SS-Leute waren, gab er sich wie alle, brüllte und tat, als ob er uns mit dem Gewehrkolben auf die Beine hülfe. Waren wir aber etwas weiter fort, in der Mitte des Exerzierhofes, so ließ er uns in Ruhe, wir konnten zu zweit miteinander gehen und sprechen, ohne Gehetze und Beschimpfung. Bei der Rückkehr machte er dann wieder auf wild und schrie, tat aber keinem etwas zu Leide, und wir wussten, dass er nur Theater spielte.

Doch so ein SS-Mann war die Ausnahme, und er musste sich auch vorsehen, von seinen Vorgesetzten nicht durchschaut zu werden. Wir hatten den Eindruck, dass die Posten mit uns nur die gemeinen Schikanen wiederholten, die die Offiziere vorher mit ihnen getrieben hatten. Sie selbst schienen nicht die Kreativität und Fantasie für so raffinierte Schindermethoden aufzubringen. Es war aber nicht dasselbe für uns wie für sie. Außer dem Unterschied im Maß oder eher Unmaß der Drangsalierung waren die SS-Posten wohlgenährte, kräftige Burschen, als zur »Herrenrasse« gehörend anerkannt, während wir durch die Wassersuppen unterernährte, schlecht gekleidete und beschuhte, zu »Untermenschen« degradierte Gefangene, darunter viele Kranke und Gebrechliche, waren.

Das Schlimmste in Lichtenburg war die Unberechenbarkeit. Nicht allein, dass es keinen Termin gab, an dem man entlassen wurde: Niemand wusste, was ihm am nächsten Tag oder auch nur eine Stunde später passieren konnte. Es gab zwar einen auf die Minute vorgezeichneten Zeitplan: Wann aufzustehen war, wann ins Bad zu gehen war, wann wieder heraus, wann das Bett »fertig gebaut« zu sein hatte, wann das Frühstück ausgeteilt wurde, wann zur Latrine und wieder zurück zu gehen war, wann die aufregende »Freistunde« begann und endete und weiter so, bis das Licht gelöscht wurde. Aber zu jeder Tageszeit oder auch nachts um halb drei, wenn wir schliefen, konnte eine Zellenrevision stattfinden, ein Appell oder auch eine Strafaktion. Und man konnte einer Strafe immer sicher sein, weil das Bett, die unförmige Strohmatratze, an einer Ecke nicht rechtwinklig abgekantet war oder die Streifen der Decke nicht genau parallel zur Bettachse lagen, weil man beim Abzählen nicht vorschriftsmäßig den Kopf zum Nebenmann gewandt oder nicht prompt genug seine Nummer gerufen, weil man falsch kehrtgemacht, einen Knopf seiner Jacke nicht zugeknöpft oder sonst irgendeine der Tausende von Regeln übertreten hatte.

Wurde in irgendeiner Zelle Tabak gefunden, dann mussten wir alle antreten und wurden aufgefordert, das Verbrechen einzugestehen oder den Missetäter zu denunzieren. Meldete sich keiner, ging es hinaus auf den Hof und das »Strafexerzieren« währte, bis sich ein Schuldiger fand, einige zusammenbrachen oder die SS-Offiziere keinen Gefallen mehr daran fanden.

Bei alledem und allen »Regeln« zum Trotz war der Willkür der SS breitester Spielraum gegeben. Lothar kam einmal in Dunkelarrest, weil ein Posten ihn bei der Kommandantur angezeigt hatte. Er sollte beim Kniebeugemachen über ihn gelacht haben. Das war wohl eher dem Minderwertigkeitskomplex des Postens zuzuschreiben, der sich selbst für lächerlich halten musste, denn bei den Kniebeugen, die er uns machen ließ, war bestimmt niemandem nach Lachen zumute.

Den Ersten Kommandanten des Lagers bekamen wir kaum zu sehen, umso mehr allerdings zu fühlen. Den Zweiten Kommandanten mit Namen Ede hatten wir allerdings öfters zu Besuch. War er nüchtern, so war er ein raffiniertes Scheusal. War er betrunken, was gottlob ab und zu einmal vorkam, war er geradezu herzlich. Hatte er uns dann irgendeines »Verfehlens« wegen zu ermahnen, begann er stets mit: »Nu denken Sie doch mal menschlich!« In belehrendem Ton versuchte er uns zu überzeugen, dass wir den »inneren Schweinehund« in uns überwinden müssten. Und sein letztes Wort in weinerlich bittendem Ton war wiederum: »Nu denken Sie doch mal menschlich!« Leider war er nicht ständig alkoholisiert, sodass wir seine Güte nicht immer genießen konnten. Insgesamt war die Angst davor, was uns am nächsten Tag erwarten konnte, unser ständiger Begleiter.

Das war wohl letzten Endes auch die Absicht dieser Menschenschinder. Nicht nur uns, ihre politischen Widersacher, physisch kaputtzumachen, sondern auch unsere Menschenwürde niederzutrampeln. Wir sollten nur noch ein Nervenbündel voller Ängste sein. Waschlappen, die sie, »die Herrenmenschen«, verachten konnten. Aus Mangel an eigener Integrität und Persönlichkeit bedurften sie einer willen- und gesichtslosen Masse unter ihren Stiefeln.

Bei der Arbeit, der wir nach einigen Monaten der Beschäftigungslosigkeit zugeteilt wurden, war das nicht viel anders. Der Nutzen unserer Arbeit war minimal, der Aufwand an Kraft und Nerven ungeheuer. So z.B. beim Kohleabladen: Lastwagen um Lastwagen voller Kohlensäcke fuhren vor. Wir mussten die etwa 50 Kilo schweren Säcke auf den Rücken nehmen und eine Steintreppe hinunter in den Keller tragen. Das war an sich schon eine schwere Arbeit. Doch die Posten machten sich ein besonderes Vergnügen daraus, uns, unten angekommen, mit dem schweren Sack die Treppe noch einmal hinaufzuhetzen. Ein guter Vorwand dafür ließ sich immer finden: Der Häftling habe den Posten im Vorbeigehen – mit dem Sack auf dem Rücken! – nicht vorschriftsmäßig gegrüßt. Der Häftling habe mit einem anderen während der Arbeit gesprochen. Oder was ihnen sonst noch einfallen mochte. Manch einer blieb da beim zweiten oder dritten Straf-Aufstieg unter dem zentnerschweren Kohlensack auf einer der Stufen liegen. Oder das Reinigen der Latrine: Das »Werkzeug« dazu bestand aus einigen großen Kellen, einer Saugpumpe mit Schwengel für den Handbetrieb und einigen Loren. Unser Trupp schöpfte aus der vielleicht 50 Kubikmeter fassenden Scheißgrube mit den Kellen die dickflüssige Jauche in die Loren, bis der Boden nur noch zu einem halben Meter bedeckt war. Dann musste mit einem Schlauch und der Handpumpe der Rest in die Loren gesaugt werden. Da die Pumpe aber kaum für diesen Zweck konstruiert war, verstopfte sich immer wieder das Rohr oder das Rückschlagventil schloss nicht dicht, weil ein etwas härteres Stück Kot dazwischen klemmen blieb. Dann musste ich als »gelernter Mechaniker« das Oberteil abmontieren und die Ventile in Ordnung bringen bzw. mit der Hand hineingreifen und das Rohr frei machen. Eine regelrechte Scheißarbeit! Waren die Loren voll, so wurden wir mit Stricken wie Pferde vorgespannt und zogen sie über holprige, mal sandige, mal verschlammte Wege ins Dorf auf die Felder der Bauern, wo sie umgekippt wurden. Das machte einen mindestens ebenso fertig wie das Kohlensacktragen, zumal auch dabei die Posten mit ihrem blödsinnigen Geschreie, mit Hü und Hott und noch sinnloseren Befehlen das Loreziehen beschwerlicher machten, als es ohnehin war. Einmal mussten wir aus dem Dorf einen enormen Baumstumpf abschleppen. Wie wir, ein Dutzend »Pferde«, das fertig kriegten, lässt sich nur mit unserer Angst erklären.

Dabei hatte ich das Glück, zu einer Zeit im KZ zu sein, als die erste Welle des Massenmordes politischer Gefangener bereits vorüber war, die Wirtschaftskrise und die Arbeitslosigkeit als überwunden galten und das Naziregime somit einigermaßen konsolidiert war. Andererseits hatten der Krieg und die brutale Welle der massiven Ausrottung in den Lagern noch nicht begonnen. Dieses Zwischenstadium in der Geschichte der Konzentrationslager dürfte von allen das »mildeste« gewesen sein. Für mich war es trotzdem eine unvergesslich harte Erfahrung.

In meiner Zelle waren wir eine recht bunte Gesellschaft. Da war ein alter Rechtsanwalt mit dicken Brillengläsern. Er war stark kurzsichtig, leider nicht allein optisch. Als die Nazis über sein bronzenes Namensschild an seinem Büro »Jude« schmierten, war er zum Gauleiter gegangen, um sich zu beschweren. Er habe eine schwere Kriegsverletzung von Verdun und das Eiserne Kreuz erhalten. Der Gauleiter ließ ihn ins KZ verfrachten. Da war ein Hüne, ein energischer selbstbewusster Mann, der nie darüber sprach, weshalb man ihn hierher gebracht hatte. Er war Kommunist, und ich nehme an, er muss eine wichtige Funktion gehabt haben. Alles was er sagte, war abgewogen. Er war auch Zellenältester, das heißt, er war für uns neun verantwortlich. Wenn die Tür aufgeschlossen wurde, hatte er Meldung zu erstatten. Strammstehend und in militärischer Kürze: »Zimmer 324, belegt mit neun Mann« und sonstige Daten.

Er tat das in einer eher eleganten Art, bei der nicht ganz klar war, ob es übertrieben strikt oder ironisch gemeint war. Aus diesem Doppel- oder Missverständnis heraus wurde er von der SS wie von uns gleichermaßen respektiert. Dann war da noch ein alter und gebrechlicher Mann. Er hatte wohl einen Witz über Göring erzählt, und der, dem er ihn erzählt hatte, hatte ihn, statt zu lachen, daraufhin angezeigt.

Ein Homosexueller war auch unter uns. Beruflich hatte er Modelle für Damenkleider entworfen und, wie er sagte, »von den Damen die Nase voll«. Er suchte mir die Homosexualität vom Standpunkt der Ästhetik aus schmackhaft und als die »urnatürlichste» Sache der Welt begreiflich zu machen. Ich unterhielt mich gern mit ihm, doch seine Argumente überzeugten mich nicht und seinen Annäherungsversuchen wich ich aus. Auch ein Russe war in unserer Belegschaft. Ein kleiner, wendiger Mann. Weshalb er im KZ war, weiß ich nicht. Vielleicht einfach, weil er Russe war. Aber er sprach ganz gut Deutsch. Von ihm lernte ich das kyrillische Alphabet und die Konjugation und die Deklination dieser Sprache.

Dr. Benedikt, ebenfalls Rechtsanwalt, aber kein so kurzsichtiger, der sich bestimmt über nichts bei den Nazis beschwert hatte, interessierte mich am meisten. Das Thema, das ihn beschäftigte und an dem er, geheim natürlich, schrieb, war »die Lebenslüge«. In fast mikroskopischen Buchstaben hatte er schon einige Seiten Toilettenpapier voll geschrieben: Ein jeder Mensch brauche, um im Leben bestehen zu können, einen Lebenszweck oder einen Lebenssinn. Das konnte Wohlstand sein oder Nachkommenschaft, eine geliebte Frau, ein Auto, Reisen in die Welt oder Ruhe und Bequemlichkeit oder im Alter die Rente. Es konnten auch ideelle Motive sein: das Vaterland, der religiöse Glaube oder die soziale Revolution, der Sozialismus. Auch persönliche Ziele, wie Anerkennung oder Ruhm, selbst der geheime Stolz auf große Leistungen, sei es im Beruf, sei es in einer der Künste oder Wissenschaften. Doch ohne den Antrieb auf ein nahes oder fernes Ziel sei bewusstes Leben unmöglich. Nur bis zu diesem Punkt stimmte ich mit Dr. Benedikt überein. Da es keinen objektiv nachweisbaren Sinn für das Leben gebe, sei dieser nur eine willkürliche Konstruktion unseres Geistes, keine absolute Wahrheit, also ein Lüge. Allerdings eine lebenswichtige, die, wenn sie fehle, über Verzweiflung, Scheitern, Zerschellen an den Klippen des grauen Alltags zum bloßen Dahinvegetieren führe oder zum Wahnsinn, wenn nicht gar in den Freitod. Also eine barmherzige Lüge. Sie helfe uns über alle Abgründe des Seins hinweg.

Ich stellte ihm die Frage, was denn überhaupt eine Lüge sei? Und was die Wahrheit? Zugegeben, es gebe keine absolute, doch eine mögliche objektive, insofern sie die Natur und den Menschen mit all seinen Sinnen einbeziehe. Es gebe keinen Sinn an sich. Doch schließe das nicht aus, dass ich dem Leben einen Sinn gäbe, dass wir es ihm gäben. Ich könne es. Wir könnten es. Und wenn ich einen guten Grund dafür hätte oder wir ein erstrebenswertes Ziel, dann könne man es nicht einfach Lüge heißen. So diskutierten wir in den seltenen Stunden, in denen man uns in Ruhe ließ, allerdings immer gewärtig, jeden Moment durch eine Inspektion oder einen Appell unterbrochen zu werden. Gleich welcher Lebenslüge oder Lebenswahrheit Dr. Benedikt huldigte, frage ich mich aber: Welch außerordentliche Vitalität musste diesem Manne innewohnen, der derart seine geistige Freiheit und Menschenwürde bewahrend den Nazischindern widerstand. Er wie so viele andere.

Zwischenstation in Jugoslawien

Eine weite, weiße Fläche dehnte sich bis an den grauen Horizont und zog kaum merklich an unserem Fenster vorüber. Unglaublich! Wir saßen in einem gewöhnlichen Zugabteil mit Schiebetür und einem großen Fenster aus durchsichtigem Glas ohne jedes Gitter davor. Beileibe kein Zellenwagen! Das Dritte Reich lag hinter uns. Wir fuhren durch die winterliche Tiefebene der Tschechoslowakei, über ein Zipfelchen Ungarns nach Jugoslawien. Wir, das waren wiederum Käschen, Lothar und ich.

Am 26. Januar 1937 hatte man uns drei vom Kohleabladen zur Kommandantur des Konzentrationslagers gerufen. Das konnte Schlimmes bedeuten. Wer wusste, was uns bevorstand?! Es war jedoch die Verheißung der Freiheit. Wenn wir unterschrieben, dass wir in zehn Tagen das Reich verließen und nicht mehr wiederkehrten, wären wir frei. Wir hätten auch sonst was unterschrieben. In dem fast dreiviertel Jahr unseres Aufenthalts in Lichtenburg war kein einziger Häftling mit gelbem und rotem Dreieck lebend aus der Lagerhaft gekommen. Wir hatten kaum Zeit, unsere Zivilkleider anzuziehen und uns von den zurückbleibenden Zellengenossen schweren Herzens zu verabschieden. Denn der nächste Zug, der einzige noch an diesem Tage, ging in einer Stunde, und die Station lag drei Kilometer vom Lager entfernt. So liefen wir über den verschneiten Weg zur Ortschaft. Der uns begleitende SS-Posten mit seinem schweren Gewehr lief keuchend hinterher. Wir rannten, um uns in unserer leichten Übergangskleidung zu erwärmen, vor allem aber um den Zug mit Anschluss nach Breslau nicht zu verpassen.

Die Nacht über am Ort zu bleiben konnte die Rückkehr ins KZ bedeuten. Es hat Häftlinge gegeben, die, freigelassen, im Wirtshaus am Ort eingekehrt, bei einigen Glas Bier von ihrer Odyssee erzählt hatten und am selben Abend noch wegen »Verbreitung von Gräuelnachrichten« wieder im Lager zurück waren.

Wir erreichten gerade noch den Zug und waren gegen Mitternacht in Breslau. Zu Hause angekommen, meine Familie war inzwischen in eine kleinere Wohnung umgezogen, fand ich nur noch meine Eltern und meine Schwester Suse vor. Heinz war, gerade erst verheiratet, mit Mia nach Palästina ausgewandert und verlegte dort wahrscheinlich Fliesen.

Nach dem ersten Wiedersehen und den Umarmungen stülpte meine Mutter den Teewärmer übers Telefon. Ein Mann von der Telefongesellschaft sei vor einigen Tagen da gewesen und habe daran herumgebastelt. Vielleicht, um über ein Mikrofon abhören zu können, was ich erzähle. Ich sah, die Angstpsychose war nicht nur auf das KZ beschränkt. Sowieso wollte ich nicht viel erzählen. Wozu auch?! Suse plante ebenfalls auszuwandern. Vater und Mutter wollten hier noch aushalten. Für ältere Leute war der Entschluss sehr viel schwerer, sich von dem Land, in dem sie geboren worden waren und solange gelebt hatten, zu trennen und in fremdem Land neu zu beginnen. Das, obwohl damals die Diskriminierung und Verfolgung der jüdischen Bürger überall zu spüren war. Aber was noch alles kommen sollte, konnte sich keiner vorstellen. Das begann vielen erst nach der »Kristallnacht« klar zu werden.

Für mich hatten meine Eltern ein Visum für Jugoslawien besorgen können. Die Bedingung war, dass ich dort in einem Kibbuz auf einer abgelegenen Puszta eine landwirtschaftliche Ausbildung zur Auswanderung nach Palästina durchmachte. Sie wussten, ich teilte die zionistischen Ideen nicht, aber das war die einzige Möglichkeit, aus dem KZ herauszukommen. Einmal in Jugoslawien, konnte ich immer noch sehen, wie und wohin ich weiterkäme.

Am nächsten Morgen sollten wir uns auf dem Polizeipräsidium in der Graupenstraße melden. Dort teilte uns die Gestapo mit, wir müssten alle Dokumente über unsere Haft abgeben. Käschen und ich hatten kein einziges Papier mehr. In Lichtenburg hatte man uns alles abgenommen. Lothar aber hatte seinen Haftbefehl irgendwie durch die Kontrolle bekommen. Er verbrannte ihn, weil, wenn nur einer von uns dreien den Haftbefehl bei sich hatte, das verdächtig sein konnte. Großes Gezeter bei der Gestapo. Sie ließen uns nicht raus, bevor wir nicht alle Dokumente abgegeben hätten. Sicherlich hielten sie Rückfrage in Lichtenburg. Währenddessen mussten wir uns jeden Tag auf dem Präsidium melden. Aus den zehn Tagen wurden zwei Wochen. In der Zwischenzeit konnte ich mir bei zwei Sitzungen pro Tag 17 Zähne plombieren lassen. Wahrscheinlich hatte es in den Gefängnis- und Lagersuppen an Kalzium gefehlt.

Am 10. Februar ließ uns die Gestapo endlich ziehen. Am Freiburger Bahnhof nahmen wir Abschied von unseren Eltern. Es sollte der Letzte sein. Ich sollte sie nie mehr wiedersehen.

Gegen Abend kamen wir an der Grenze in Oderberg an. Die deutschen Zöllner durchsuchten gründlich Koffer und Kleidung. Doch als der Beamte, der mich inspizierte, erfuhr, ich käme aus dem KZ, schlug er den Koffer zu, sah nichts mehr nach und wünschte nur »Gute Reise«. Währenddessen hatte aber der mit Käschen Beschäftigte aus dessen im Koffer verpackten Fausthandschuhen einen sechs mal neun cm großen »Juniusbrief«-Abzug herausgezogen, eine illegale Zeitschrift aus dem Jahr 1934. Der Schreck saß uns in den Gliedern. Ich sah mich schon wieder zurück in Lichtenburg. Käschen erklärte, dass das die Handschuhe seines Bruders seien, der zur Zeit noch im Gefängnis saß. Er habe sie eingepackt, ohne zu merken, was drin war. Wir mussten auf deutscher Seite bleiben. Rücksprache der Zollbehörde bei der Gestapo in Breslau. Gegen zehn Uhr abends und während wir immer noch wie auf glühenden Kohlen saßen, kam die Antwort. Wir konnten weiterfahren.

Unser tschechischer Anschlusszug war inzwischen jedoch längst weg. So mussten wir die Nacht in Bohumin bleiben. Erst am frühen Morgen würde ein anderer Zug abfahren. Aber wir atmeten auf, als wir die Barriere zur tschechischen Seite des Bahnhofs passierten. Die Freundlichkeit der tschechischen Zollbeamten tat das Übrige, uns wie neugeboren, als freie Menschen zu fühlen.

Die Nacht verbrachten wir erst im Kino und gingen mit Sherlock Holmes den Spuren des »Hundes von Baskerville« nach, bummelten dann durch die dunklen und eiskalten Straßen des Städtchens.

Dann saßen wir im Zug und fuhren durch die weiße Landschaft einer neuen Etappe unseres Lebens entgegen.

Das Dorf Golenic liegt etwas oberhalb der kroatischen Kleinstadt Podravska Slatina, nahe der ungarischen Grenze. Dort hatte ein Baron Guttmann sein Gut der zionistischen Organisation zu Verfügung gestellt, damit unter der Anleitung seines Statthalters jüdische Jungen und Mädchen, die nach Palästina wollten, eine landwirtschaftliche Ausbildung erhalten konnten. Auf diesem Gut standen ein großes und ein kleines Gebäude, mehrere Ställe für Pferde, Kühe und Schweine, eine Scheune sowie ein Landhaus, in dem der Gazda, der Statthalter, wohnte. Die Knechte wohnten im nahen Dorf. Die meisten Mitglieder des Kollektivs wohnten im größeren Gebäude, wo auch die Küche, der gemeinsame Essraum und andere Hauseinrichtungen wie die Waschküche und die Kleiderkammer untergebracht waren. Es waren meist Auswanderer aus Polen und Litauen, aber auch eine Gruppe Jugoslawen war darunter. Die wenigen, die wie wir aus Deutschland kamen, waren im kleinen Gebäude, etwas abseits gelegen, untergebracht. Wir sechs, soweit ich mich erinnere, waren wohl die einzigen, die nicht die Absicht hatten, nach Palästina zu gehen und Pusta Golenic eher als Notausgang aus deutschen KZs oder Gefängnissen betrachteten.

Natürlich versuchte die zionistische Leitung jenes Kibbuz, uns zu überzeugen. Sie hegten wohl die Hoffnung, mit Geduld und mit der Zeit würden wir uns ihren Ideen anschließen, aus der Not eine Tugend machen. So lief neben der Arbeit auf dem Feld, im Garten und im Hause, wo wir gut miteinander auskamen, eine Diskussion über den Zionismus, bei der wir uns nicht einig werden konnten. Umgekehrt übten wir einen gewissen Einfluss auf die Kibbuzmitglieder aus, da man uns, als den politisch besser Unterrichteten, den täglichen Nachrichtendienst nach dem gemeinsamen Abendessen überlassen hatte. Das Material entnahmen wir meist englischen, der Sprachschwierigkeit wegen weniger jugoslawischen Zeitungen. Jeden Morgen nach dem Frühstück wurden wir zu den verschiedenen Arbeiten eingeteilt. Eine Zeit lang machte ich bei der Kartoffelernte und beim Maisanbau mit. Mit den Pferden und Kühen konnte ich mich nie richtig anfreunden. Bei den Schweinen hingegen verbrachte ich lange Monate.

Uri und ich hatten 105 Schweine zu betreuen. Früh am Morgen gaben wir ihnen im Stall das Futter, Mais und Kleie, dann hatten wir sie auf die Weide zu treiben. Das war keine einfache Sache. Man musste einen Wald durchqueren und der Weg war sehr schmal. Man musste höllisch aufpassen, dass die Herde beisammen blieb, sie mit Peitschenknallen antreiben, damit sie, ohne nach rechts oder links abzuweichen, hintereinander liefen. Denn oft simulierte das eine oder andere Schwein und tat so, als ob es nachhinkte. Verlor man es aus den Augen, dann verzog es sich schleunigst waldeinwärts und blieb verschwunden. Erst am Abend, wohlwissend, dass im Stall das Abendessen wartete, tauchte es wieder auf. Aber beim Gazda liefen die Beschwerden der Bauern ein, ihre Rübenfelder seien von unseren Schweinen verwüstet worden und Uri und ich bekamen einen Rüffel vom Gazda und der Kibbuzleitung. Waren die Schweine erst einmal auf dem Mrasevac, an der Waldlichtung oben angelangt, so weideten sie dort seelenruhig auf der großen Wiese. Man konnte sich in die Sonne legen, auch ein Buch lesen, nur musste man aufpassen, dass sich keines der 105 Schweine dem Waldrand näherte, denn dort lauerte die Versuchung für die rübenhungrigen Tiere, auf dunkle Abwege zu geraten. Den Weg zu den Feldern der Bauern fanden sie unfehlbar. Das hätte ein ruhiger Job sein können, wenn Uri nicht so verrückt gewesen wäre. Anstatt die Tiere in Ruhe an einer Stelle weiden zu lassen, hetzte er sie mit der Peitsche von einem Platz zum anderen. Und da man wegen der Gefahr des Ausbrechens immer in der Nähe zu bleiben hatte, musste ich mit hinterher. Ich konnte Uri nicht klar machen, dass er die armen Schweine in Ruhe lassen solle. Vielleicht war es ihm zu langweilig, sich ins Gras zu legen, und lesen mochte er nicht, vielleicht war er auch einfach nervös.

Das ging so weiter, bis ich die Gelbsucht bekam. Für mehrere Wochen musste ich ins Bett, wo ich, wie schon erwähnt, Zeit und Muße fand, das *Kapital* von Karl Marx zu lesen. Danach kam ich glücklicherweise nicht mehr zu den Schweinen.

Als gelernter Mechaniker wurde ich auch eine Zeit lang dem Schmied als Gehilfe zugewiesen. Wir hatten die Reparaturen der landwirtschaftlichen Geräte vorzunehmen. Traktoren kannte man in dieser gebirgigen und rückständigen Gegend noch nicht. Die Zugkraft stellten die Ochsen, ob es sich um Pflügen handelte oder um den Transport der Ernte: Heu, Kartoffeln oder Mais. Natürlich beschlugen wir auch die Hufe der Pferde. Obwohl die Arbeit mit den primitiven Werkzeugen ziemlich anstrengend war, gefiel sie mir. Die Schmiede lag in einem herrlichen Talgrund, und außerdem arbeitete ich lieber mit den Einheimischen, Kroaten und Ungarn, als mit den Kibbuzmitgliedern zusammen, obwohl unsere Gespräche natürlich recht beschränkt waren.

Auch beim Holzfällertrupp, bei dem die Mehrzahl jugoslawische Landarbeiter waren, fühlte ich mich wohl. Das Bäumefallen war eine interessante Arbeit, keineswegs nur ein Kraftakt mit Axt und Säge. Man musste gut überlegen, auf welcher Seite man die Kerbe schlug, nach welcher der Baum, ohne sich zu verheddern, fallen konnte und wie in Kombination von Axt, Säge und Eisenkeilen vorzugehen war. Zur Mittagszeit machten wir Cevapcici, Fleischwürfel auf einen Draht gezogen und über einem offenen Feuer langsam geröstet. Bei dieser Arbeit und diesem Essen wurde einem selbst der Winter nicht zu kalt. Die schönste Zeit in Pusta Golenic verbrachte ich in der Bäckerei. Zusammen mit Manja, einem ungarischen Mädchen. Ich lernte Brot backen und von der jungen Ungarin die Liebe. Sie gehörte zur Gruppe der Jugoslawen, verstand sich aber nicht gut mit ihnen. Sie war so wenig für den Zionismus eingenommen wie ich und sympathisierte dazu noch mit kommunistischen Ideen. Da sie gut Deutsch sprach, intelligent war und nicht allein an Palästina interessiert, hatten wir viel Gesprächsstoff. Wir schwatzten endlos bei der Zubereitung der Teigmasse, und wenn wir nebeneinander vor dem Dorfofen saßen, während die Äste und Holzscheite langsam im rotglühenden Ofen zu Asche niederbrannten, verebbte zuweilen das Gespräch und wir schauten uns in die Augen.

So freundeten wir uns an, und eines Abends – nach Herausnahme des letzten braungebackenen Weizenbrotes mit der großen Holzschippe – gingen wir auf dem Schweinepfad quer durch den Wald bis hinauf zur Lichtung. Und dort oben auf dem Mrasevac sanken wir ins weiche Gras und liebten uns im blassen Schein des Mondes und der Sterne. Es war meine erste konkrete Erfahrung mit der Liebe – und das in einem romantischen Umfeld, aber auf eine recht nüchterne Art. Von damals ist es mir wohl geblieben, Liebe und freie Natur für die prächtigste Kombination zu halten, aber auch eine zu rationale Einstellung im Verhältnis zu den Frauen. Ich bin mir nicht ganz sicher, ob es wegen ihres scharfen Urteilsvermögens war, mit dem sie alles kritisch erfasste und ironisch nahm oder ob es einfach eine urwüchsige Frivolität war, jedenfalls liebten wir uns oft und maßlos, aber eine intime Zuneigung wollte dabei nicht aufkommen. Sie machte sich auch nichts daraus, was die anderen über uns dachten, wenn wir zum Abendbrot noch mit Strohhalmen an unserer Kleidung vom Heuschober kamen oder wenn die Jugoslawen ihr Vorhaltungen machten wegen des Jungen, den sie zum Schein heiraten sollte, um ein Zertifikat für Palästina zu bekommen. Um von der Mandatsmacht England diese zahlenmäßig beschränkten Einreiseerlaubnisse für die doppelte Zahl Einwanderer zu nutzen, forcierten die Zionisten Heiraten, die nach der Ankunft drüben wieder aufgelöst werden konnten. Anscheinend jedoch hatte Manja so wenig Verlangen nach dem für sie auserkorenen Jugoslawen wie nach Palästina.

Die Backstubenidylle dauerte an, bis wir von Pusta Golenic nach Pusta Maricevac versetzt wurden. Das war ein ähnliches Ausbildungsgut, aber von sozialistischen Zionisten betrieben, dem Haschomer Hazair.

Da die Golenicer uns nicht zum Zionismus bekehren konnten, dachten sie vielleicht, den Maricevacern müsste das wegen deren Affinität zu unseren sozialistischen Ideen eher gelingen. Und man konnte es den Maricevacern nicht absprechen, sie taten ihr Bestes. Ihr maßgeblicher Ideologe, Ber Borochov, hatte die Theorie entwickelt, die Juden seien kein normales Volk, da sie nicht in die der modernen Zeit entsprechenden Klassen unterteilt seien, in Kapitalisten und Proletarier. Diese Normalität müsse erst hergestellt werden, bevor die jüdischen Arbeiter für den Sozialismus kämpfen könnten. Und dazu brauche man, wie jedes Volk, ein Land: Palästina.

Uns wollte das nicht ganz einleuchten, wozu die Komplikation? Konnte – unter den Bedingungen ziviler Gleichheit – ein jüdischer Kapitalist nicht ebenso gut französische katholische wie französische jüdische Arbeiter ausbeuten? Oder umgekehrt, konnten nicht diese Arbeiter gleichermaßen gegen einen katholischen wie jüdischen Kapitalisten streiken oder sich für den Sozialismus in Frankreich einsetzen? Irrtümlich mochten wir damals glauben, es genüge, den Sozialismus einzuführen, und automatisch wäre damit die reale Gleichheit aller Bürger gewährleistet. Heute weiß ich, dass für die Verwirklichung der Parolen der Französischen Revolution: »Liberté, Egalité, Fraternité« noch lange zu kämpfen sein wird. Unser Aufenthalt in Pusta Maricevac sollte nicht lange dauern. Unsere Aufenthaltsgenehmigung in Jugoslawien war abgelaufen. Eine Verlängerung unter der halbfaschistischen Stojadinovic-Regierung, die eng mit dem Italien Mussolinis liiert war, stand nicht in Aussicht. Es war Ende 1938, und wir mussten aus dem Lande. Meine Eltern hatten mir eine Stelle für das Studium auf dem Polytechnikum in Haifa besorgt. Das wäre ein Ausweg gewesen. Nur wollte ich nicht nach Palästina. Nicht nur, weil ich kein Zionist war – in der Not frisst der Teufel Fliegen, und die meisten, die dahin ausgewandert waren, dürften es aus Not und weniger aus Überzeugung getan haben. Doch damals war bereits ersichtlich, dass dieses Land nicht nur von England beherrscht, sondern auch von Arabern bewohnt war, und ich hatte nicht die geringste Lust, mit ihnen in Konflikt zu kommen für einen »Judenstaat«, für den ich nichts übrig hatte. Überhaupt war mir jeder Nationalismus zuwider, der sich auf Arroganz und Überheblichkeit gründet und zur Eroberung und Unterdrückung anderer Länder und Völker führt. Palästina, später der Staat Israel, hat als Zufluchtsstätte der Juden vor Verfolgung, Diskriminierung und Mord sicher seine Berechtigung. Aber damals wie heute kann ich in keinem Falle Vertreibung, Landraub und Kolonialisierung gutheißen.

Wir fünf, außer uns drei Breslauern noch Georg und Walter aus Leipzig, fuhren daher nach Zagreb, um ein Einreisevisum für einen südamerikanischen Staat zu bekommen. Denn raus mussten wir, bevor uns die jugoslawischen Behörden über die Grenze abschoben. Die Grenze war nach dem »Anschluss« nicht mehr die österreichische, sondern die des Dritten Reiches, und wir hatten im KZ unterschrieben, nicht mehr dahin zurückzukehren. Nicht wenige antifaschistische deutsche Emigranten in Jugoslawien wurden in jenen Tagen über die Grenze zurück »ins Reich« abgeschoben. Hatten sie Glück, so ließen die Beamten auf der anderen Seite sie nachts wieder laufen und sie gelangten illegal nach Jugoslawien zurück, wenn sie da nicht wieder gefasst wurden und sich das Spiel wiederholte. Aber das Risiko bestand, dass man sie nicht wieder laufen ließ. Für uns hätte das die Rückkehr ins KZ, also wahrscheinlich den Tod, bedeutet.

In Zagreb kamen wir, ich weiß nicht mehr warum, gleich in die Petrinska, das Polizeigefängnis. Doch nur für zwei Tage. Man ließ uns unter der Bedingung frei, dass wir uns ein Visum für die Ausreise besorgten.

Damals verkaufte der paraguayische Konsul in Zagreb zur eigenen Bereicherung und ohne die Erlaubnis seiner Regierung Visa an die deutschen Emigranten, die verzweifelt nach einem Weg aus einem Europa suchten, das Land für Land unter Hitlers Machtbereich zu fallen begann. Lothar und Chaja, seine Freundin, die er in Golenic kennen gelernt hatte, Georg und ich, wir vier konnten solch ein begehrtes Visum ergattern. Ein Onkel von Georg in Buenos Aires bezahlte die falschen Visa, und die »Hicem«, eine jüdische Auswanderer-Hilfsorganisation, kam für die Überfahrt auf und gab uns auch etwas Taschengeld.

Bis wir die nötigen Papier zusammen hatten, mochte es einen Monat oder länger dauern. Währenddessen wohnten wir in einer Pension, der Petrinska gegenüber. Das war immer noch das Sicherste, denn die Polizei machte jede Nacht Razzien nach Ausländern ohne Aufenthaltserlaubnis, aber so nahe der Mausefalle vermutete sie ihre Beute wohl nicht. Trotzdem lebten wir in ständiger Angst, dass sie uns fassen könnten. Tagsüber war das nicht wahrscheinlich, und nachts blieben wir lieber auf unserem Zimmer, das über einer Nachtbar lag und wo bis in späte Stunden von unten stets dieselben herzzerreißenden Tangos heraufklangen.

Der Tag kam, an dem wir uns wieder auf der Petrinska sehen lassen konnten. Jetzt hatten wir die Bordkarten und alle Dokumente beisammen, um Jugoslawien verlassen zu können. Zwei Polizisten in Zivil begleiteten uns im Zug bis zur italienischen Grenze, dann durchquerten wir ohne Aufenthalt die Po-Ebene, um bei Ventimiglia die französische Grenze zu überqueren und weiter die Riviera entlang bis nach Marseille zu fahren. Nach wenigen Tagen nahm uns die »Alsina«, ein altes klappriges französisches Schiff, auf. Es war der letzte Monat des Jahres 1938, als die »Alsina« die Anker lichtete: Unter Deck war sie gestopft voll mit Emigranten aus Deutschland und Österreich, aber auch mit vielen Spaniern, die sich nach dem Bürgerkrieg nach Frankreich gerettet hatten und die hier ihren Fluchtweg fortsetzten. Als wir zwischen den Felsen von Gibraltar und Ceuta hindurchfuhren, ließen wir einen Kontinent hinter uns, der neun Monate darauf in Flammen aufgehen sollte.

Ankunft in Uruguay

Die Queen schaute mit starr durchdringendem Blick auf mich herab. Ihr in düsteren Farben gehaltenes Porträt über dem Schreibtisch, die mit nussbraunem Holz getäfelten Wände, einige altmodische Möbel und der flaumweiche Perserteppich gaben dem Raum eine Feierlichkeit, die mich kleinmütig werden ließ. Ich hätte nicht hierher kommen sollen. Hierher nach Peñarol, dem Stadtviertel Montevideos, in dem die Verwaltung der Englischen Eisenbahnen ihren Sitz hatte. Aber da trat schon Mister Grindley ein, der Direktor der »Railway Company of Uruguay«. Sein Nimbus (»Er hat mehr in diesem Land zu sagen als der Präsident der Republik«, hatte mir der »Wilde Mann« gesagt) ließ mich vor Ehrfurcht erschauern, ich wagte es kaum, den Blick zu heben. Doch nachdem er sich hinter den Schreibtisch unter die Königin Victoria gesetzt hatte, musste ich nun doch mein Anliegen vortragen. In meinem besten Schul-Englisch (das sicher nicht das Beste war) erklärte ich, dass ich in einer Lokomotivfabrik in Breslau gelernt hatte, legte ihm zum Beweis mein Arbeitszeugnis von »Smoschewer & Co.« auf den Tisch, dass ich als Anti-Nazi dann ins KZ gekommen, in Jugoslawien nicht hatte bleiben können und darum nach Südamerika ausgewandert sei. Da ich mein Leben ohne jeden Rückhalt hier neu aufbauen müsse, würde ich gern in meinem Beruf arbeiten.

Als ich meinen Vortrag glücklich beendet hatte, dachte ich: Was für ein Blödsinn, dass ich das mit dem KZ erzählt habe und dass ich als Anti-Nazi ins KZ gekommen war. Ist es doch kaum ein Vierteljahr her seit Chamberlains Friedensabkommen mit Hitler in München. Also, was suche ich hier? Ich sollte mich jedoch täuschen. Sei es, dass Mr. Grindley, wie gewiss viele andere Engländer auch, schon nicht mehr an das »Appeasement« und an Hitlers Versprechen glaubte; sei es, dass er aus menschlichem Mitgefühl die Barbarei der Nazis verabscheute und ihren Opfern beistehen wollte. Jedenfalls schrieb er mir eine Empfehlung für den Servicebetrieb der Dieseltriebwagen der Staatseisenbahn aus. Ich sollte mich dort in der Werkstatt neben dem Hauptbahnhof vorstellen und dem leitenden Ingenieur seinen Empfehlungsbrief überreichen. In seinem Unternehmen könne er leider nicht mehr als 20 Prozent Ausländer einstellen, und der Anteil sei bereits überschritten, aber er wünsche mir Erfolg. Er verabschiedete mich mit einem Händedruck.

Ich warf einen letzten Blick auf die gestrenge Queen, in deren Machtbereich ich mich ja nun befand, und kehrte eiligst in die Stadt zurück. Hatte der »Wilde Mann« doch den Nagel auf den Kopf getroffen, als er mir den Rat gab, nach Peñarol zu fahren und mit Mister Grindley, »dem mächtigsten Mann in Uruguay«, zu sprechen?

Am Tag zuvor, am Neujahrstag, war ich ihm in einem billigen Restaurant der Altstadt beim Verzehren eines Pucheros, eines typisch spanischen Eintopfgerichtes, begegnet. Wir kamen ins Gespräch, er war ein Deutscher, der schon längere Zeit hier lebte, und er machte den Eindruck eines Abenteurers: verwegen, stets auf dem Sprung, anderswohin zu ziehen, um etwas Neues zu beginnen. Er hätte einer Novelle Jack Londons entsprungen sein können. Als ich ihm meine Situation schilderte, flammte er gleich begeistert auf: »Überhaupt kein Problem! Du sprichst einfach mit Mister Grindley, er kann dich gar nicht abweisen, die Stelle bei den ›Railways‹ ist dir sicher!«

Ich hatte meine Zweifel. Wenn das wirklich ein so mächtiger Mann war, würde ich zu ihm wohl kaum vorgelassen werden. Aber da ich verzweifelt war, ohne Geld und ohne Arbeit, machte ich trotzdem den Versuch, und es sollte sich zeigen, dass meine Vorurteile unbegründet waren.

In der noch kleinen Dieseltriebwagen-Werkstatt der vor kurzem gegründeten uruguayischen Staatseisenbahnen ging ich direkt ins Büro. Ein Pförtner war nicht zu sehen. Es war ein kleines Zimmer inmitten einer enormen Halle, in der mehrere Triebwagen standen. Ich fragte nach dem leitenden Ingenieur und wurde von einem Angestellten zu einer Laufgrube geführt, wo unter einem Triebwagen ein Mann in ehemals weißem Kittel stand, eine Achse mit einer Schieblehre messend. Ich kauerte mich nieder und trug ihm, wiederum in meinem krampfhaften Englisch, mein Anliegen vor und überreichte ihm den Brief von Mister Grindley.

»Sie können ruhig deutsch mit mir reden«, erwiderte der Ingenieur mit einer harten, eckigen Aussprache. Aber gewiss war sein ungarisches Deutsch besser als mein deutsches Englisch. »Sie können gleich heute Abend um acht anfangen, aber kaufen Sie sich noch keinen Schlosseranzug. Machen Sie keine unnötigen Ausgaben. Bringen Sie nur eine alte Hose und ein altes Hemd mit. Ich kann Ihnen nicht versprechen, dass ich Sie behalte. Und ich kann Ihnen auch nicht mehr als zwei Pesos für acht Stunden Arbeit zahlen.«

So begann ich noch am gleichen Tag, dem ersten Werktag des Jahres 1939, an meinem zweiten Tag in Montevideo, als Schlosser bei der »Companía Ganz« zu arbeiten. Die Dieseltriebwagen waren gerade für die uruguayische Staatseisenbahngesellschaft von der Firma »Ganz« aus Budapest geliefert worden und die Lieferfirma hatte für vier Jahre Wartung und Reparaturen garantiert. Das Schienennetz, die Bahnhöfe und der Großteil des Lokomotiv- und Wagenparks gehörten den Engländern, aber diese »Motocars Ganz« sollten mit zu den ersten Triebwagen der staatlichen Bahngesellschaft gehören.

Meine Aufgabe war es, die Treibstoff-Zwischentanks aller einlaufenden Triebwagen auf Defekte zu untersuchen und zu reparieren. Damals schon waren die Gleisanlagen, vor allem die Schwellen, in so schlechtem Zustand, dass diese modernen, mit hoher Geschwindigkeit fahrenden Wagen wackelten und schaukelten, sodass der Schwimmer oft verbeult oder gar leck war, der Gummi vom Ventil verschlissen oder der Splint des Schwimmerarms durchgewetzt und infolgedessen der Tank übergelaufen und alles mit Dieselöl verschmiert war.

Was ich machte, war eine Sisyphusarbeit, nicht wesentlich verschieden von meiner Schweinehüterei in Pusta Golenic. Es ging an die Nerven. Denn die Wagen kamen immer nur für wenige Stunden in die Werkstatt, dann mussten sie wieder raus zu einer neuen Fahrt. Einige liefen morgens ein, andere am Nachmittag oder spät in der Nacht. Der Ingenieur Ribanyi arbeitete für mich und die anderen Arbeiter, die ebenfalls Servicearbeiten zu machen hatten, einen komplizierten Stundenplan aus, der jeden Tag zu einer anderen Stunde begann und aufhörte. Manchmal arbeitete ich auch nur vier oder sechs Stunden, musste aber bereits nach zwölf Stunden wiederkommen, je nach dem Eintreffen bzw. Auslaufen der Züge. So hatte ich kaum Zeit für mich und konnte nichts planen. Ich war regelrecht zu einem Zubehör der Triebwagen »Ganz« geworden. Und das für fünfzig Pesos monatlich.

Trotzdem war ich heilfroh. Ich hatte Fuß gefasst. Und das sogar noch in meinem Beruf. Das war eindeutig besser, als 105 Schweine zu hüten. Meine Freunde, wie sicher auch der Großteil der Emigranten, waren schlimmer dran. Georg fand lange Zeit überhaupt keine Arbeit. Später kam er dann in einer nordamerikanischen Fleischfabrik unter, wo er schwere Karren mit Rinderknochen schieben musste; danach wurde er Hilfsarbeiter auf dem Bau, bis er nach Jahren in einer Omnibusreparaturwerkstatt Anstellung fand und dort allmählich einen richtigen Beruf erlernen konnte.

Lothar lieferte mit dem Fahrrad Briefe für die »Banco Israelita« aus, eine Art Privatpost. Chaja, seine Frau, musste schwer in einer kleinen Schneiderei arbeiten.

Mein Lohn reichte gerade für sieben gute Mittagessen in einem billigen Gasthaus aus, Lebensmittel waren damals sehr günstig. In Uruguay gab es noch keinen Hunger, hingegen viel Armut, obwohl man seinerzeit viel anspruchsloser als heute lebte. Zu viel mehr als Essen und Wohnen – Georg und ich hatten ein fensterloses Zimmer bei einer Familie gemietet – und das Allernötigste zum Leben reichte mein Lohn aber nicht.

Wenn ich mein Schicksal jedoch mit dem anderer deutscher Emigranten verglich, wir waren auf der »Alsina« an die hundert Personen gewesen, konnte ich von Glück reden. Ich war nicht nach Paraguay verschifft worden. Das Visum des paraguayischen Konsuls in Zagreb stellte sich als gefälscht heraus, und so ließ man uns erst gar nicht auf das Schiff, das den Río de la Plata, den Paraná und den Río Paraguay hinauf nach Asunción fuhr. Was mir da erspart blieb! Denke ich heute an Paraguay, an die Diktatur des Generals Stroessner, läuft mir eine Gänsehaut über den Rücken.

Wir waren etwa ein Dutzend Personen in dieser Lage. Zurückschicken konnte man uns nicht. Kein Schiff hätte uns aufgenommen. So verfrachtete man uns in einen Omnibus nach Colonia, einer Provinzhauptstadt am Río de la Plata, etwa 180 km westlich von Montevideo gelegen. Dort waren wir in einem Hotel »interniert«. Das heißt, wir konnten uns frei in dem schönen, alten, von den Portugiesen vor über vier Jahrhunderten gegründeten Städtchen bewegen, an den Strand gehen, baden, nur durften wir Colonia nicht verlassen.

Die wundervolle »Sommerfrischen-Haft« dauerte jedoch nicht lange. Am 26. Dezember waren wir in Uruguay an Land gegangen, am Silvesterabend kam der Polizeipräsident von Colonia ins Hotel und teilte uns mit, dass wir jetzt frei seien. Wenn wir Hotel und Omnibusfahrt begleichen würden, könnten wir nach Montevideo zurück und dort tun und lassen, was wir wollten. Unglaublich, alles ohne Aufenthaltsgenehmigung, ohne Einreisevisum. Doch war man zu dieser Zeit einmal in Uruguay angekommen, fragte keiner mehr nach Papieren und Visa. Wozu hatten sie uns erst nach Colonia gebracht und »interniert«? Vielleicht hatte doch noch eine Hoffnung bestanden, uns auf ein Schiff nach Paraguay zu verfrachten. Vielleicht war es ein mit den Hotels dort abgekartetes Geschäft gewesen. Wenn wir zahlten, waren wir jedenfalls frei. Einige Emigranten beschlossen, nicht zu zahlen und zu bleiben – der Strand von Colonia war herrlich! –, früher oder später würde die Hilfsorganisation schon für sie einspringen. Wir zahlten, das heißt Georg zahlte für uns vier, er hatte noch Geld von seinem Onkel aus Buenos Aires. Mein Portemonnaie war absolut leer. Georg half mir aus. So kam ich in Montevideo mit 10 Pesos Schulden an.

Als wir in der Hauptstadt Uruguays ankamen, war es Mitternacht und es knallte und blitzte in allen Straßen. Feuerwerkskörper stiegen hoch und rote bengalische Lichter zerplatzten am Himmel, wir aber dachten nur daran, eine billige Unterkunft zu finden. So war unser Einzug in Montevideo teils triumphal, teils trivial. Der andere Glücksfall war, so einem Verrückten wie dem »Wilden Mann« begegnet zu sein und auch so verzweifelt zu sein, seinem so verrückten Rat zu folgen.

Exil? Gewiss, ich war im Exil. Aus meiner Heimat, meinem Elternhaus, meinem Freundeskreis herausgerissen. Meinem ursprünglichen Nährboden entzogen, in fremde Länder und eine unbekannte Atmosphäre verpflanzt, wo ich – in welcher Zeit, mit welcher Beschwernis und Überwindung? – erst Wurzeln fassen musste. Es war Exil, aber doch nicht das Exil, das diejenigen erlitten, die Hals über Kopf nach Prag, nach Paris oder Zürich flüchten mussten. Die Nähe der Heimat, die tiefe Schnittwunde stets vor Augen, ließ jene schmerzlicher die Verbannung empfinden. Jenseits der Grenze blieben sie als Deutsche stets nur Emigranten, als Juden oder Gegner der Nazis direkt dem Zugriff des sich in Europa immer schneller verbreitenden Geistes der Barbarei ausgesetzt und mit den Jahren immer direkter von der Gefahr bedroht, doch noch der Gestapo ausgeliefert zu werden.

Die Emigranten in Amerika hingegen waren durch einen Ozean unüberbrückbar von der alten Heimat getrennt. Ein Auswanderer konnte hier zum Einwanderer werden. War Amerika nicht seit eh und je Einwandererland gewesen?!

Für mich war der Weg ins Exil auch in mehrere Etappen aufgeteilt. Zuerst das Gefängnis, dann das KZ, dann Jugoslawien und danach Südamerika. Ich hatte Deutschland nicht wie so viele andere bei Nacht und Nebel verlassen müssen. Man hatte mich zwar brutal, aber doch auch nicht von einem Tag auf den anderen gezwungen, meine Heimat zu verlassen. So blieb mir Zeit, mich auf das Exil einzustellen.

Und da ich jung war, früh Entbehrungen und Schicksalsschläge kennen gelernt hatte und durch die Schule der Verhöre durch die Gestapo und durch die Hölle von Lichtenburg gegangen war, kam ich vorbereitet und ohne große Ansprüche in Uruguay an. Ich war ohne den Ballast wehmütiger Erinnerungen an verlorenen Besitz und ohne jeden Ehrgeiz, Besitz zu haben, gekommen. Auch meine politische Einstellung half mir bei diesem Neuanfang. Mein politisches Bewusstsein half mir dabei, die Situation zu verkraften, enthaltsam zu leben, ohne dass es für mich zu einem Trauma wurde. Im Gegensatz zu vielen anderen, die nur ihrer Zugehörigkeit zum Judentum wegen grausam verfolgt und zur Auswanderung gezwungen worden waren.

Die Landessprache, Spanisch, war kein großes Problem für mich. Nach einem Lehrbuch hatten wir in Zagreb schon damit begonnen, Spanisch zu lernen und auf der »Alsina« Gelegenheit gehabt, uns mit Flüchtlingen aus Spanien, die wegen des Spanischen Bürgerkriegs ihre Heimat verlassen mussten, zu unterhalten. Mir kam außerdem mein Latein vom »Oberrealgymnasium am Zwinger« zugute. Auf jeden Fall genügten unsere Kenntnisse, um uns verständlich zu machen. Neu für mich war hingegen die Mentalität der Menschen, die andere Lebensart der »Criollos«, wie sich die Einheimischen hier nannten. Das Spielerische, das Leichte, der lockere Stil, die Geistesgegenwärtigkeit und auch die typisch uruguayische Skepsis, die menschliche Wärme und das Mitgefühl, alles das entdeckte ich auch bei meinen neuen Arbeitskollegen.

Rivalitäten gab es kaum, die Arbeit wurde nicht zu ernst genommen, zwischendurch plauderte man, spielte mit einem Ball aus Lumpen, spielte auch schon mal dem Werkmeister, einem Ungarn, einen harmlosen Streich. Trotzdem wurde das tägliche Pensum immer geschafft, manchmal mit heroischen Anstrengungen, wenn es unmöglich schien, dass alles noch fertig wurde, aber in letzter Minute war aber alles perfekt. So lernte ich langsam meine Arbeitskollegen kennen und schätzen.

Castillo – ein selbstbewusster Schwarzer, ein Mann, der sein Handwerk versteht, stets hilfsbereit ist und anderen unter die Arme greift. Er erzählt die unglaublichsten Geschichten, stets hat er neue auf Lager. Meiner Meinung nach sind die meisten erfunden, aber deshalb nicht weniger aufregend. Mit seiner blühenden Fantasie kann er uns prächtig unterhalten. In der Nachtschicht und wenn der Wagen keine größere Beschädigung erlitten hat, also nur die ständigen Kontrollarbeiten durchzuführen sind, haben wir gut zwei Stunden Zeit, in der es nichts Wichtiges zu tun gibt. Castillos Erzählungen halten uns dann wach. Manchmal lege ich mich auch eine Stunde in einen der Wagen schlafen. Läuft dann ein neuer Triebwagen ein, so lässt mich der Werkmeister wecken. Castillo bewundere ich, weil er auch im Stehen schlafen kann. Vor laufendem Dieselmotor! Das ist einmalig und ich habe es bei keinem anderen Menschen je gesehen.

Fernández ist auch gelernter Mechaniker. Bei ihm lernte ich die Geheimnisse des Dieselmotors kennen. Stets heiter, habe ich ihn, auch bei der nicht seltenen hektischen Betriebsamkeit, wenn ein Wagen schnell zur Ausfahrt fertig gemacht werden musste, nie nervös oder missmutig gesehen. Das Einzige, was ihn ereifern kann, ist der Fußball. Er ist ein fanatischer Fußballfan vom Club »Peñarol«. Das ist allerdings nichts Besonderes bei einem Uruguayer. Fast alle sind fanatische Fußballfans. Doch sonst nimmt er alles auf die leichte Schulter. Er wähle die Kommunisten, sagt er mir. Eben weil die nie an die Macht kämen und darum niemanden je an der Nase herumführen könnten, so wie die Colorados und die Blancos. Eine für mich neuartige Argumentation.

Der lange Seijas ist ein besonderer Typ. Er kommt frisch vom Land, aus dem Norden Uruguays. Ich kann nur staunen, wie intelligent ein Mensch auch ohne die geringste Bildung sein kann. Er ist Peón, Hilfsarbeiter, aber wenn man ihm etwas erklärt, begreift er es sofort, selbst einen komplizierten Mechanismus. Hätte er Gelegenheit, systematisch zu lernen, in kurzer Zeit wäre er Facharbeiter. Aber er hat keinen Ehrgeiz. Er ist Analphabet und stolz darauf: Mir versucht er zu beweisen – und ich kann mich der Schlüssigkeit seiner Argumente nicht ganz entziehen –, dass alles, was geschrieben oder gedruckt ist, Lüge sei. Weil man, so folgert er, was wahr und wirklich ist, ja sieht, betastet, hört, mit seinen Sinnen wahrnimmt. Demnach müsse das, was auf Papier steht, entweder überflüssige Wiederholung oder erfunden sein. Die Zeitungen schrieben nichts als Lügen. Vielleicht hatte ihm jemand mal etwas vorgelesen und er, ein großer Skeptiker gegenüber allem, was aus der Stadt kam, hatte daran gezweifelt. Die Städter hält er überhaupt für unverbesserliche Ignoranten. Auch das kann er belegen. Da sei einmal ein Universitätsprofessor mit seiner Klasse auf die Estancia, das Landgut, wo er arbeitete, gekommen. Die Städter hätten sich alles genau angesehen, das Anwesen, die Weiden und die Herden, und ihn hätten sie dann gefragt, wo denn die Kühe ihre Eier hinlegten. Ich musste lachen. Doch er versicherte mir, das habe ihn der Professor tatsächlich gefragt. Mit der Zeit und solange er in Montevideo weilt wird er wohl doch einige Vorurteile ablegen müssen. Zumal Vorurteile und Aberglauben in der Abgeschiedenheit im Norden eher gedeihen als im Trubel der Großstadt.

So erzählte er mir einmal vom »Lobizón« in seinem Dorf; eine Art Werwolf-Legende am Río de La Plata. Der Kramwarenhändler, der einzige am Ort, habe sieben Söhne gehabt und – so wie es die Legende vom »Lobizón« will – der siebte Sohn habe sich jeden Freitag um Mitternacht in einen Wolf verwandelt. Dem Schmied, der einen großen Hühnerstall hatte, habe er Freitag für Freitag ein Huhn geraubt. Eines Nachts habe der Schmied sich auf die Lauer gelegt und mit seiner Flinte auf den Wolf geschossen. Im Mondschein konnte der Schmied noch beobachten, dass der Wolf am rechten Hinterbein getroffen war und stark blutete. Am nächsten Morgen konnte das ganze Dorf sehen, dass der siebte Sohn des Händlers das rechte Bein verbunden hatte und hinkte. Wenn das kein Beweis war! Er selbst habe mit eigenen Augen den hinkenden Sohn des Kramladenhändlers gesehen. Meine Zweifel fochten den langen Seijas nicht an. Ich sei Städter und könne gar nicht wissen, was es alles in der Welt – die Welt lag für Seijas auf dem Lande – gebe. Ich begriff: Uruguay ist längst nicht nur Montevideo.

Ein Problem, das uns in der ersten Zeit in Uruguay zu schaffen machte, war die Hitze im Sommer. Obwohl wir keine vierhundert Meter vom Río de La Plata entfernt wohnten, gab es Nächte, in denen nicht die geringste Brise wehte und die schwüle Wärme unerträglich wurde. Unser Zimmer, in das Georg und ich meist nur zum Schlafen kamen, lag im Inneren des Hauses. Bei der kolonialen Bauweise vieler Häuser in Montevideo gruppieren sich die Zimmer um einen mit einem aufschiebbaren Dachfenster, der »Claraboya«, bedeckten Innenhof. Unser Zimmer dagegen lag an einem vom Innenhof abzweigenden Seitengang, und auf der gegenüberliegenden Seite war die Küche, weshalb wir unsere Tür fast nie offen stehen lassen konnten. In manchen Nächte war die Hitze so stark, dass wir um zehn oder elf Uhr nachts noch mit einem Omnibus an den Strand fuhren, um dort im Freien zu übernachten.

Wir hatten inzwischen auch uruguayische Freunde gefunden, die eine ähnliche Einstellung wie wir hatten. Junge Leute, die aus der Kommunistischen Partei Uruguays ausgeschlossen worden waren, weil sie zwar mit deren Ideen und Zielen übereinstimmten, aber weder den zu jener Zeit opportunistischen Trott gegenüber einer eher konservativen Regierung mitmachen wollten, noch eine Politik, die bei der berechtigten Unterstützung des Kampfes der Alliierten gegen Hitler die Interessen der uruguayischen Arbeiter zurückstellte. Das ging so weit, dass die Kommunistische Partei bei einem Streik der Arbeiter der Gefrierfleischfabriken zum Streikbruch aufrief, da ein Schiff im Hafen lag, das Fleisch nach England transportieren sollte. In dieser Zeit wurde in der Kommunistischen Partei Uruguays, wie in vielen anderen Ländern auch, ein Personenkult praktiziert. Der Generalsekretär Eugenio Gómez wurde wie ein kleiner Stalin verehrt. Unsere Freunde, Studenten und Intellektuelle, lehnten diese Huldigung als »Inkarnation der Idee des Sozialismus« absolut ab und erst recht hielten sie nichts von der angeblichen Unfehlbarkeit des Generalsekretärs.

Wir waren ein kleiner Kreis, der sich oft in einem gegenüber dem Rathaus gelegenen Café traf, und bis spät in die Nacht diskutierten wir leidenschaftlich die Probleme des Landes und die aktuelle Situation in der Welt. Einige aus diesem Kreis waren Anarchisten, es gab absolut nichts, was ihrer Kritik standhielt. Realitäten, die ihren Ideen widersprachen, ignorierten sie olympisch; was nicht hundertprozentig und chemisch rein war, zählte nicht und war zu bekämpfen. In Montevideo war es zu dieser Zeit üblich, dass man nicht wusste, wo die Freunde wohnten, wohl aber wusste, wo und zu welcher Stunde sie ihren Kaffee oder ihren Grappa tranken. Gesellschaftlicher Treffpunkt waren die Cafés und die Bars, und die gab es an jeder Straßenecke. Einen meiner Freunde besuchte ich aber auch zu Hause. Osimani, im Finanzamt, also im Staatsdienst, tätig, geisterte nicht in fantastischen Luftschlössern herum und stand mit beiden Beinen auf der Erde. Er war verheiratet und, wenn ich zu ihm kam, gab ich öfters Beba, seiner Frau, Unterricht in Englisch und sie mir Unterricht im Tanzen. Man hatte mir gesagt, Tanzen zu können sei hierzulande von Nutzen, um Mädchen kennen zu lernen. Doch hoffe ich, Beba lernte besser Englisch als ich bei ihr das Tanzen. Denn Herzen erobert habe ich mit meiner Tanzkunst sicher nicht. Wir waren lange Zeit gut befreundet, bis Osimani bei einem Autounfall ums Leben kam.

Eine andere gute Bekanntschaft, die ich im Cafékreis machte, war Antonio Macías. Antonio war ebenfalls 1936 aus der Kommunistischen Partei ausgeschlossen worden, in deren Sekretariat er gearbeitet hatte. Er war kein Intellektueller, ging normalerweise auch gar nicht in Cafés. Er war ein Hafenarbeiter mit einer ungewöhnlichen Bildung, einer langjährigen gewerkschaftlichen Erfahrung und politischer Umsicht. Er vereinte in sich ein unbestechliches Klassenbewusstsein mit einem Fingerspitzengefühl für die vielschichtigen gesellschaftlichen Verhältnisse in Uruguay. An einer Erneuerung der KPU unter Führung von Eugenio Gómez zweifelte er. Er hielt es aber für ein sinnloses und dazu noch unfaires Unternehmen, eine neue Organisation oder Partei zu gründen. Er willigte jedoch ein, sich an der Herausgabe einer einfachen, vervielfältigten Monatszeitschrift, die wir *La Chispa* (»Der Funke«), nannten, zu beteiligen. Der Sinn dieser Zeitschrift war die Veröffentlichung von Daten und Unterlagen über die wirtschaftliche und soziale Situation in Uruguay und in der Welt, vor allem in den faschistischen »Achsenstaaten«. Zudem enthielt sie einen von Macías geschrieben Leitartikel, eine Analyse der aktuellen Probleme des Landes und eine Kritik an der damaligen nationalen (nicht der internationalen) Politik der KPU.

Die Bekanntschaft mit Macías gab mir erstmals Gelegenheit, eine uruguayische Arbeiterfamilie mit ihren Problemen persönlich kennen zu lernen bzw. eine Arbeiterfamilie überhaupt, denn in Deutschland hatte ich zwar Arbeiter bei der

Arbeit, nie jedoch in ihrem Heim und Umkreis kennen lernen können. Wir schlossen Freundschaft mit seiner ganzen Familie: mit seiner Frau, die in ihrer Jugend in einer Zigarettenfabrik gearbeitet hatte, seiner Tochter, die hinter dem Ladentisch einer Konditorei für den stets am Rande der Zahlungsunfähigkeit jonglierenden Haushalt der Familie etwas hinzuverdiente, und seinem Sohn, der neben seinem Studium Zeitungen austrug. So nahmen wir oft an den alltäglichen Nöten, aber auch an den kleinen, aber umso herzlicher erlebten schönen Momenten teil.

Als wir uns besser kennen gelernt hatten, zeigte uns Macías Gedichte, die er geschrieben hatte und wohl auf eigene Kosten hatte drucken lassen. Sie beeindruckten mich sehr. Sie waren, wie die spanischsprachigen Gedichte zumeist, in Metaphern abgefasst, im Stile der Poesie Pablo Nerudas. Aber war es in Uruguay schon für einen dem Mittelstand entstammenden Dichter ein vielleicht größeres Kunststück, seine Werke an die Öffentlichkeit zu bringen, als sie zu erdichten, so war das für einen Arbeiterdichter so gut wie unmöglich. Macías, der sich selbst als Arbeiterdichter bezeichnete, fehlten die Mittel dazu, seine Gedichte zu veröffentlichen.

Für Georg und mich stellte er in seiner Natürlichkeit und mit seiner Weltoffenheit, seiner proletarischen Konsequenz und seinem autodidaktisch erworbenen Wissen eine Persönlichkeit dar. Eine dieser Persönlichkeiten, denen man nur selten im Leben begegnet. Er war es dann auch, der mein Interesse weg von Europa und hin zu Lateinamerika lenkte. Insbesondere lernte ich von ihm das Lateinamerikanische an Uruguay zu erkennen. Das zu einer Zeit, in der die meisten Uruguayer sich Europa näher als dem eigenen Kontinent glaubten und selbst die Linke europäische Schablonen kopierte. Ich fing an, die Geschichte Uruguays zu studieren und lateinamerikanische Autoren zu lesen. Mein Kontakt mit deutschen Emigranten war dagegen minimal. Mein Interesse, Kontakt zur deutsch-jüdischen Gemeinde zu suchen, war nicht sehr groß und Interesse an einem Kontakt mit den Nachfahren der deutschstämmigen Einwanderer, die im Laufe des letzten Jahrhunderts eingewandert waren, hatte ich gar keines.

Außer einem monatlichen Besuch bei Bekannten meiner Eltern, wo ich an die gemütliche deutsche Häuslichkeit erinnerte wurde, beschränkte sich mein Kontakt auf Georg, Lothar und Chaja, mit denen ich zusammen nach Uruguay gekommen war. Zeitweise nahm ich auch mit anderen Deutschen an einem Zirkel teil, in dem wir in einer Arbeitsgemeinschaft Marxismus studierten, uns mit Astronomie oder mit modernem Englisch beschäftigten.

Georg weilte nicht lange unter uns. Kurz nachdem er eine Arbeitsstelle bei einer Reparaturwerkstatt für Autobusse angetreten hatte, dort einen Beruf erlernen konnte und eine uruguayische Freundin gefunden hatte, erlitt er einen Verkehrsunfall. Er war mit seinem Fahrrad in die Deichsel des Pferdewagens einer Bäckerei geraten. Dabei riss ihm der Zwölffingerdarm. Im Hospital Español versuchte ein Chirurg, ihn zu retten, aber alles war vergebens. Lothar, ich und andere Freunde lösten uns an seinem Krankenbett ab. Sein Körper war wie eine chemische Fabrik, voller Röhrchen und Sonden. Doch nichts an Nahrung konnte er zu sich nehmen. Von seinen über 70 Kilo Gewicht verlor er binnen weniger Wochen über die Hälfte. Nach einem Monat starb er an Entkräftung.

Der Verlust des Freundes traf uns schmerzlich, obwohl sein Tod für ihn einer Erlösung gleichkam. Doch dieser Widersinn des Schicksals! Dem Nazigefängnis und den SS-Mördern entronnen, um hier am anderen Ende der Welt diesen sinnlosen Tod zu erleiden.

Neben der Trauer hatte seine Beerdigung auf unvorhergesehene Weise aber auch etwas Heiteres. Georgs Onkel aus Buenos Aires, der ihm mit Geld ausgeholfen hatte, den wir bisher aber nie zu Gesicht bekommen hatten, bestand darauf, ihn auf einem jüdischen Friedhof zu begraben. Auf dem Friedhof in La Paz (»Der Frieden«) musste man eine Kopfbedeckung tragen. Nichts ahnend hatte ich keine Mütze mitgebracht, man lieh mir einen Hut. Es war das erste Mal, dass ich einen Hut aufhatte. Er war viel zu groß und fiel mir über die Stirn, fast bis über die Augen. Als Lothar mich kommen sah, konnte er sich vor Lachen kaum halten. Und als wir schließlich den Sarg in die Gruft hinabließen, löste sich einer der falsch umgelegten Stricke und der Sarg fiel senkrecht ins Grab. Die ganze Feierlichkeit war dahin. Wir beherrschten uns zwar, aber innerlich mussten wir doch lächeln. So nahe liegen Weinen und Lachen beieinander. Denn unsere Nerven waren nach einem Monat Wache am Bett des Sterbenden überspannt. Zudem bin ich sicher, dass Georg, der Sinn für Humor hatte, mit uns gelacht hätte.

Kurz danach forderten die aktuellen Ereignisse in Europa wieder unsere ganze Anteilnahme heraus. In Europa hatte die Wehrmacht Hitlers fast das ganze kontinentale Europa unter ihren Stiefeln, und der lang anvisierte Marsch nach Osten, die Invasion in die Sowjetunion, hatte begonnen. Mir persönlich machte vor allem Angst, dass meine Eltern noch in Deutschland waren. Seit der »Kristallnacht« im November 1938 war es offensichtlich, dass die Juden im Dritten Reich zum Freiwild Görings und Himmlers geworden waren. Ich spürte zwischen den Zeilen ihrer Briefe, die meine Eltern mir alle zwei Wochen schrieben, wie sich ihre Lage von Mal zu Mal verschlechterte. Aus ihrer kleinen Wohnung in der Hohenzollernstraße, die sie zuletzt bereits mit einem Untermieter geteilt hatten, bezogen sie im September 1941, jetzt selbst als Untermieter unter anderen Untermietern, ein Zimmer mit gemeinsamer Küchenbenutzung in der Goethestraße.

Das war natürlich nicht das Schlimmste. Das andere, was sie in den von der Zensur mit dem Hakenkreuz geöffneten Briefen nicht schreiben konnten, entnahm ich ihren zunehmend dringlicher werdenden Bitten um Hilfe zur Auswanderung. Es war die Verzweiflung angesichts der Erniedrigungen und Demütigungen, die der Beschlagnahme ihrer Habe und der Beschränkung ihrer Rechte folgten. Mein Vater, der sein Leben lang gearbeitet hatte, durfte keinem Erwerb mehr nachgehen. Das Betreten von Parks, Gaststätten, Kinos, Theatern war ihnen verboten. Einzig die Darbietungen des jüdischen »Kulturbundes« ermöglichten ihnen noch einige wenige glückliche Momente – Lichtblicke in der Finsternis.

Ihr Vermögen durften die Menschen (falls sie noch welches hatten) nicht anrühren. Sie konnten lediglich eine kleine Summe, die knapp zum Überleben reichte, monatlich von der Bank abheben. So waren meine Eltern, die nie von anderen abhängig gewesen waren, für eine eventuell sich bietende Auswanderungsmöglichkeit auf die Unterstützung von Verwandten oder Bekannten im Ausland angewiesen. Ich hatte ihnen vorgeschlagen, dass sie einen Kredit aufnehmen sollten, und mich verpflichtet, das Geld dem Kreditgeber innerhalb von zwei Jahren zurückzuzahlen. Das Geld zum Auswandern konnte ich ihnen nicht direkt übersenden, da ich selbst kaum mehr hatte, als zum Leben nötig war. Sie dachten wohl in erster Linie daran, nach Palästina auszuwandern. Dort war, nach meinem Bruder Heinz und seiner Frau Mia, im Februar 1939 auch meine Schwester Suse angekommen. Keiner von ihnen schien über Mittel zu verfügen. Heinz hatte von Fliesenleger auf Landvermesser umgesattelt, aber immer noch keine feste Anstellung, Mia führte einen Kindergarten. Suse erhielt in dem Kibbuz, in dem sie einmal im Hühnerstall, einmal im Garten arbeitete, nicht mehr als ein Taschengeld. Andere Verwandte wurden angeschrieben, eine Schwester meiner Mutter in New York, ebenso Mias Mutter, ein Vetter (ich glaube, er lebte in Amsterdam), gute Bekannte jenseits der Grenzen des Dritten Reiches. Aber von kleinen Summen abgesehen, gab es keine Zusagen. Ich zweifle nicht daran, dass damals die erst vor kurzem Emigrierten selbst schwer in ihrer neuen Heimat zu kämpfen und deshalb nichts übrig hatten. Ich frage mich aber, wieso damals die jüdischen Hilfsorganisationen nicht in den Fällen, in denen sich eine Auswanderungschance bot, das fehlende Geld beisteuerten oder wenigstens vorlegten. Wie viele Menschenleben hätten gerettet werden können?!

Im Jahre 1940 bot sich meinen Eltern Gelegenheit, mit einer Reisegesellschaft »Apala« – allerdings ohne Zertifikat – nach Palästina zu gehen. Und sie versuchten, im Ausland das dafür benötigte Geld zu erlangen. In einem Brief vom 28. Oktober 1940 schrieb mir meine Mutter, nachdem sie diesbezüglich abschlägigen Bescheid von zwei Wahlverwandten erwähnt hatte: »... wir sollten uns mal an die ›Reichsvereinigung der Juden Deutschlands in Berlin‹ wenden. Das haben wir getan. Und uns wurde von dort schon berichtet, dass nichts für uns getan werden könnte.«

Nun verfügte seinerzeit die »Reichsvereinigung« gewiss kaum über eigene Mittel, doch sicherlich über Beziehungen zu den entsprechenden Hilfsorganisationen im Ausland, und gerade von da sollten die nötigen Devisen ja kommen. Auf mein Anraten hin stellten sie, nachdem sie es schon mit Chile und Bolivien versucht hatten, Anfang 1941 einen Einwanderungsantrag in Uruguay. Das scheiterte wiederum am Geld. Um das Visum zu erhalten, mussten 2.000 US-Dollar bei der Staatsbank in Montevideo zinslos für zwei Jahre als Depot hinterlegt werden. Aber wer gab das auch nur als Kredit, selbst wenn ich mich verpflichtete, die Zinsen zu ersetzen? Ich versuchte es anders herum. Ich wusste, dass man in diesem Lande alles oder fast alles entweder mit Geld oder aber über politische Beziehungen zu einer der beiden traditionellen Parteien erreichen konnte.

Ein Bekannter führte mich in einen Club der regierenden Colorado-Partei ein (eine der beiden traditionellen konservativen Parteien) und stellte mich dem Caudillo, dem Parteiführer, vor. Er klopfte mir auf die Schultern: »Guter Freund! Natürlich, wir sind ja zum Helfen da.« Gegen meine innerste Überzeugung nahm ich an den Sitzungen und einigen Aktivitäten des Clubs teil. Der Caudillo hatte versprochen, sich um den Einwanderungsantrag meiner Eltern zu kümmern. Sein Einsatz kann jedoch nicht groß gewesen sein.

Die Clubs der Colorados, wie die der Blancos, taten ihren Anhängern den einen oder anderen Gefallen, eine Anstellung im staatlichen oder städtischen Dienst, zuweilen auch die Gewährung einer Pension, auf die man normalerweise viele Jahre warten musste. Nur hatte ich eins dabei vergessen: Als Gegenleistung erwartete der Caudillo die Stimme vom Begünstigten und seiner Familie bei der nächsten Wahl, und ich, längst noch nicht Staatsbürger, hatte keine Stimme bei diesem Geschäft anzubieten. Und bloße Gefälligkeit, nur aus menschlichem Mitgefühl, war von einem »traditionellen« Politiker gewiss zu viel verlangt.

Vielleicht aber hätte ich doch mehr tun können, um meine Eltern freizubekommen. Vielleicht hatte ich nicht alle Möglichkeiten, Geld zu besorgen, Beziehungen spielen zu lassen, bis zum Letzten ausgeschöpft. Jahre danach, als mir das Schicksal meiner Eltern im Holocaust bewusst wurde, machte ich mir Vorwürfe. Hatte ich mich nicht damals mit der trügerischen Hoffnung auf ein Wiedersehen nach dem Krieg belogen? Einem Krieg, von dem ich wohl ahnte, dass er für Hitler verloren war, nicht aber, dass er zur »Endlösung«, zum gnadenlosen Massenmord fast aller Juden Europas, mit Ausnahme der Juden in der Sowjetunion, führen würde. Schrieb nicht meine Mutter in einem ihrer letzten Briefe, Ende 1941, als sie schon, völlig entmutigt, begriff, dass ihre Auswanderungschancen auf Null gesunken waren, und sie sich nicht mehr konzentrieren konnte, weiter Spanisch zu lernen: »... ich habe immer noch die Hoffnung, dass es doch noch mal ein Wiedersehen für uns geben wird.«! Eine Hoffnung auf ein Wiedersehen, dessen zu vertrauensselige Erwartung meine Bemühungen, ihnen aus der verzweifelten Lage herauszuhelfen, lähmte. Ein Wiedersehen, das es nicht mehr geben sollte.

Liebesmühen und Liebesglück

In einem zerfledderten Heft fand ich unter dem Datum 19. April 1939 diese Tagebuchaufzeichnung:

»Sie ist nicht das erste Mädchen, das ich im Park gesehen habe, aber alle anderen ließen mich kalt.« Oder erweckten höchstens den Gedanken, es wäre doch schön, einmal mit ihnen auszugehen. Aber das waren Blitzlichter. Flammten auf und verloschen. Es war bei einem Konzert im Park Rodó in Montevideo. Im Pavillon am See spielte das Orchester erbärmlich schlecht. Grund genug, sich mit anderem zu beschäftigen. Mit ihrer Freundin stand sie keine zwanzig Schritt von unseren Stühlen entfernt am Rande des Sees. Das junge, gleichmäßig geschnittene Gesicht, die langen, braunen Haare, der unsentimentale, ein wenig kindlich fragende Gesichtsausdruck waren mehr als nur schön. Sie war schlicht gekleidet, ungeschminkt, weder Fingernägel noch Augenbrauen bemalt, und das war nicht üblich in Uruguay. Ich fühlte plötzlich das Bedürfnis, einmal auszuruhen von der Ruhelosigkeit der letzten Jahre. Ich stellte mir vor, wie schön es wäre, nicht mehr allein, sondern zu zweit zu leben. Und nun stand das Mädchen meiner Träume vor mir. Atmete, sprach, lebte. Sie sah mich und ich sie. Aber zwischen uns lagen zwanzig Schritt, unsere Fremdheit und der ganze von der spanischen Kultur geprägte Sittenkodex. Ich wusste nicht, was ich tat, als ich ihr folgte. Sie musste es merken. Sie merkte es. Ich kam mir elend vor, als mir mein Benehmen bewusst wurde. Aber was kann man in dieser Gesellschaft anderes tun, um jemand kennen zu lernen? Alle machten es so. Der Park Rodó hatte bereits einen entsprechenden Ruf. Das eben war das Beschämende: Ich handelte so wie alle. Was machte es da für einen Unterschied, dass ich verliebt war? Das konnte sie nicht wissen und gerade an ihrem Urteil war mir gelegen. Trotz der Bedenken, ich konnte nicht anders. Ich folgte ihr. Jetzt, da ich mich aus der Distanz eines halben Jahrhunderts wieder erinnere, muss ich lächeln. Es klingt so melodramatisch. Wie unbeholfen muss ich damals gewesen sein! Wie unerfahren!

Nein! Damals war ich verzweifelt. Mochten andere Emigranten deprimiert gewesen sein, weil sie ihr Hab und Gut, ihren gesellschaftlichen Status verloren hatten und in fortgeschrittenem Alter noch einmal von vorn anfangen mussten oder weil sie in Europa einen akademischen Titel erworben hatten, hier aber als Würstchen- oder Fruchteisverkäufer durch die Straßen ziehen mussten. Für mich war das Schwierige des Exils, dass ich in ein fremdes Milieu versetzt, mich als Mensch und Mann nicht zurecht fand. In Europa waren wir immer in meinem Kreis Jungen und Mädchen gewesen, in Deutschland und auch in Jugoslawien auf der Pusta Golenic. Hier kam ich, bei der Arbeit oder in der Caférunde, nur mit männlichen Wesen zusammen.

Zudem war seinerzeit in Uruguay noch der strenge, in der spanischen Kolonialzeit entstandene Sittenkodex allgegenwärtig. Ein Mädchen »aus gutem Hause« ging nicht alleine aus, allenfalls zum Fleischer an der Ecke. Ging sie einmal ins Kino oder in den Park spazieren, so stets in Begleitung der Mutter, einer Tante, einer älteren Schwester oder im äußersten Falle mit einer zuverlässigen Freundin. Andernfalls kam sie in den Verruf ein leichtes Mädchen zu sein.

Die jungen Leute in Uruguay hatten sich an diese Konventionen zu halten. Natürlich hatten die jungen Uruguayer in ihren Kreisen mehr Möglichkeiten, Bekanntschaften mit Mädchen zu schließen. Aber hatten sie einmal eine Schöne auserkoren, so durften sie ihr Mädchen nur zu Hause besuchen und ihr im Vorgarten oder vor der Haustür Artigkeiten zuflüstern, vielleicht auch ein verstecktes Küsslein geben, stets aber unter den wachsamen Augen eines älteren Familienmitglieds. Vielleicht konnte er auch mit ihr ausgehen, aber dann selbstverständlich von einer Vertrauensperson der Familie begleitet und nur zu einer Karnevalvorstellung oder zu einem Tanzabend. Hielt der junge Mann das eine ausreichende Zahl von Jahren durch, so mochte das Geduldsspiel mit der Hochzeit enden. In der Zwischenzeit ging er entweder »leichteren Programmen« nach oder einfach in eines der Häuser mit dem roten Licht in der Haustür, ins Bordell. Gewiss gab es auch Mädchen und Frauen, berufstätige zumeist, die freier waren und weniger Vorurteile hatten. Doch war das damals eine Seltenheit. Einer meiner Café-Freunde, der »Hagere Landoni«, wollte mich unterrichten, wie ich zu einer Freundin käme. »Du musst den Frauen *piropos* nachrufen.«

Komplimente machen ist dafür kaum die zutreffende Übersetzung, eher vielleicht noch Albernheiten nachrufen. Mir zumindest kamen die, die er mich lehrte, höchst kindisch und lächerlich vor. »Schau! Welch vollkommenes Abbild meiner heißesten Träume!« »Welche Glückseligkeit, hätte ich eine so prächtige Blondine wie dich!« Ein ganzes Lexikon dieser blöden *piropos* brachte er mir bei. Tatsächlich hatte ich beobachtet, wie am Abend auf dem Boulevard des 18. Juli, der nach dem Datum der Unabhängigkeit Uruguays im Jahre 1825 benannten Hauptstraße im Zentrum von Montevideo, die Kavaliere Spalier standen und den vorbei defilierenden Mädchen und Damen solche *piropos* nachriefen. Einige reagierten überhaupt nicht, andere wendeten den Kopf – meiner Meinung nach, um zu sehen, wer dieser Idiot sei. »Das hat nichts zu sagen«, erklärte mir der »Hagere Landoni«, »es gefällt den Frauen. Auch wenn sie es nicht zeigen. Man muss nur beharrlich sein, es immer wiederholen, dann bahnt sich mit der Zeit so oder so ein Verhältnis an.«

Ich bin nicht die Person, darüber zu befinden, ob er Recht hatte oder nicht. Bei mir jedenfalls funktionierte es nicht. Einmal, es war auch im Park Rodó, wandte ich bei einem Mädchen so ein gelerntes Sprüchlein an. »Hauen Sie ab, Sie Scheißrusse!« war die erzürnte Antwort der Schönen. Mit meinem harten Spanisch – so war ich unfähig, melodisch das R zu rollen – und meinen wenig graziösen Manieren musste die Methode des »Hageren Landoni» scheitern. Ich wandte sie auch nicht mehr an. Dabei war er ernsthaft darum bemüht, mir eine Freundin zu verschaffen.

»Weißt du, vielleicht versuchst du es mal so: Du freundest dich mit deinem Lebensmittelhändler an« – damals gab es an jeder Straßenecke einen Tante-Emma-Laden – »und dann lungerst du immer vor seinem Ladentisch herum. Wenn dann die Mädchen die Besorgungen für den Haushalt ihrer Familie machen, mischst du dich ins Gespräch zwischen dem Verkäufer und der Kundin ein. Da kann man über Kochrezepte und Fragen des Geschmacks und anderen Hausklatsch reden. Du wirst sehen, nach ein paar Monaten bahnt sich da was an.«

Er war tatsächlich ehrlich besorgt um mich, der »Hagere Landoni«. Aber sei es, dass ich, der ich arbeiten musste, nicht die nötige Zeit und weniger noch die Geduld für seine Methoden aufbringen konnte, sei es, dass ich dazu zu schüchtern war, seine Ratschläge halfen mir nicht weiter.

Ich brauche wohl auch nicht zu erwähnen, dass mit jenem Mädchen im Park Rodó, das am 19. April 1939 in mein Tagebuch einging, und in die ich wirklich – wenn auch nur auf den ersten Blick –verliebt war, nichts wurde. Ich hatte Pech. Als ich sie eingeholt und den Mut gefasst hatte, sie – ohne *piropos!* – anzusprechen, erschien auf der Bildfläche eine ältere Frau, ihre Mutter wahrscheinlich. Sie hatten gemerkt, dass ich ihnen gefolgt war, drehten sich nach mir um und sahen mich mit einem so erschreckten und bösen Blick an, dass ich mich zu nichts mehr traute. Zur Karnevalszeit versuchte ich es dann noch mit Tanzen. Ich ging zu einem Faschingsball. Aber kein Mädchen tanzte mehr als ein Mal mit mir. Auch dazu war ich zu schwerfällig. Meine Tanzstunden bei Beba, der Frau von Osimani, hatten nicht gefruchtet. Ruhelos wanderte ich durch die Parks oder die Rambla, die Küstenstraße am Río de la Plata, entlang. Mit heißem Kopf und fiebernden Gedanken. Aber nicht auf den Straßen oder in den Parks von Montevideo sollte ich meine erste verheißungsvolle Bekanntschaft machen. Ohne verkrampfte Entdeckungsreisen ergab es sich wie von selbst.

In der Werkstatt der Dieseltriebwagen »Ganz« war ich, als diese wegen Umstrukturierungen stillgelegt werden musste, zur Verwaltung der Material- und Werkzeugausgabe versetzt worden, und so oft mir diese Tätigkeit freie Zeit ließ, half ich Lantos, dem ungarischen Elektrotechniker, bei seiner Arbeit. Wir freundeten uns an, und da Lantos auch bei sich zu Hause als Nebenverdienst gelegentlich Elektrikerarbeiten ausführte, ging ich ihm auch dort zur Hand. Eines Tages heiratete er und lud mich zu seiner Hochzeit ein. Die meisten Gäste waren Ungarn und ältere Leute. Doch da war auch ein uruguayisches Mädchen und die gefiel mir.

Wie das bei solchen Gelegenheiten üblich ist, machte der bestellte Fotograf schließlich eine Gruppenaufnahme von der ganzen Gesellschaft. Ich kam dabei

Der Vater Ludwig Kroch

Die Mutter Elly Kroch, geb. Voss

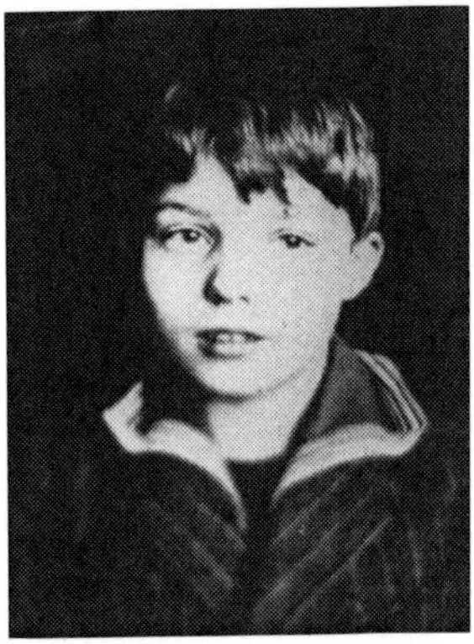
Im Alter von 7 oder 8 Jahren

In Jugoslawien

Die »Kameraden«-Gruppe in einer Hütte im Riesengebirge im Winter 1930 oder 1931. Der Zweite von rechts bin ich, der Erste Uli. Die Dritte von links ist Ruth – später als »Marianne« in der Illegalität.

Im Juni 1989 besuchte ich das KZ Lichtenburg, in dem ich 1936/37 in einer der Zellen im unteren Stock, zusammen mit acht anderen Häftlingen, inhaftiert war.

Sozialwohnungen, die vom »Comité Popular del Barrio Sur« erkämpft wurden. In den Fenstern Fähnchen der Frente Amplio für die Wahlen im November 1984.

In Montevideo, ca. 1978

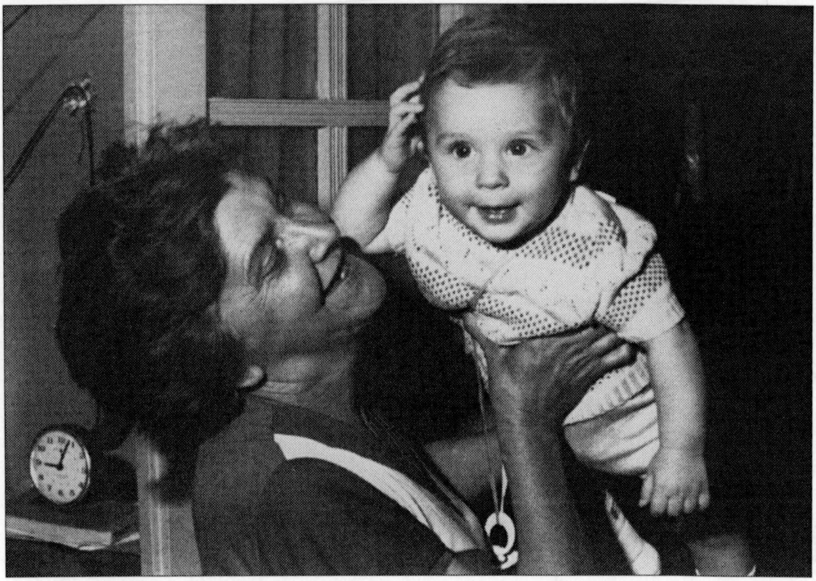

Coca und unser Enkel Martín, nachdem Peter und Nelly verhaftet worden waren und die Polizei ihn zu uns gebracht hatte.

Mein Sohn Peter mit kurz geschorenem Haar, kurz nach seiner Entlassung 1982 aus dem Militärgefängnis von Libertad

Mit Arbeitskollegen. Rechts unser Chef, Ingenieur Walter Barreto

Das Gewerkschaftshaus der Metallarbeiter – November 1984 wurde es, noch unter der Militärdiktatur, durch ein Gerichtsurteil der Gewerkschaft zurückgegeben.

Meine Tochter Elly und ihr Mann Yuyo gehen mit ihren Kindern zur Kundgebung am 1. Mai 1983, noch unter der Diktatur.

Nach zehn Jahren fand 1983 vor dem Parlament wieder eine Mai-Kundgebung statt.

Peter wird von seiner Schwester Elly bei seiner Rückkehr aus dem Exil in Venezuela am Flughafen von Montevideo empfangen.

Begrüßung der letzten politischen Gefangenen der Diktatur bei ihrer Freilassung vor dem Polizeipräsidium im März 1985

Feva unter dem Vordach unseres Hauses beim »Kochtopfkonzert« gegen die Annahme des »Militäramnestiegesetzes«.

Im Garten unseres Hauses in Montevideo im Januar 2004

neben Irma, dem uruguayischen Mädchen, zu stehen. Wir standen in zweiter Reihe. Und als das Blitzlicht aufleuchtete, führte eine magnetische Anziehungskraft unsere beiden Hände zusammen, und ich drückte die ihre fest und herzhaft. Von da an begannen wir, uns zu treffen und kurze Spaziergänge in der Stadt zu machen. Wohlverstanden: ich mit ihr, ohne die obligatorische Begleitperson. Sie war nicht aus Montevideo, sondern aus der Nachbarprovinz Canelones und wohnte in Montevideo bei einer Tante, die allerdings nicht wusste, dass Irma sich mit mir hin und wieder traf. Ich schloss aus dem Umstand, dass Irma – sie mochte etwa zwanzig sein – liberalere Anschauungen als der uruguayische Prototyp ihres Geschlechts hatte. Aber ich sollte mich geirrt haben.

Als sie in ihren Heimatort zurückkehrte, hielten wir einen wöchentlichen Briefverkehr aufrecht. Aus ihren Briefen ersah ich, dass sie so anders nicht war als die meisten der hiesigen Mädchen, streng katholisch erzogen und mit dem Lebensziel Heirat. Sie kritisierte, dass ich einen Brief mit »Meine liebe Irma« eingeleitet hatte. Das schicke sich nur für Ehegatten, was stimmen mochte. Sie hieß mich einen »Schelm«, weil ich es gewagt hatte, sie nach einem Spaziergang zu mir nach Hause, in ein Zimmer in einer Familienwohnung, einzuladen. Sie glaubte nicht, ich könnte sie aufrichtig lieben, denn: »Du müsstest die Frauen deiner Heimat lieben.« Die Korrespondenz schlief nach und nach ein. Nur mit Feva habe ich noch einmal »Liebesbriefe« ausgetauscht – und das über einen Ozean hinweg. Aber das ist etwas anderes, wir hatten uns wirklich etwas zu sagen. Übrigens bekam ich Feva damals erstmals zu Gesicht. Ohne zu ahnen, dass sich vier Jahrzehnte später unsere Lebenswege noch einmal kreuzen, und mehr als kreuzen, dass sie sich vereinigen sollten. Sie war in einer dem »Antifaschistischen Deutschen Komitee« in Montevideo angeschlossenen Jugendgruppe Mitglied, und ich war während der Zeit des Krieges in eben diesem Komitee tätig. Ihm gehörten schon länger in Uruguay ansässige deutsche Arbeiter an, vor allem aber deutsche Emigranten, weniger politisch Verfolgte wie ich, die meisten waren so genannte »rassisch Verfolgte«, d.h. Deutsche jüdischer Herkunft. Wir arbeiteten mit der »Acción Antinazi del Uruguay« zusammen, einer Hilfsorganisation, die für die alliierten Truppen, die gegen die Naziwehrmacht kämpften, Gelder sammelte, Kleider nähte und Verbandszeug präparierte. Je nach Belieben des Spenders für England, die USA, Frankreich oder die UdSSR.

Vom Krieg selbst bekamen wir in Südamerika nur wenig mit. Im ersten Kriegsjahr, am 17. Dezember 1939, konnte ich vom Cerro aus, dem Berg, dem Montevideo seinen Namen verdankt, beobachten, wie der deutsche Panzerkreuzer »Graf Spee« explodierte. Nach einer Seeschlacht mit drei englischen Kriegsschiffen hatte sich der so genannte Taschenkreuzer, der wegen seiner Wendigkeit, Schnelligkeit und der Reichweite seiner Kanonen berühmt-berüchtigt war, in den Hafen des zu dieser Zeit neutralen Uruguays geflüchtet. Der Kapitän der Graf Spee, Hans

Langsdorff, versuchte hier sein schwer beschädigtes Schiff reparieren zu lassen. Etwas, was die Engländer, die großen Einfluss auf die uruguayische Regierung hatten, aber zu verhindern wussten. Langsdorff entschied sich, gegen die Anweisungen aus Berlin, die Graf Spee in der Hafenausfahrt von Montevideo zu versenken und so unnötiges Blutvergießen zu vermeiden. Von alledem wussten wir damals wenig. Weit hinten am Horizont sah man die englischen Zerstörer auftauchen, die der Graf Spee die Ausfahrt aus dem Río de la Plata versperrten. Später erst erfuhren wir, dass die Mannschaft der »Graf Spee« vor der Sprengung in Booten das Schiff verlassen hatte. Ein Matrose des Panzerkreuzers arbeitete später in der gleichen Metallwerkstatt wie ich. Er war ein ziemlich ahnungsloser Junge, der nicht viel mehr als gehorchen gelernt hatte, aber hier taute er allmählich auf: Wie viele andere aus der Mannschaft des deutschen Kriegsschiffs blieb er am Río de La Plata und heiratete später eine Uruguayerin.

In jener Zeit waren all unsere Sinne auf den Krieg, vor allem auf den Krieg an der Ostfront gerichtet, und jeden Tag verfolgten wir auf der Landkarte die Bewegung der Gefechtslinien. Wir wussten sehr wohl, dass dort die Zukunft Europas – und möglicherweise auch der Welt – entschieden wurde.

Doch auch für mich persönlich sollte sich in jenen Tagen Wichtiges in meinem Leben entscheiden. Ich lernte die Schwester eines meiner uruguayischen Freunde kennen. Coca war in Treinta y Tres, der Hauptstadt der im Norden Uruguays gelegenen gleichnamigen Provinz, geboren, vor kurzem nach Montevideo gekommen, arbeitete hier in einer kleinen Schneiderwerkstatt und wohnte bei der Familie ihres Bruders Adémar.

Aufgewachsen in einer Familie des ländlichen Mittelstandes, war sie auf die katholische Oberschule, »das Nonnenkollegium«, wie sie es nannte, gegangen, obwohl ihr Vater überzeugter Freidenker war. Doch traditionsgemäß oblag die Erziehung der Kinder der Mutter. Immerhin hatte sie während des spanischen Bürgerkriegs an Studentendemonstrationen für die Republikaner teilgenommen. Sie verstand sich gut mit ihrem anderen Bruder Quitito, damals noch in Treinta y Tres ansässig, der seiner Mentalität nach zum Anarchismus neigte. Jedenfalls hatte Coca einen weiteren Horizont als andere Mädchen, die ich kennen gelernt hatte und nach Beba, der Frau von Osimani, war sie die Erste, mit der ich über alles offen reden konnte.

Von da an besuchte ich Adémar immer öfter und blieb auch immer länger, manchmal bis in die späte Nacht hinein. Dann begann ich, Coca von der Arbeit abzuholen und nach Hause zu begleiten. Schließlich lud ich sie ins Kino ein, und bei einer Vorführung – es war »Mutter Erde« mit Paul Muni – trafen sich unsere Hände. Damit war unsere Liebschaft besiegelt. Endlich also hatte ich eine Freundin gefunden, so wie ich sie mir erträumt und gesucht hatte. Ohne *piropos* und ohne vor einem Tante-Emma-Laden herumlungern und nachbarschaftlichen

Klatsch pflegen zu müssen. Wir trafen uns nun fast täglich. Oft begleitete sie mich ins »Antifaschistische Deutsche Komitee« und nahm dort an den Näharbeiten und der Herstellung von Verbänden für die sowjetischen Soldaten und die jugoslawischen Partisanen teil. Unsere »Brautschaft« währte nicht lange. Beide hatten wir Eile. Nicht wegen Nachwuchs, der kam erst 14 Monate später. Coca war es jedoch leid, mit ihrem Bruder in der Enge einer kleinen Wohnung mit dessen zwei Kindern ein Zimmer zu teilen. Und auch ich war meiner Einsamkeit überdrüssig. Fast fünf Jahre war ich nun im Land, und immer noch trieb ich wie ein steuerloses Schiff ohne festen Kurs umher. Ich sehnte mich nach einer Familie. Wir heirateten an einem frühlingshaften Septembertag im Jahr 1944, als die deutschen Divisionen an die Weichsel zurückgewichen und kurz nachdem Paris gefallen war. Allerdings gingen wir nur zum Standesamt, geistlichen Segens meinten wir entbehren zu können. Cocas Eltern in Treinta y Tres hatten ihr Einverständnis gegeben. Die Mutter war nicht gerade begeistert, dass ihre Tochter sich ausgerechnet mit einem gewöhnlichen »Blechehämmerer«, dazu noch einem »Gringo«, einem Ausländer, eingelassen hatte. Quitito, von seiner Schwester und seinem Bruder Adémar aus Montevideo unterrichtet, dass ich weder rauchte noch trank und auch kein Frauenheld war, rief, an so viel Tugendhaftigkeit zweifelnd, aus: »Dann ist's ein Schwuler!« Was kümmerte es uns, unser Beschluss war gefasst und wir waren glücklich damit. Wir feierten die Hochzeit im Appartement von Lothar und Chaja nur mit den vier Trauzeugen bei Kaffee und Kuchen. So einfach machten wir uns die Sache. Zu mehr hätte es allerdings sowieso nicht gereicht. Eine Wohnung zu mieten ging über unsere Verhältnisse. Wir bezogen ein Zimmer in der Straße Cebollatí, im Süden der Stadt, nahe dem Río de la Plata und auch in der Nähe meiner Arbeitsstelle gelegen. Ich hatte eine neue Arbeit in einer kleinen Werkstatt gefunden, die Heizanlagen installierte. Bei der Eisenbahn hatte man mich entlassen, nachdem die Werkstatt und der Service definitiv in die Hände des Staates übergegangen waren und im November 1942 Wahlen bevorstanden. Allen, die nicht Staatsbürger waren, wurde gekündigt, und an ihrer Stelle wurden Arbeiter eingestellt, die von irgendeinem, den Herren Verwaltungsdirektoren nahe stehenden Colorado- oder Blanco-Club empfohlen worden waren und ihre Stimme für deren Kandidaten abgeben konnten. Mein neuer Chef war ein Ungar, der mit einer Uruguayerin verheiratet war. Don Julio war zuvor selbst Arbeiter gewesen, als Heizungsinstallateur sogar Sekretär seiner anarchistischen Gewerkschaft. Um nicht ausgebeutet zu werden, hatte er sich selbstständig gemacht und, da er sein Handwerk gut verstand, es rasch zu etwas gebracht.

Als ich bei ihm zu arbeiten anfing, hatte er bereits zwei Facharbeiter angestellt, aber noch keine eigene Werkstatt. Da er zugleich in dem modernsten Kino Montevideos, dem »Trocadero«, zur Wartung der Klimaanlagen angestellt war, benutzte er einen der großen Luftschächte unterhalb des Zuschauerraums als seine Werkstatt. Während meine beiden Arbeitskollegen meist auf Arbeit in der Stadt unterwegs waren, hantierte ich dort unter dem Kinosaal in jenem Luftschacht mit dem wenigen Werkzeug, das Don Julio damals besaß. Gab es eine Nachmittagsvorführung, kam der Portier herunter, nahm mir den Hammer aus der Hand und ersuchte mich, keinen Krach zu machen. »Man hört es im Saal oben.« Mein Verdienst war immer noch recht schmal. »Allmählich wirst du dahin kommen, das zu verdienen, was dir zusteht«, tröstete mich mein Chef. Damals herrschte eine hohe Arbeitslosigkeit, weil viele Materialien für die Industrie nicht mehr aus dem Krieg führenden Europa oder Nordamerika geliefert wurden. So musste ich mit Don Julios Werkstatt und seinen Argumenten vorlieb nehmen. In dem Zimmer in der Cebollatí blieben wir nicht lange. Bei der gemeinsamen Küchenbenutzung gab es fast jeden Tag Probleme, und die Hauptmieterin, eine kugelrunde alte Ungarin – überall liefen mir Ungarn über den Weg –, machte Coca, die von der Ungarin »die große Madame« genannt wurde, weil sie nicht auf ihren nachbarschaftlichen Klatsch einging, das Leben – oder zumindest das Kochen – schwer. Kurz nachdem unsere Tochter Sonja Elly geboren wurde, zogen wir um. Im gleichen Stadtviertel gelegen, konnten wir auf der so genannten »Isla de Flores« (der Insel der Blumen) in eine Zweizimmerwohnung ziehen. Diese Wohnung hatte allerdings keine Fenster, weil sie nach dem Innenhof ausgerichtet war. Es gab nur ein Dachfenster. Wie bei vielen Gebäuden im Stadtteil »Barrio Sur« (Stadtteil Süd) reihten sich an einem langen Korridor, der auf die Straße zuging, Tür an Tür die Appartements, je zwei davon nur durch eine etwa zwei Meter fünfzig hohe Zwischenmauer getrennt, aber unter demselben Dachfenster in etwa vier Metern Höhe. Wohnungen für arme Leute. Aber immerhin waren wir hier unter uns. Vor Einbrechern brauchten wir uns nicht zu fürchten. In einem der Appartements wohnte ein »Professioneller«, der darauf achtete, dass in seiner Umgebung nichts Gesetzwidriges geschah. So war es hier weder vonnöten, die Haustür noch die Wohnungstür abzuschließen. Tag und Nacht blieben sie offen, und nie wurde jemandem etwas gestohlen. Der gute Mann kam zwar öfters mal hinter Gitter, aber nie für lange Zeit. Er hatte einen guten Rechtsanwalt. Und seine Familie, Frau und Tochter, waren gute und angesehene Nachbarn. Dort in Isla de Flores wurde auch unser Sohn Peter geboren. Hatte ich bei der Geburt von Elly der Hebamme noch geholfen, so musste ich jetzt die zweijährige Elly in der Küche zurückhalten, denn als sie ihre Mutter schreien hörte, wollte sie mit aller Macht zu ihr ins Zimmer, um Doña Maria, die Hebamme, die sie sicherlich quälte, wie Elly meinte, anzuspucken und rauszuwerfen.

Hier erlebten wir auch das Kriegsende. Am 2. Mai 1945, als Berlin dem Ansturm der Roten Armee erlag, war Montevideo ein einziges Fest. Unübersehbare Menschenmassen füllten den »18 de Julio« und feierten den Sieg über Nazideutschland. Ein kleiner Zwischenfall brachte jedoch die »Metropolitana«, die berittene Polizei, auf die Beine. Die Tageszeitung *El Día* hatte, den kalten Krieg vorwegnehmend, statt der üblichen vier Fahnen der Alliierten nur die drei Fahnen der USA, Englands und Frankreichs ohne die der Sowjetunion herausgehängt. Sie wurde von einigen jungen Leuten, die in die Redaktion eindrangen, dazugehängt. Daraufhin wollte die Metropolitana die große Demonstration auf dem »18 de Julio« auflösen und ritt, wie wild auf die Menschen einschlagend, die Straße entlang. Wo sie es rechtzeitig konnten, stoben die Leute auseinander, retteten sich auf die Bürgersteige und in die Seitenstraßen, nicht ohne den wilden Reitern »Gestapo« und »Nazis« nachzuschreien. Wir hielten ein Transparent mit der Aufschrift »Das Antifaschistische Deutsche Komitee an der Seite des uruguayischen Volkes für den Sieg über den Faschismus«. Der lange Text nahm die ganze Breite der Hauptstraße ein. Als nun die Polizei angeritten kam, konnten wir nicht ausweichen. Wahrscheinlich zogen die einen an der linken Transparentstange nach links und wir an der rechten nach rechts. Das einzige, was wir machen konnten, war, die Stange so hoch zu halten, dass der herangaloppierende Polizist mit seinem Pferd darunter durchkonnte. Doch der, statt sich zu bücken, wollte mit seinem gezückten Säbel das Transparent unbedingt zerschneiden. Die Leinwand riss aber nicht ein, sondern zog nachgebend die Stangenträger, Coca und mich, auf den Polizisten zu. Coca, schon am Körper des Pferdes, wurde in letzter Minute von einem Freund zurückgerissen, sonst wäre sie unweigerlich unter die Hufe des Tieres gekommen. Dem Reiter muss aber klar geworden sein, dass, wenn wir die Stange losgelassen hätten, sie ihm an den Kopf geprallt wäre. Er ließ von seinem Vorhaben ab und ritt gebückt unter der Leinwand hindurch. Coca und mir, immer noch an die Transparentstange geklammert, saß der Schreck noch in den Gliedern, als wir heimfuhren. Alles das schweißte uns umso mehr zusammen.

Keine Zeit für die Familie

Jahre der Arbeit und viele Freundschaften hatten mich vom Emigranten zum Immigranten werden lassen. War ich überhaupt noch Deutscher? War ich nicht inzwischen, mit gewissen Einschränkungen, zum Uruguayer geworden? Obwohl ich mich in meiner neuen Heimat eingelebt hatte, sehnte ich mich noch lange nach Deutschland zurück. Dort, so glaubte ich, wäre mein Platz. Hatte das Opfer meiner Jugendjahre einen Sinn gehabt, dann musste ich dort fortfahren, wo mein Leben und mein Einsatz im Widerstand gegen den Faschismus und für den Sozialismus so jäh unterbrochen worden waren. Nun war der Krieg jedoch anders ausgegangen, als wir es uns vorgestellt hatten. Der Nationalsozialismus war nicht von innen heraus besiegt, Hitler nicht von Deutschen gestürzt worden. Im Gegenteil, bis zum Letzten hatte er die Mehrheit des Volkes zum Komplizen gehabt. Freiwillig, fanatisiert oder erpresst: Die große Mehrheit der Deutschen war mitmarschiert und wurde nun zum Spielball der Entscheidungen der Sieger. Im Westen vor allem der Amerikaner, im Osten der Sowjets. Dort wenigstens, also im Osten Deutschlands, so erschien es mir, würde jetzt etwas von dem verwirklicht, wofür wir gekämpft hatten: zuerst die Ausrottung des antihumanistischen Geistes des Nazismus und später sicherlich der Sozialismus. War die sowjetisch besetzte Zone zunächst weniger aus ideellen denn aus Gründen der Absicherung der Sicherheit der UdSSR und aus machtpolitischen Gründen heraus entstanden, so verhieß es doch für uns einen viel versprechenden historischen Neubeginn, und dazu wurden gewiss alle Deutschen gebraucht, die im Widerstand gegen Hitler gestanden hatten.

Für mich war klar, dass ohne den Einsatz der noch überlebenden deutschen Antifaschisten an eine Umerziehung, eine Ausmerzung des tief eingedrungenen barbarischen Ungeistes und an die Bildung eines solidarischen und friedliebenden Bewusstseins ebenso wenig zu denken war wie an einen Aufbau eines deutschen Arbeiter- und Bauernstaates. Ich sollte mich täuschen. Zumindest was mich anbetraf. Ich wurde nicht gebraucht. Wiewohl ich – und Coca mit mir – bereit war, in das Trümmerfeld östlich der Elbe zurückzukehren und mit Hand anzulegen beim materiellen und geistigen Wiederaufbau eines Teils meiner Heimat, nahm man keine Notiz davon. Wir hatten einen Antrag über das sowjetische Konsulat in Montevideo eingereicht und ein Nest in Sachsen als Wohnsitz angegeben. Dort wohnte der Vater eines Freundes. Er war dort Bürgermeister und bereit, uns vorerst Unterkunft zu geben. Wir erhielten nie eine Antwort. Einigen Freunden – allerdings wenigen – von uns gelang die Rückkehr. Das Misstrauen gegen alles, was aus dem Westen kam, war jedoch derart stark, dass nur Auserwählte die Zuzugsgenehmigung erhielten. Mein Freund Lothar und Chaja versuchten es sogar von Westberlin aus, aber ebenfalls ohne Erfolg. So war, ob ich nun wollte oder nicht, mein künftiger Lebensweg vorgezeichnet: Uruguay war endgültig meine neue Heimat. Das wurde es auch für Tausende von anderen Flüchtlingen und Verfolgten. Als Zufluchtsstätte von Kriegsverbrechern und Nazigrößen war es wegen der gefestigten Demokratie im Land allerdings ungeeignet. Diese Art von Flüchtlingen kam eher in Argentinien, Paraguay, Brasilien und anderen Ländern unter.

Doch das Leben in Uruguay war mühevoll. Mein Lohn war, wie der aller Arbeiter im Land, äußerst dürftig. Mit zwei kleinen Kindern konnte Coca nicht arbeiten, Kindergärten gab es nur wenige, und die waren für uns unbezahlbar. Ich machte Überstunden. Arbeit gab es genug, und das war für mich die einzige Chance, unseren Haushalt einigermaßen über Wasser zu halten. Zehn, zwölf oder auch vierzehn Stunden täglich zu arbeiten war aber auf Dauer nicht nur für die Gesundheit schädlich, sondern auch für das Familienleben. Zur der vielen Zeit, die ich auf der Arbeit verbrachte, kam hinzu, dass ich kurz nach dem Krieg in die Kommunistische Partei Uruguays eingetreten war. Nicht weil ich hundertprozentig mit ihrer Politik übereinstimmte, sondern weil sie nach einer Kurskorrektur die einzige politische Kraft war, die sich – recht oder schlecht – für die Belange der Arbeiter und für eine Welt ohne Atombomben einsetzte. Ich glaube nicht, dass ein denkender Mensch je in allem und jedem mit einer sozialen oder politischen Organisation übereinstimmen kann. Will er aber nicht ein steriler Skeptiker auf einsamen Posten bleiben, fühlt er die Verantwortung, sich für das, was er erstrebt, einzusetzen, so muss er sich in Gemeinschaft begeben, zusammen mit anderen ähnlichen Sinnes vereint tätig werden. Und für mich war der Sozialismus, die Vergesellschaftung der wichtigsten Produktionsmittel, der erste Schritt, eine unabdingbare Voraussetzung für die materielle und kulturelle Befreiung der Werktätigen. Wohlwissend, dass erste Schritte und unabdingbare Voraussetzungen nicht genügen, dass andere Schritte folgen müssen und dass es die Sache von Menschen ist – und keine leichte Sache– aus Möglichkeiten Wirklichkeiten zu machen.

So wie ich, auch schon vor Chruschtschows Enthüllungen, meine Vorbehalte gegen Stalin in der Sowjetunion hatte, so hatte ich Vorbehalte auch gegen Eugenio Gómez, den Generalsekretär der Kommunistischen Partei Uruguays, lange bevor er abgesetzt und ausgeschlossen wurde. Dabei jonglierte ich gewiss ein wenig. Ohne meine Meinungsverschiedenheiten an die große Glocke zu hängen, entzog ich mich der Partei und stellte meine Aktivitäten ein, wann immer mir etwas unrecht schien. Vor allem drückte ich mich vor Lobhudeleien und Anschwärzungen.

Damals war es zum Beispiel Mode, jeden Linken, der nicht vollkommen mit der offiziellen Politik Stalins oder auch der Eugenio Gómez' übereinstimmte, als

»Trotzkisten« zu verleumden. Nicht, dass ich mit Trotzki oder mit allen als »Trotzkisten« Bezeichneten eines Sinnes gewesen wäre, jedoch schien mir die Gleichsetzung von »Trotzkist« mit »Faschist«, ihr Gebrauch als bloßes Schimpfwort, widersinnig und gemein, unmarxistisch und derselben sektiererischen Sicht entsprungen, die seinerzeit die Sozialdemokraten zur Weimarer Zeit als »Sozialfaschisten« charakterisierte. Eine Sicht, die hier wie dort den Weg zur Einheit der Arbeiterbewegung versperrte.

Heutzutage scheint das Sektierertum und die wirklichkeitsfremde Denkart überholt, doch damals war es fast ein Credo. Wich ich dieser Art von Glaubensbekenntnissen aus, so betätigte ich mich andererseits umso eifriger in der Arbeit vor Ort im Barrio Sur und bei der politischen Aufklärung allgemein. Das kostete Zeit. Von der wenigen, die mir meine Überstundenarbeit ließ, viel zu viel. Kaum dass ich nach Hause kam und in Eile mein Abendbrot aß, musste ich schon wieder fort und kam erst spät in der Nacht wieder nach Hause. Nicht selten war auch der Sonntag voller politischer Aktivitäten. Es war ein stetes Gehetze. Soweit das mich und meine Gesundheit betraf, mochte das meine Sache sein. Was ich aber nicht begriff, war, dass ich nicht mehr mir allein gehörte. Und dass in Familie leben mehr heißt, als nur für den Unterhalt zu sorgen. Die Kinder überließ ich der Mutter, und die Mutter, die ja meine Frau war, überließ ich sich selbst.

Jetzt, da ich es aus der Distanz betrachte, finde ich es beschämend. Damals aber war ich blind.

Es ist Weihnachtsabend. In dem großen Schuppen, wo Don Julio jetzt seine Werkstatt hat, sind alle Lampen bis auf eine gelöscht. Unter dieser einsamen Leuchte inmitten eines Meeres undurchdringbarer Finsternis stehe ich im Schlosseranzug vor einem Schraubstock und markiere mit Hammer und Meißel ein Stück Blech, damit es gerillt wie eine Miniaturmauer aus Ziegelsteinen aussieht. Das ist eine der letzten Verrichtungen zur Anfertigung dieses Spielzeugs: ein Dampfkessel mit Dampfmaschine. Danach muss nur noch das Ganze mit ein wenig roter, brauner und silberner Farbe bemalt werden. Ich hatte nicht gedacht, dass es heute noch so lange dauern würde, das Weihnachtsgeschenk für die Kinder fertig zu stellen. Die ganze letzte Woche habe ich nach den gewohnten Überstunden für Don Julio noch ein bis zwei Stunden daran gearbeitet. Aber heute muss es unbedingt fertig werden. Wie spät es nur sein mag? In der Hitze meines Eifers habe ich jedes Gefühl für Zeit verloren, derart sind meine Nerven angespannt und auf das Miniaturwerk konzentriert. Ich war von der fixen Idee besessen, dass, wenn ich den Kindern schon kein schönes Spielzeug kaufen konnte, ich ihnen wenigstens eines, an dem sie Überraschung und Freude hätten, fabrizierte. Und heute muss es fertig werden. Mit einem kleinen Alkoholflämmchen im Feuerraum soll der Kessel Dampf erzeugen und dieser die Maschine antreiben, ein kleines Schwungrad drehen. Ich bin am Bemalen. Rot die Ziegel, der Kessel braun, Dampfzylinder, Steuerung und Gestänge silberfarben. Da läutet es. Das Licht am Eingang geht an. Und aus dem Zwielicht tritt Coca: »Seit vier Stunden warten wir auf dich«, ihre Stimme bebt vor Erregung, »und du? Uns hast du ganz vergessen. Wir zählen nicht für dich. Nur die Arbeit zählt. Dafür hast du immer Zeit. Für den elenden Lohn, den du kriegst! Für die verfluchte Werkstatt, für Don Julio ist dir keine Stunde zu schade. Aber so viel du auch schuftest, wir werden davon doch nicht reicher.« Ich habe ein schlechtes Gewissen. Aber ich will ihr erklären, dass ich heute, dass ich zu dieser Stunde gar nicht für Don Julio arbeite. »Ich mache ja nur ein Weihnachtsgeschenk für die Kinder.« Ich zeige es ihr, obwohl ich weiß, dass es im Grunde nichts ändert. Coca weint jetzt. »Da haben wir aus einem Tannenzweig einen Weihnachtsbaum hergerichtet, die Kinder und ich, mit Kerzen und Sternen und Lametta, und ich habe Lebkuchen gebacken, die Kinder haben aus Karton Häuschen geschnitten und bemalt, und sie wollten dir auch was schenken. Und da stehen sie nun und warten, dass ihr Vater kommt, mit ihnen zu feiern. Aber du hast ja immer andere Pläne und wir können sehen, wo wir bleiben.« Meine einzige Verteidigung ist die kleine Dampfmaschine, aber Coca würdigt sie nicht eines Blickes, obwohl sie jetzt wirklich ein gelungenes Kunstwerk ist. »Scheiß auf Geschenke!« Jetzt bricht zwischen Tränen Verzweiflung und Wut hervor. »Auf dich haben wir gewartet. Nicht auf Geschenke! Sind wir eine Familie oder sind wir keine? Aber dafür hast du ja kein Gefühl. Nur Sachen, Eisenblech, Geld. Anderes hat für dich keinen Wert.«

Sie trocknet sich die Tränen. »Komm, gehen wir nach Hause. Es ist schon kurz vor zwölf. Feier und Freude sind nun ohnehin vorbei.« Don Julio bringt kein Wort mehr über die Lippen. Ob er sich die Anklage, mich auszubeuten, sehr zu Herzen nimmt? Ich sage auch lieber nichts mehr. Ich nehme die Dampfmaschine unter den Arm, und so gehen wir die Isla de Flores hinunter, nach Hause, während – es ist Punkt zwölf – Knallkörper krachen und verpuffen, Feuerwerk den Himmel leuchtend durchfurcht und Peter und Elly unter einem improvisierten Tannenbaum auf uns warten.

Ich sitze wie auf glühenden Kohlen. So sind nun mal die Versammlungen in unserem Bezirk. Ein stundenlanger Bericht und dann redet der eine und der andere. Ich werde wieder nicht vor elf, zwölf Uhr nach Hause kommen. Und mitten in der Versammlung kann ich schlecht aufstehen und gehen. Es wäre eine Respektlosigkeit gegenüber dem, der gerade spricht. Aber vor allem werden am Ende der Versammlung die Aktivitäten der Woche besprochen, und außer den Routineangelegenheiten – Zeitungsverkauf, Maueranschläge kleben, Unterschriften für den Stockholmer Aufruf für das Verbot der Atomwaffen sammeln – steht das Thema Stromboykott auf der Tagesordnung. Die angekündigte Erhöhung der Stromtarife soll mit einem Stromboykott beantwortet werden. Der Ärger der Bürger über die neuen, ungerechtfertigt hohen Tarife der staatlichen Elektrizitätsgesellschaft ist groß, und man rechnet mit starker Bereitschaft der Bevölkerung, zwischen sieben und zwölf Uhr abends alle Lichter zu löschen und die Haushaltsgeräte abzuschalten. Die Frage ist nur, wie die Koordination mit allen Stadtteilen, Privathaushalten und Geschäften zu organisieren ist. Da muss ich dabei sein, denn der Stadtteil Süd – wieder »Süd«, wie damals in Breslau – ist dicht mit Menschen mit geringem Einkommen und kleinen Geschäftsleuten bewohnt und wegen seiner Nähe zur Stadtmitte von strategischer Bedeutung. Auf meiner Uhr ist es schon zehn vor zwölf, man redet noch immer, und ich werde nach Hause laufen müssen, weil kein Omnibus mehr fährt. Es wird eins oder zwei Uhr nachts werden, bis ich todmüde ins Bett falle. Coca, Elly und Peter schlafen schon längst. Sie wollen morgen, am Sonntag, frühzeitig den Bus nach Santa Lucía nehmen, um den Tag dort in der Natur zu verbringen.

Sie? Wir! Ich selbst habe ja den Vorschlag gemacht. Nachdem sie nun schon drei Sonntage hintereinander mit einer befreundeten Familie ohne mich an den Strand von Malvín, einem Stadtteil von Montevideo, gefahren waren und ich versprochen hatte, ihnen nachzukommen, aber immer erst am Spätnachmittag anlangte. Nach all der Vernachlässigung der Familie wollte ich mich rehabilitieren: »Diesen Sonntag fahren wir alle zusammen raus. Den ganzen Tag. Wir nehmen ein Boot und rudern auf dem Santa Lucía, spazieren dann durch den Park und machen Picknick unter den Bäumen am Ufer.« Doch da hat man mich schon für morgen Vormittag mit Beschlag belegt. Ich soll im Barrio Sur die verschiedenen Bürger- und Sportvereine besuchen, um deren Unterstützung für den Stromboykott rechtzeitig zu gewährleisten. Das muss morgen geschehen und wird gewiss den ganzen Vormittag in Anspruch nehmen. Kann ich nicht endlich einmal »Nein« sagen? Muss ich immer ein Beispiel von Verantwortlichkeit geben? Andere Genossen nehmen das längst nicht so ernst, sie nehmen das Engagement eher auf die leichte Schulter. Aber von mir, »El Alemán« oder »El Deutsche«, wie einige sagen, erwartet man nichts anderes. Es ist tatsächlich ein Uhr nachts geworden, als wir auseinander gehen. Und das Schlimmste: Angesichts der Dringlichkeit der morgigen Besuche habe ich nicht »Nein« sagen können. Derartige Belastungen hält auf die Dauer keine Ehe aus. Obwohl Coca meine Ideen teilte und sich selbst sogar, soweit die Betreuung der Kinder das zuließ, politisch betätigte. Aber sie hatte Recht: Unsere Ehe war eine Fiktion. Wenn ich nach Hause kam, schliefen sie und die Kinder schon. Wir sahen uns kaum mehr als zum Frühstück, nicht immer zum Abendbrot und vielleicht noch am Sonntagnachmittag. Was hatten wir da noch gemeinsam außer den Kindern?! Sie stellte mir die Frage, als wir im Regen die Straße heruntergingen. Zu Hause vor den Kindern wollten wir nicht darüber reden. »Ich bedeute dir nichts mehr«, hatte sie gesagt. Meine gegenteilige Beteuerung wies sie ab: »Die Partei ist dir wichtiger. Du hast bereits gewählt. Seit Jahren mit deinem Tun. Worte ändern nichts daran.«

Ich sah es ein, und wir kamen überein: Wir hatten uns auseinander gelebt. Vor der Welt heucheln, daran lag uns nichts. Wir würden uns als Freunde trennen. Den Kindern sollte nichts fehlen. Für sie würde ich weiter sorgen. Sie blieben bei Coca, wo sie ohnehin stets gewesen waren. Und ich konnte zu ihnen, wann immer ich wollte oder konnte. Jeder von uns würde jedoch von nun an seinen eigenen Weg gehen. Mir fiel der Abschied nicht leicht. Doch schließlich hatte ich ihn verschuldet. Ich konnte nicht gut von Coca eine Bindung verlangen, der ich selbst nicht Rechnung trug. Jetzt war es an der Zeit, reinen Tisch zu machen. Beide zogen wir die Wahrheit der äußeren Scheinheiligkeit vor. Und der Regen strömte auf uns nieder, als wir einander Lebewohl wünschten.

Barrio Sur

Wenige Häuserblocks vom lärmenden Straßenverkehr der Avenida »18 de Julio«, von deren alten Prachtbauten und modernen Hochhäusern, eleganten Geschäften und ansehnlich dekorierten Schaufenstern entfernt, liegt ein »Arme-Leute-Viertel«. Hier gibt es heruntergekommene ein- oder zweistöckige Gebäude, eine Unzahl elender Mietskasernen, »Conventillos« genannt. Hier spielen die Kinder auf der Straße – selten fahrt ein Auto vorbei – und, wenn der Abend dämmert, treten die Nachbarn mit ihrem Mate-Tee in der Hand aus ihren Wohnungen und setzen sich vor die Häuser auf den Bürgersteig. Das Elend umgibt zuweilen ein Hauch von Nostalgie. So zumindest erscheint es dem, der dieses Viertel von außen betrachtet. Dem, der hier wohnt, bleibt es nacktes Elend. So war seinerzeit der Conventillo »Medio Mundo«, die »Halbe Welt«, eine attraktive romantische Reliquie für Touristen und Liebhaber der Folklore der Schwarzen. Für die 56 Familien, die dort zu viert oder fünft in den Ein-Zimmer-Wohnungen lebten, war die »Halbe Welt« einfach eine Mietskaserne, in der der Mörtel von den Wänden bröckelte, das Regenwasser durchs Dach sickerte und ein kleiner Raum zum Schlafen, Kochen, Waschen und Essen diente.

Über zwei verrostete Eisentreppen gelangte man hier auf eine Galerie, die den ganzen oberen Stock umgab, und eine Tür neben der anderen führte zu den muffigen Zimmern von etwa drei mal vier Metern. In der Mitte war ein großer offener Hof mit einem Waschbecken aus Zement, über dem stets Wäsche zum Trocknen hing. Das war der Spielplatz der Jüngsten und die Plauderecke der Alten. Die Hunderte, die hier wohnten, mussten mit vier Toiletten auskommen. Es gab Künstler, die dieses Conventillo malten, Liedermacher, die es besangen, und auch Bürgermeister, die zu Ehren der »Halben Welt« Feste mit vielen Flaschen Rotwein veranstalteten – und zwar meist dann, wenn Wahlen bevorstanden. Den Bewohnern redeten sie geschickt nach dem Mund und ließen durchblicken, dass eine Stimme für ihren Wahlkandidaten berechtigte Hoffnung auf eine Anstellung bei der Stadt gebe. Für jene Bewohner war das ihr Zuhause, und sie wussten es zu schätzen, nicht der Bequemlichkeit oder der malerischen Schönheit wegen, sondern einfach weil sie nichts anderes hatten und von besserer Behausung nicht einmal zu träumen wagten. Aber man kann immer noch eine Stufe tiefer sinken. Selbst diese erbärmlichen Wohnungen sollten ihren Bewohnern nicht sicher sein. Besiegt von der Zeit und der Witterung, gaben die alten Mauern nach, verfaulten Fußböden, stürzten Decken ein und forderten zuweilen auch Menschenopfer. Dem natürlichen Einsturz vorgreifend, erschienen Grundstückspekulanten, ließen die Räumung wegen Baufälligkeit anordnen, um die restlichen Ruinen abreißen und Hochhäuser bauen zu lassen. Das warf gute Renditen ab, und die Ausquartierten mochten sehen, wo sie blieben.

Im Jahre 1954 erschien in einem dieser Conventillos in der Straße Paraguay, keine hundert Meter von der Rambla, der Küstenstraße, entfernt, der Gerichtsvollzieher und forderte die 28 dort wohnenden Familien zur Räumung auf. Amanda, Héctor und ich, die wir dort *Justicia*, die damalige kommunistische Zeitung, verkauften und uns mit einigen Familien angefreundet hatten, kamen mit den verzweifelten Bewohnern überein, etwas gegen die Räumung zu unternehmen. So entstand eine Bürgerinitiative, das »Comité Popular del Barrio Sur«, das »Volkskomitee des Stadtteils Süd«. Für mich begann damit meine sozial und politisch fruchtbarste Periode. Wie nie zuvor lernte ich einfache Menschen kennen und schätzen und erkannte die verborgenen, enormen Chancen, die sich ihnen boten, wenn sie zusammenstanden. Eine bereichernde Erfahrung.

Da man damals einen Monat vor den Wahlen stand, eine Zeit, da die »traditionellen« uruguayischen Politiker, Blancos wie Colorados, weit empfindlicher für die Belange ihrer potenziellen Wähler sind, gelang es nach Vorsprache der Nachbarn bei der Stadtverwaltung – meist waren es Frauen, die die Delegationen bildeten, denn die Männer waren bei der Arbeit –, den richterlichen Räumungsbefehl aufzuheben. Doch die Wahlen gingen vorüber, und wenige Tage darauf erschien um zwei Uhr nachts die Polizei. Mit Scheinwerfern blendend, schreckte sie die Leute aus dem Schlaf, um sie für den erneuten Räumungsbefehl einzuschüchtern und gefügig zu machen.

Das Gegenteil trat ein. Jetzt waren es nicht nur die unmittelbar Betroffenen, auch die entrüsteten Nachbarn der anliegenden Straßen folgten dem Aufruf des »Comité Popular del Barrio Sur«, Widerstand zu leisten. Als eines Morgens die Arbeiter der Abbruchfirma, von zwei Polizisten begleitet, anrückten, um mit Spitzhacken die Mauern niederzureißen, sahen sie sich einer Kette von Männern, Frauen und Kindern gegenüber, die ihnen den Zugang versperrten. Noch zwei Mal versuchten sie es, immer ohne Erfolg. Währenddessen stellte die Delegation des »Comité Popular« die Stadtverwaltung vor die Alternative: Wenn sie das Grundstück für das Unternehmen, das es gekauft hatte, räumen wollte, müsse sie zuvor dessen Bewohnern städtische Sozialwohnungen zur Verfügung stellen. Keiner der hier lebenden Menschen habe die nötigen Mittel, die hohen Mieten auf dem freien Wohnungsmarkt zu zahlen. Das Interesse besagter Firma war stark, ihre Eile ebenfalls, doch die Bewohner jenes Conventillos ließen nicht locker. Jetzt, wo sie im »Comité Popular del Barrio Sur« zusammengeschlossen waren, konnte die Stadtverwaltung sie nicht mehr ignorieren, so wie sie es gewiss jedem Einzelnen gegenüber getan hätte. Nach langwierigen Verhandlungen erhielten sie schließlich einfache, aber neue Billig-Wohnungen in verschiedenen städtischen Wohnblocks, die allerdings weitab von der Stadtmitte lagen. Doch richtige Wohnungen, keine Löcher oder verfallene Spelunken wie die, die sie zuvor bewohnt hatten.

Mit einem großen Straßenfest wurde der Sieg gefeiert. Nachbarn nahmen voneinander Abschied, umarmten sich. Arbeiter, Hausfrauen, die nie eine öffentliche Tribüne bestiegen hatten, sprachen bewegt zu Ihresgleichen. In wenigen und schlichten Worten gaben sie ihrer neuen Lebenserfahrung, dem gemeinsamen Kampf Ausdruck. Doch für das »Comité Popular« war dieser Sieg teuer erkauft. Vierzig seiner rührigsten Mitglieder würden dem Barrio Sur jetzt fehlen.

Einstürze und Räumungsbefehle häuften sich, und wir entwickelten fast eine Technik, die oft von einem Tag zum anderen drohenden Räumungen aufzuschieben, indem wir vor dem Gericht, der Stadtverwaltung, dem Polizeirevier, in Zeitungsredaktionen durch Veröffentlichungen Druck auf die Behörden ausübten. Stets war es entweder die Menge der direkt Betroffenen und der solidarischen Nachbarn, die Eindruck machte und Unheil abwenden konnte. Doch fast immer waren es nur provisorische oder individuelle Lösungen, die so zu erlangen waren. Eine Vertagung, eine zeitweilige Aussetzung der Räumung, eine provisorische Unterkunft in einem verlassenen öffentlichen Gebäude, einmal auch die Besetzung eines leer stehenden Hauses. Nichts Endgültiges. Nichts, was an die Wurzel des Übels griff. Immerhin, wir machten dabei Erfahrungen, lernten Menschen kennen, griffen in Schicksale ein.

Eine junge Frau hatte in der Nacht ein verdächtiges Geräusch gehört, ein Knarren im Gebälk. Geistesgegenwärtig hatte sie, gerade noch zur rechten Zeit, ihre drei kleinen Kinder aus dem Haus tragen können, bevor es einstürzte und das Schlafzimmer unter Trümmern begrub. So lernten wir Beba kennen. Schlank und hoch gewachsen, lebhafte schwarze Augen und dunkles, leicht gewelltes Haar. Kräftig und geschmeidig, aber mit feinen langen Fingern an sehr weißen Händen, die gewohnte Mischung des Landesinnern verratend: ein reicher Gutsbesitzer spanischen Blutes, eine von den indianischen, den ursprünglichen Einwohnern Uruguays abstammende Magd aus einem elenden Rancho, so wie Hütten auf dem Land genannt werden. Bis dahin hatte Beba kaum etwas vom »Comité Popular« gehört. Gemeinsamen Kampf kannte sie nicht. Auf sich allein gestellt, von einem skrupellosen Mann verlassen, hatte sie sich mit ihren drei kleinen Kindern durchschlagen müssen. Wir begleiteten sie zur Stadtverwaltung, um die Abstützung der Wände der anderen Zimmer zu verlangen, und stießen auf Gleichgültigkeit, Trägheit und Bürokratie. Doch Beba argumentierte unerschrocken und eindringlich. Zum ersten Mal stand sie nicht allein da. Im Namen des »Comité Popular del Barrio Sur« protestierten wir bei der Stadtverwaltung, und schließlich kamen sie unserer Forderung nach. Beba jedoch begriff, dass ihre Probleme dieselben waren wie die vieler anderer, dass deren Ursachen die gleichen waren und deshalb auch die Lösungen die gleichen sein mussten. Sie lernte ihren vorher unterschiedslos gegen jeden gerichteten Hass definieren, ihn auf die Ungerechtigkeit zu konzentrieren, in welcher Gestalt diese Ungerechtigkeit auch immer erschien.

Ein günstiger Umstand sollte es ihr gestatten, mit einer Frauendelegation zu einem Kongress in Wien zu fahren und anschließend sozialistische Länder zu besuchen. Und obwohl ihr natürlicher Argwohn sie alles mit Misstrauen und scharfer Skepsis betrachten ließ, zog sie aus ihren neuen Erfahrungen den Schluss: »Ich möchte, dass meine Kinder in einem sozialistischen Land aufwachsen.« Nach ihrer Rückkehr verdoppelte sie, angefeuert durch die Perspektiven einer anderen Gesellschaft, ihren Eifer für unsere gemeinsame Sache. Jedoch viel früher, als wir es für möglich gehalten hätten, sollte sich ihr Wunsch auf grausame Weise erfüllen. Gequält von den furchtbaren Schmerzen einer unheilbaren Krankheit, hielt Beba durch, bis sie mit ihren drei Kindern im eben erst aus der Revolution neu erstandenen Kuba anlangte. Und noch einmal, so wie sie die Kinder in ihren Armen vor dem Einsturz gerettet hatte, barg sie sie jetzt vor dem ungewissen Schicksal, das ihnen als Waisen eine Gesellschaft, die sie als blind und unbarmherzig erkannt hatte, auferlegt hätte. Ihre letzten Briefe vor dem Tode bestätigten, wie richtig ihre Entscheidung gewesen war.

Bei unserem improvisierten Flickwerk hatten wir inzwischen eines begriffen: Die Wohnungsnot war das Hauptproblem im Barrio Sur. Die Immobilienspekulation, die wegen der Nähe zur Stadtmitte hohen Grundstückspreise, das Alter vieler Gebäude und deren Verfall, die Mieterhöhungen, die viele nicht bezahlen konnten, die Stadtplanung, die die Stadtmitte und anliegenden Straßen nur für Geschäfte und begüterte Familien vorsah und die ärmere Bevölkerung an den Rand der Stadt drängte, und die dementsprechende Baupolitik des Amtes für Sozialwohnbau ließen ein Verbleiben der Alteingesessenen in ihrem traditionsreichen Stadtteil, wo sie meist auch ihre Arbeitsstelle hatten, illusorisch erscheinen. Illusorisch bei der gegebenen sozialen und politischen Ordnung. Wenn man aber diese aufbrechen könnte? Viele und gewichtige Interessen gab es da zu überwinden, doch der Sieg bei der Umsiedlung der 28 Familien aus dem Conventillo in der Straße Paraguay hatte uns ermutigt. Die Errichtung eines Wohnblocks für die von Einsturz und Räumung bedrohten Familien hier in diesem Stadtteil selbst war natürlich viel schwieriger, aber auch die einzig echte Lösung ihrer Probleme. Die erste Schwierigkeit war, einen Kern von Leuten zu finden, die an die Möglichkeit, dieses Projekt auch verwirklichen zu können, glaubten. Es war schon schwer genug gewesen, die Nachbarn in der Mietskaserne Paraguay zu überzeugen, sich zusammenzuschließen, um ihre Ausquartierung zu verhindern. Wo Menschen so dicht beieinander hausen wie in den Conventillos, gibt es oft Streit. Da hat einer sein Radio zu laut gestellt, ein anderer verbreitet Klatsch über die Tochter des

Nachbarn, ein weiterer ist zu Mitternacht besoffen und grölend heimgekommen. Und nur die unmittelbare Gefahr, die alle gemeinsam bedrohte, sowie unsere Beharrlichkeit hatten sie an einen Tisch gebracht. Aber Not lehrt nicht nur beten. Ein Haus in der Straße Florida, deren Bewohner sich in einem heftigen Streit mit dem Hausbesitzer befanden, sollte zum Zentrum unserer Verschwörung werden. Sozialwohnbauten im Viertel für die Bewohner des Barrio Sur waren das Ziel, das wir anstrebten.

Das Erste, was wir exakt wissen mussten, um es in einem dokumentierten und seriösen Memorandum den zuständigen Behörden zu unterbreiten, war der wirkliche Zustand der Wohnungen und die Wohnsituation ihrer Bewohner. Allein konnten wir das nicht machen. Wir wandten uns an die Fakultät für Architektur und erbaten die Unterstützung der Studentenvereinigung. Mit den Studenten kamen wir überein, eine Untersuchung in 24 Häuserblocks des Stadtteils durchzuführen und aufgrund der gesammelten Daten ein architektonisches Projekt mit Kostenvoranschlag und Finanzierung im Einklang mit den Einkünften der Bedürftigen zu erstellen, das dann dem Direktorium des Städtischen Sozialwohnbauinstituts INVE vorgelegt werden sollte. Aber in einem Land, das arm an Statistiken war, mit einer Bevölkerung, die in keinem Einwohnerregister erfasst war, war das Misstrauen, Fremden Auskunft über die eigene Wohnsituation, über die sozialen und familiären Verhältnisse zu geben, äußerst stark. Nur eine gründlich vorbereitete Aufklärung über den Zweck der Untersuchung – das Wohnungsproblem der Menschen zu lösen – konnte den Fragestellern die Türen öffnen und ihre Formulare füllen. Das Übereinkommen zwischen der Universität und dem »Comité Popular del Barrio Sur« ermöglichte es. Und es waren nicht nur die Studenten, auch die Professoren und das Dekanat machten das Projekt »Stadtteil Süd« zu ihrem Projekt. Mehr noch, es wurde sogar Teil des Lehrplans der Fakultät der Architektur jenes Jahres. Der 29. Mai 1957, der Tag der Befragung, wurde für unterrichtsfrei erklärt, so dass über hundert Studenten an der Aktion teilnehmen konnten.

Ein kleiner Ausschnitt aus dem Zensus und zugleich ein erschütterndes Bild davon, wie viele Uruguayer lebten: Von 6.492 befragten Personen wohnten 325 in akzeptablen und 3.197 in miserablen und gesundheitsschädlichen Wohnungen. In einem einzigen Zimmer hausten: 64 Prozent aller Zwei-Personen-Haushalte, 42 Prozent aller Drei-Personen-Haushalte, 32 Prozent aller Vier-Personen-Haushalte, 18 Prozent aller Fünf- und Mehr-Personen-Haushalte. Von 692 Familien verfügten 461 Familien nur über eine mit anderen Familien gemeinsam zu nutzende Toilette. 29 Prozent der Familien hatten keinen Wasserhahn im Haus und mussten Wasser in Eimern von der Straße herbeischleppen. 24 Prozent aller Familien im Barrio Sur wohnten in Conventillos, 90 Prozent waren Mieter. Dreiviertel aller Familien hatten Einkünfte unterhalb des offiziellen Existenzminimums. »Wenn auch das Verhältnis von Einkommen zur Miete dem allgemein als korrekt angesehenen entspricht, so liegt es in diesem Fall nur daran, dass die Einkommen sehr gering sind und die Qualität der Wohnungen äußerst schlecht. So dass in Wirklichkeit ein stark überhöhter Mietpreis gezahlt wird.« Diese Erkenntnis aus der Studie war für uns nichts Neues, viele Studenten aber waren schockiert. Für sie, die aus einem ganz anderen Milieu kamen, war es unvorstellbar, dass sieben Personen in einem Zimmer hausten, dass ein älterer Mann eine Toilette bewohnte und dafür Miete zahlte, dass in einem Haus das ganze untere Stockwerk unter Wasser stand – Regenwasser, das durch die Decken sickerte und Abflusswasser der Waschbecken und der Kloaken – und dass in diesem stinkigen Dunst drei Familien wohnten. Während die Untersuchung ausgewertet wurde, legten wir die Hände nicht in den Schoß. Das »Comité Popular« fühlte sich nicht ausschließlich den Wohnproblemen des Stadtteils, sondern auch anderen Nöten der Bewohner verpflichtet. Als der Brotpreis um acht Centesimos auf dann 45 heraufgesetzt wurde, zu einer Zeit, in der die Inflation Hochsprung zu üben begann, stürzten wir uns in das Abenteuer des »billigen Brotes«.

Ein Bäcker in Santa Lucía, einer Ortschaft 65 km nördlich von Montevideo gelegen, machte von sich reden, weil er das Brot weiterhin zum alten Preis verkaufte. Sicher machte er so auch seinen Gewinn. Wahrscheinlich, indem er durch seine Aktion den Umsatz erhöhen konnte. Wie dem auch sei, er stellte damit unter Beweis, dass die Brotpreiserhöhung nicht unumgänglich war, eher Willkür der Fabrikanten und der Verkäufer, um sinkenden Umsatz durch Preiserhöhungen zu kompensieren, was wiederum den Umsatz senkte. Eine Spirale ohne Ende, aber eine von der Regierung geförderte und eine, die den Lebensstandard des Volkes senkte. Eine Versammlung des »Comité Popular del Barrio Sur« beschloss, statt wie gewohnt zu protestieren, selbst zu handeln und die Initiative zu ergreifen. Wir sprachen mit dem Bäcker von Santa Lucía und er verpflichtete sich, uns drei Mal in der Woche per Bahn das für unseren Stadtteil benötigte Brot zu schicken. Dort hatten wir inzwischen an drei Straßenecken Verkaufstische improvisiert. Ein paar Bretter, weiße Papierbogen als Tischdecke und eine Büchse für die Einnahmen. Die Nachricht vom »billigen Brot« ging wie ein Lauffeuer durch den Stadtteil und darauf durch ganz Montevideo. Von diesem Tag an blieben die Bäckereien im Stadtteil Süd leer. Die Leute kauften unser Brot aus Santa Lucía und sparten ein paar Centesimos ein, was damals für die Armen viel Geld war.

Immerhin war es ein Abenteuer. Denn obwohl wir für die Tage, an denen wir aus Santa Lucía kein Brot erhielten, bei einigen Bäckern für Hunderte von Kilos Grossistenpreise erhielten, so unterbrachen diese doch ihre Lieferungen, sobald sie erfuhren, dass ihr neuer Kunde das »Comité Popular del Barrio Sur« war. Gewiss aus verständlicher Unternehmersolidarität. Von einem Tag zum anderen mussten wir nach einem neuen Lieferanten Ausschau halten. Ein wahrer Nervenkrieg.

Ein anderes Problem war, dass die Verkäufer Kameraden des Komitees waren, die stets in Eile waren und den Brotverkauf so schnell wie möglich beenden wollten. Sie mussten ja auch ihren eigenen Unterhalt verdienen. Ein unvorhergesehener Umstand kam uns jedoch zu Hilfe. Nach wenigen Tagen schon betrachteten die Nachbarn den Brotverkauf an den drei Straßenecken als ihre Sache. Eines Tages, nachdem er den letzten Brotlaib verkauft hatte, vergaß der den Tisch bedienende Compañero, die Geldbüchse mitzunehmen. Kassenverlust? Keinesfalls! Am nächsten Tag übergaben die Nachbarn ihm die Büchse. Auch nicht ein Centesimo fehlte. Und das in einem Stadtteil, in dem es sehr arme Leute und viele Arbeitslose gab. Ein andermal musste ein Compañero zur Arbeit und hatte längst noch nicht alle Brote verkauft. Er rief einen herumstehenden Nachbarn herbei – ein Arbeitsloser vielleicht –, und dieser verkaufte als freiwilliger Helfer den Rest.

Das geschah des Öfteren. Und niemals fehlte Geld. Trat hier vielleicht der solidarische Charakter zutage, der jedem Menschen zu Eigen ist, versteckt nur durch die Gewohnheiten und Regeln einer auf Egoismus begründeten Gesellschaft?

Doch eine Schwalbe macht noch keinen Sommer. In dem Maße, in dem die ganze Stadt vom »billigen Brot des Stadtteils Süd« sprach – die Bäcker des Stadtteils selbst nannten es aus Wut »das kommunistische Brot« –, im selben Maße wurde es schwieriger, die Nachfrage von Brot an den Tagen zu befriedigen, an denen es nicht aus Santa Lucía kam. Der Boykott der Bäcker würgte den billigen Verkauf ab. Drei Wochen hatten wir durchgehalten. Viele Compañeros hatten große persönliche Opfer gebracht. Länger aber reichte unser Atem nicht. Nein, so einfach war das Problem der Teuerung nicht zu lösen. Nicht von einer Hand voll Leuten! Nicht in einem Stadtteil! Das war eine Frage der Regierungspolitik. Unlösbar hierzulande, solange das große Geld regierte und die Bäckereibesitzer nur kleine Zahnräder eines enormen kapitalistischen Getriebes waren.

Ist darum der Verkauf des »billigen Brotes« im Barrio Sur vergebens gewesen? Kann man Erfolg oder Misslingen nur an gewonnenen oder verlorenen Geldern ermessen? Solange das Gedächtnis nicht versagt, sind alle Erfahrungen, die guten wie die schlechten, von Nutzen. In diesem Fall sahen es die Leute im Stadtteil mit eigenen Augen und die anderen Stadtteile hörten davon: Selbst der Brotpreis ist veränderlich. Zumindest ein Bestandteil davon: der Profit. Aber auch nur dann, wenn man darum kämpft.

Nach drei Monaten mühseliger Arbeit waren die Daten der Untersuchung bearbeitet und das Memorandum fertig. Aus den statistisch geordneten Fakten ergab sich, dass 750 Wohnungen zu bauen waren, und auch genau, wie viele davon für jeden Familientyp. Der Bauplan sah auch ein Kulturzentrum, eine Poliklinik und einen Kindergarten vor. Dazu wurde ein Kostenvoranschlag erstellt und mögliche Mieten, nach sozialen Kriterien gestaffelt, berechnet.

Das andere bedeutsame Resultat war, dass der ursprüngliche Zweifel der Nachbarn, je zu einer anständigen Wohnung zu kommen, durch die Aktion des »Comité Popular« und der Studenten und das Echo, das es in der Presse fand, überwunden war. Ein Funke Hoffnung war jetzt in aller Herzen.

Eine Versammlung der Nachbarschaft akzeptierte mit einigen Abänderungen den Plan, und nach einem Marsch der Bewohner der Conventillos durch die Straßen des Stadtteils bis hin zum Sitz des Instituts für Sozialwohnungsbau wurde dem Direktorium das Memorandum übergeben.

Eine andere Demonstration mit vielen Hunderten von Teilnehmern endete auf dem Vorplatz des Rathauses von Montevideo. Nach einer Kundgebung, auf der Repräsentanten der Bewohner und der Universität sprachen, ersuchte eine Delegation um die Überlassung der städtischen Grundstücke an der Rambla Sur für den Bau der Wohnblocks. Ein dritter Marsch wurde zum Palacio Legislativo, dem Nationalparlament, durchgeführt. Es hatte sich herausgestellt, dass das Institut für Sozialwohnungsbau durch sein Gründungsgesetz angehalten war, Sozialwohnbauten nur mittels Verlosung zu vergeben. Das hätte unser Projekt unwirksam gemacht. Als regionale Lösung für einen bestimmten Stadtteil und gemäß bestimmter sozialer Kriterien durfte es nicht realisiert werden. Wir gaben aber nicht auf. Wir arbeiteten mit Hilfe von Universitätsprofessoren ein Gesetzesprojekt aus, das von einer Nachbarschaftsversammlung debattiert und angenommen wurde, und unterbreiteten dieses »Sondergesetz für das Barrio Sur« dem Parlament. Es beinhaltete die geographische Begrenzung und eine Beschränkung des Einkommens, innerhalb derer die Nachbarn Anrecht auf eine Sozialwohnung im Stadtteil hatten. Der Paragraph 4 des Gesetzes, der eine Skala der Einkommensgrenze gemäß der Familienzusammensetzung vorsah, wurde von da an sogar im ganzen Lande gültiges Gesetz. Ebenso die Skala der Mieten in Prozenten der Familieneinkommen und gemäß ihrer Zusammensetzung.

Erst nach vielen Audienzen bei Abgeordneten und Senatoren, einer Einladung der Parlamentarier zu einer Versammlung in einem Conventillo, die allerdings nur die Sozialistische und die Kommunistische Fraktion annahm, während einige Vertreter der Colorados und der Blancos nur ihre persönliche Unterstützung anboten, kam das Gesetzesprojekt auf die Tagesordnung im Palacio Legislativo. Über ein Jahr war, seitdem wir es dort übergeben hatten, vergangen. Am 24. September 1958 schließlich, nach letzten Anstrengungen des »Comité Popular«, kam das Gesetz durch. Damit waren aber längst nicht alle Hürden genommen. Der Einfluss der Grundstücksmakler und Einwände der Stadtverordnetenversammlung Montevideos, der touristische Perspektiven mehr am Herzen lagen als die Wohnungsnot der Armen, verhinderten unter bürokratischen Vorwänden über viele Jahre hinaus die Überschreibung der städtischen Grundstücke an der Rambla Sur. Wie ein Colorado-Stadtverordneter uns vorwarf: Was wir denn eigentlich dächten? So nahe dem Stadtzentrum, wo sich ein vornehmes Wohnviertel entwickeln und Tausende von Touristen, von der Schönheit des Meeres (wie der Río de La Plata häufig auch genannt wird) angezogen, spazieren gehen oder Auto fahren könnten, da sollten arme Leute in Hemdsärmeln herumlaufen?

Eine symbolische Grundstücksbesetzung und eine anschließende Ausbaggerung für das erste Fundament war unsere Antwort. Es war ein schwerer und langer Kampf der Armen gegen die Mächtigen! Er dauerte ein Jahrzehnt, aber wir hielten durch. Anfang der siebziger Jahre wurde der sechsstöckige Wohnblock eingeweiht, dessen Fenster sich zum »Meer« hin öffnen. 96 Familien, ehemalige Bewohner der Conventillos und baufälliger Ruinen des Barrio Sur, konnten menschenwürdige und billige Unterkünfte beziehen. Nicht alle Blütenträume reiften. Viele der insgesamt 750 Familien konnten nicht abwarten und zogen vorher um, denn der Verfall ihrer Häuser ging weiter und die Hausbesitzer geduldeten sich nicht. Für alle war nicht gebaut worden, viele blieben vor der Tür, aber ein kleiner Teil erreichte doch das hoch gesteckte, zuerst kaum erhoffte Ziel.

Deutsch versus Criollo

In jenen Jahren führte ich ein Junggesellenleben. Doch trotz Überstunden und meiner Aktivität im Stadtteil Süd hielt ich natürlich Ausschau nach einer Freundin. In einer der Conventillos in Isla de Flores lernte ich zwei Schwestern kennen. Beide waren nett, lebhaft und etwas rundlich. Ehrlich gesagt, die Ältere, die wie ein Gewittersturm war, hätte mir besser gefallen, aber sie hatte schon einen Freund, so nahm ich mit Florencia, der leichten Frühlingsbrise, vorlieb. Als ich sie zum ersten Mal zu einem Rendezvous bat, wurde mir bewusst, dass ich ziemlich verwildert war. In ständigem Trott hatte ich keinen Wert auf mein Äußeres gelegt. Ich ging zum Friseur, rasierte mich gründlich und warf mich in meine beste Kluft. Wir gingen dann auch zuweilen an der Rambla Sur nachts spazieren, suchten uns verschwiegene Plätzchen im Mondschein, und so hatte ich ein kleines Intermezzo, das jedoch weder lange anhalten noch bedeutsam für mein Leben sein sollte.

In meiner kleinen Stube, von derem einzigen Fenster ich nach hinten hinaus auf den Friedhof und über dessen hohe Mauern hinweg auf die feierlich im Wind schwingenden Zypressen und auf die schweigsamen Nischen und Grabsteine sehen konnte, fühlte ich mich nicht sehr wohl. Nicht dass mir tiefsinnige Gedanken über den Tod und das Leben an sich gekommen wären. Doch in dieser Umgebung begann ich, über meine Einsamkeit zu grübeln. Ich hatte ein bewegtes Leben mit viel Arbeit und Aktivitäten, ein erfülltes Leben, aber etwas fehlte doch.

Und ich stellte mir die Frage, warum Coca und ich nicht hatten zusammen leben können. Gewiss, der Vorschlag zur Trennung war von ihr gekommen. Als ordnungsliebender Deutscher hatte ich daraufhin Scheidung in gegenseitigem Einverständnis vorgeschlagen, und so hatten wir es auch gehalten. Doch sagte das noch nichts über die Gründe aus, weshalb es dazu gekommen, und weniger noch darüber, wessen Schuld es gewesen war. Ich glaube, es vereinfachen zu können: Ich bin Deutscher, Coca war Uruguayerin, Criolla, wie sich die Uruguayerinnen oft selbst nennen. Ich habe in Uruguay zum Beispiel sehr schnell gelernt, Mate-Tee zu trinken. Doch das Aufgehen in jener bedachtsamen Untätigkeit, dieses Genießen des Einfach-Da-Seins, das zum Mate und zum Lebensstil der Uruguayer gehört, blieb mir fremd. Zuerst schien es mir eine unnütze Zeitverschwendung, zudem noch unhygienisch, wenn der Mate von Mund zu Mund die Runde machte. Später begriff ich ihn als ein stilles und anspruchsloses Auskosten der Lebenszeit und als eine zutiefst menschliche Kommunikation mit seinen Nächsten. Ich begann ihn sogar zu schätzen, aber er entsprach nicht meinem Wesen. Ich trank ihn gern mit Freunden, wenn man ihn mir anbot, ich selbst aber habe nie die Mate-Kalebasse noch das grüne Matekraut oder das silberne Saugröhrchen bei mir zu Hause gehabt.

Was aber bedeutsamer sein mochte, ich beherrsche mich. Wir Deutsche beherrschen uns viel zu viel. Das mag gelegentlich ganz gut sein. Für den Charakter und auf die Dauer gesehen ist es schlimm. Zuerst verliert man die Spontaneität, dann mit der Zeit die Fähigkeit, seinen Gefühlen Ausdruck zu geben. Man betrügt ja den anderen, lässt ihn zumindest im Ungewissen, wenn man nicht sagt, was man fühlt und denkt. Habe ich Coca je spüren lassen, was ich für sie fühlte? Meine eiserne Maske, ein Bluff von Vernunft und Überlegtheit, war zwar nicht Gefühllosigkeit, verbarg aber die Gefühle. Coca, die Criolla, musste mein Verhalten schockieren. Nach einem halben Jahrhundert in Uruguay mag ich nun vielleicht doch ein wenig aufgetaut sein, doch damals sagte sie mir ein Gesicht und auch ein Herz aus Stein nach. Coca war das Gegenteil. Ihr Wesen war Unmittelbarkeit, Spontaneität, Ausbruch der Gefühle. Wenn sie froh war, steckte ihre Freude alle an, die sie umgaben. War sie deprimiert, so fühlte man sich versucht, auf Zehenspitzen durchs Haus zu gehen, bedrückt ließ man auch selbst den Kopf hängen. Hatte sie Wut, so explodierte die ganze Familie. Das kam zuweilen vor, und mir wie den Kindern, erschreckt und betroffen, blieb nichts Anderes, als zu hoffen, dass der Vulkan bald erlöschen würde. Im Allgemeinen aber strahlte sie eine menschliche Wärme aus, die nicht nur ich bewunderte. Bei ihrer Arbeit als Pflegerin im Altersheim liebten sie die alten Damen und später als Verwaltungsangestellte im »Kulturinstitut Uruguay – DDR« war sie bei den Schülern, die Deutsch-Unterricht nahmen, ebenso beliebt wie bei den Lehrerinnen. Diese urwüchsige Sympathie, eine schlichte Herzlichkeit, habe ich öfters bei Uruguayern gefunden. Ich wage, sie als einen Wesensbestandteil der Criollos zu bezeichnen – bei allem Vorbehalt, mit dem nationalen Charakterisierungen überhaupt zu begegnen ist. Amanda, mit der ich im »Comité Popular del Barrio Sur« zusammenarbeitete, war Literaturprofessorin, bis sie eines Tages in der Stickluft der »McCarthy«-Ära, die die USA auch auf ihren südamerikanischen Hinterhof verpflanzt hatten, entlassen wurde. Sie hatte ein Gedicht von Ethel Rosenberg in der Klasse vorgelesen. Jene mutige US-Amerikanerin wurde bekanntlich ihrer kommunistischen Überzeugung wegen unter der Anklage, Atomspionin zu sein, zusammen mit ihrem Mann auf dem elektrischen Stuhl hingerichtet. Amanda jedenfalls, wiewohl von Herkunft und Beruf dem Bildungsbürgertum angehörig, riss mit ihrer Sympathie, mehr noch als mit Argumenten, Jung und Alt mit. Wie ein Wirbelwind, der ungestüm durch die in Lethargie dahinschlummernden Conventillos weht, stellte sie sich mitten in den Hof; die Faust in die Hüfte gestemmt, den Rumpf zurückgebogen, die unruhigen blonden Locken über der Stirn, und rief mit kristallklarer Stimme: »He! Mädels!« Und »Mädels« waren alle. Die Jungen und die Alten. Und dann erklärte sie, weshalb sie zur Versammlung kommen müssten oder zur Kundgebung oder zum Marsch zum Rathaus. Sie war zärtlich und verträumt. Ein Sturm, wenn sie zürnte. Unermüdlich bei allem, was sie in die Hände nahm. Doch nie drängte sie sich auf oder übertrumpfte des anderen Persönlichkeit. Im Gegenteil, sie half ihm oder ihr, hochzukommen, aus sich herauszugehen. Eben deshalb wohl war sie die Vertraute aller Frauen. Nur ihr schütteten sie ihre Herzen aus, erzählten ihre intimsten Probleme. Die Männer hingegen achteten sie voller Respekt. Sie, eine »Professorin«. Kam sie zu einer Zusammenkunft und alle Plätze waren besetzt, so standen die Männer zuvorkommend auf und boten ihr Platz. Und sie, mit einer Geste, wie »Bitte, keine Umstände meinetwegen«, setzte sich wie ein kleines Mädchen auf den Fußboden.

War Amanda »von oben nach unten« gestiegen, so ging es bei Héctor, mit dem zusammen wir den Grundstein zum »Comité Popular« gelegt hatten, von »unten nach oben«. Doch ebenfalls ohne dass er seine schlichte Art und Offenheit, seine Gefühlswärme verlor. Als wir ihn kennen lernten, bewachte er eine Garage. Nachts stellen die Autobesitzer in Montevideo, falls sie keine eigene Garage haben, ihre Wagen für eine monatliche Miete in einem Schuppen ab. Der Sicherheit wegen lässt niemand sein Auto über Nacht auf der Straße. In Héctors Garage kamen wir im engeren Kreis oft bis weit nach Mitternacht zusammen. Beim Mate, der die Runde machte, diskutierten wir, fingen bei den Stadtteilproblemen an und kamen dann auf Kunst, Liebe und die Zukunft der Welt. Dabei konnte ich nur bewundern, wie Héctor als Autodidakt sich Kenntnisse und Kultur angeeignet hatte, die manchmal selbst in so genannten »besseren Kreisen« nicht zu finden waren. Vor allem aber eine intuitive Herzensbildung, eine Anteilnahme, die nur einem Sich-Einfühlen in die Lage anderer entspringen kann. Lange Zeit darauf sah ich ihn wieder. Er war die soziale Leiter emporgestiegen. Als Versicherungsagent verkehrte er in höchsten Unternehmerkreisen. Aber er war sich treu geblieben.

Wenn ich also mein Verhältnis zu Coca betrachte, meine ich, viele Unstimmigkeiten auf unsere verschiedene Herkunft zurückführen zu können. Denn zu unserem Unglück waren wir beide Prototypen. Ich Deutscher und sie Criolla. Ich hätte Lust gehabt, mich zu wandeln, doch trotz aller Einsicht bin ich nur wenig aus meiner elefantendicken Haut herausgekommen.

Dass wir nach sechs Jahren Trennung wieder zusammenkamen, war darum – leider – nicht meiner Selbstkritik oder »Criollisierung« zuzuschreiben. Für mich war Florencia nur ein kurzes Zwischenspiel gewesen und Cocas Freund Wilder – dieser ein echter Criollo! – hatte sie verlassen. Der Grund dazu mochten unsere Kinder gewesen sein. Obwohl er gut zu ihnen war, störte ihn doch, dass es nicht seine Kinder waren, und da er nicht für ihren Unterhalt aufkam, bei seinem Einkommen es auch nicht gekonnt hätte, betrachtete er sie wohl als eine Barriere zwischen ihm und Coca. Es mochte dazukommen, dass seine Familie ihm zusetzte, weil er sich mit einer geschiedenen Frau mit Kindern eingelassen hatte. Vielleicht störte ihn auch, dass ich sie an den Wochenenden besuchte und den Kindern bei den Schularbeiten half. In meine kleine Stube gegenüber dem Friedhof konnte ich sie nicht mitnehmen. Natürlich redete ich auch mit Coca, wenn ich dort war – übrigens ebenso wie mit ihrem Freund, der ein netter und aufgeweckter Mann war. Ich hatte diesbezüglich keine Vorurteile, er hingegen umso mehr. Das mochte daran liegen, dass ich die Situation und unsere gegenseitigen Beziehungen mehr verstandesmäßig begriff, während er sich in seiner intimen Welt beobachtet und beengt fühlte. Jedenfalls brach er von einem Tag auf den anderen mit Coca, und plötzlich sah sie sich allein und verlassen. Ein wahres Trauma, das sie lange Zeit nicht bewältigen konnte, zumal sie in einer Art Verdrängung alle Schuld am Bruch auf seine Familie, vor allem auf seine Schwester Jenny schob. Wohl um nicht ihm, nicht sich und nicht mir die Schuld zu geben. Mochte auch ein Kern Wahrheit in ihrer Annahme sein, so war Wilder doch erwachsen und selbstständig genug, um für seine Entscheidung selbst die Verantwortung zu tragen. Coca wollte das aber nicht begreifen und so bildete sich bei ihr ein wahrer Komplex, bei dem Jenny die Rolle der Dämonin, die eine gut funktionierende Lebensgemeinschaft zerstört, spielte. Wahrscheinlich wusste Jenny nicht einmal von dieser Rolle. Aber Coca dachte an nichts Anderes, als sich für Jennys teuflische Intrige, ihr den Bruder abspenstig gemacht zu haben, zu rächen. Da das jedoch nicht möglich war, verfiel sie in eine tiefe Depression, ließ sich gehen, aß immer weniger, kümmerte sich um nichts, weder um den Haushalt noch um mehr als das Nötigste für die Kinder. Elly, damals etwa zwölf Jahre alt, übernahm die Haushaltsführung, kaufte ein, kochte, wusch, kümmerte sich um den vier Jahre jüngeren Bruder, während die Mutter ins Grübeln verfallen war. Als sie an Selbstmord dachte – sie sagte, sie würde sich einen Waffenschein besorgen, um einen Revolver zu kaufen und sich eine Kugel durch den Kopf jagen –, meinte Elly sarkastisch: »Mama wird um amtliche Erlaubnis ersuchen, sich erschießen zu dürfen.«

Würde ich behaupten, ich hätte aus Mitleid eingegriffen, träfe das nicht die Sache. Mag sein, es war nicht das, was man eine »große Liebe« nennt, aber ich hatte Coca wirklich gern. So redete ich ihr zu, sie solle einen Strich unter die Vergangenheit machen, sie sei jung und das Leben liege noch vor ihr. Doch Worte halfen da nicht. Einmal lud ich sie ein auszugehen. Im Stadion gab es eine Vorstellung: »Ein Leben – Ein Dollar«. Und Coca willigte ein. Das satirische Schauspiel, fast ein Musical, handelte von einem Schwarzen in den USA, der wegen Diebstahls von einem Dollar auf den elektrischen Stuhl kam. So weit es dabei etwas zu lachen gab, lachten wir. Das heißt, das Besondere daran war: Coca lachte mit. Der Bann des Trübsinns war durchbrochen. Danach machten wir noch einen Umweg, wir spazierten plaudernd um Mitternacht durch den »Parque de los Aliados«, der Mond versteckte sich diskret hinter einer Wolke – und es war wie früher.

Wir beide hatten unsere Einsamkeit überwunden, wir zogen wieder zusammen, später schlug ich Coca sogar die Heirat vor. Diesmal nicht aus deutscher Ordnungs- und Legalisierungssucht, sondern weil ich älter war und für den Fall des Falles dem Staat nicht meine Altersrente schenken wollte. Denn dass amtliche Beglaubigungen keine Garantie für glückliche Ehen sind, davon war Coca so überzeugt wie ich. Doch die praktisch-finanziellen Gründe sah auch sie ein, und so heiratete ich meine Frau.

Mit etwas Erspartem, einem Darlehen meines Chefs – immer noch Don Julio, der Ungar – und einem in dreißig Jahren rückzahlbaren Kredit der staatlichen Hypothekenbank kauften wir ein Häuschen mit Garten am Stadtrand, nicht weit von der Fabrik, in der ich arbeitete. Die monatliche Hypothekenrate war anfangs nicht leicht zu verkraften, doch bei der galoppierenden Inflation, an die damals die Raten noch nicht angeglichen wurden, wurde es immer leichter zu zahlen. Das war für uns fantastisch, für die Volkswirtschaft katastrophal. Die Hypothekenbank entkapitalisierte sich mit verheerenden Folgen für das Baugewerbe. Als ich nach vier Jahren Don Julios Darlehen zurückgezahlt hatte, gab er mir die Zinsen zurück, und wir kauften ein Klavier für die Kinder. Die ersten Jahre verbrachten wir recht glücklich. Das Landleben war für uns, die wir bis dahin mitten in der Stadt gewohnt hatten, neu und anregend, besonders natürlich für die Kinder. Am ersten Tag, als wir eben erst eingezogen waren, ließ sich von einer Wiese hinter unserem Garten das Blöken einer Kuh vernehmen. »Mama, ist dir nicht gut?«, fragte Elly erschreckt. Als Stadtkind hatte sie Rinder bisher nur aus Büchern gekannt. Früher waren die Kinder in die »Deutsche Schule« gegangen, eine Privatschule. Jetzt war der Schulweg dorthin zu weit, und so gingen sie in eine staatliche Schule in der Nähe. Die Schulkinder in Uruguay tragen bis heute alle eine weiße Tunika und eine blaue Schleife. Wir wunderten uns, dass Peter stets mit einer schmutzigen Tunika nach Hause kam, bis wir entdeckten, dass er sich schon auf dem Hinweg zur Schule auf der Erde herumwälzte. Er schämte sich, als Einziger mit einer blitzblanken und gestärkten Tunika zum Unterricht zu kommen. In dieser Schule waren die meisten Kinder aus sehr armen Familien, die es sich nicht leisten konnten, ihre Kinder sauber zu kleiden, oder sie auch aus Zeitmangel vernachlässigten.

Für Peter, der in der »Deutschen Schule« nie Armut gesehen hatte, war es ein Trauma: Kinder, die hungrig in die Schule kommen, die der Lehrerin ihr Frühstück stehlen. Vor allem ein Junge, Apistegui, hatte es ihm angetan. Er sprach von nichts Anderem. Coca gab ihm die doppelte Ration Schulbrot mit, damit er mit Apistegui teilte. Doch Peter war von dem Gedanken an Apisteguis geflickte schmutzige Kleider, seine zerlöcherten Schuhe, seinen steten Hunger wie besessen. So ging Coca eines Tages mit ihm zum Elternhaus von Apistegui. Vielleicht konnten sich bei näherem Umgang, wenn sie sich anfreundeten, Peters Zwangsvorstellungen lösen. Sie war erstaunt, ein prächtiges Haus mit besseren Möbeln als den unseren zu betreten. Als sie mit den Eltern redete, erkannte sie, dass das ganze Apistegui-Problem darin bestand, dass sein Vater wie seine Mutter ganztags arbeiteten und dabei ihren Sohn vernachlässigten, ihn sich selbst überließen. Peter erholte sich von seinem Trauma.

In unserem Garten bauten wir Gemüse wie Tomaten, Mais, Zwiebeln, sogar Kartoffeln an. Das war eine gute Hilfe für unser meist defizitäres Haushaltsbudget. Zugleich aber war der Garten eine Erholungsstätte für uns und oft auch für Freunde. Hier konnten sich die Kinder austoben. Sie lebten ungebundener als vorher im Zentrum der Millionenstadt Montevideo. Peter und Thomas, Sohn einer guten Bekannten, bildeten zusammen mit anderen Nachbarskindern ein Orchester. Mit Pauke, Blockflöte, Bandoneon und Harmonika zogen sie im Karneval durch die Straßen unseres Viertels oder musizierten bis spät in die Nacht hinein unter dem Vordach unseres Häuschens. Eine herrliche Zeit!

Urlaub von Uruguay

In Europa hat man Uruguay einmal die »Schweiz Südamerikas« genannt. Selbst viele Uruguayer mochten bis Mitte der sechziger Jahre glauben, dass ihr Land eher ein Brückenkopf Westeuropas als ein Teil des unruhigen Kontinents Lateinamerika war. Denn direkt nebenan erschütterte ein Staatsstreich nach dem anderen Argentinien, Brasilien, Paraguay und Bolivien. Eine Militärdiktatur löste die nächste ab, bestenfalls ließ sie einen gewählten Präsidenten ein paar Jahre amtieren, doch nie bis zum Ende seines Mandats.

Mit Ausnahme der wenigen Jahre von 1933 bis 1938, in denen mit Hilfe der Feuerwehr ein Präsident sich über die Verfassung des Landes hinwegsetzte und mit einem Rumpfparlament regierte, hatte es in Uruguay seit 1905 weder Bürgerkriege noch Diktaturen gegeben. Wohl gab es Armut, aber auch einen starken Mittelstand, der zum großen Teil über den ausgedehnten Bereich der Staatsunternehmen und öffentlichen Dienstleistungen an die beiden »traditionellen« Parteien, die Colorados in der Hauptstadt und die Blancos auf dem Lande, gebunden war. Das gab dem Land demokratische Stabilität, solange Fleisch, Wolle, Leder im durch Krieg und Nachkriegszeit zerrütteten Europa gefragt waren und sich ohne zu starke ausländische Konkurrenz eine Industrie für den Binnenmarkt entwickeln konnte.

Doch nach Beendigung des Koreakrieges 1954 war es damit vorbei. Die Spekulationen der uruguayischen Unternehmer auf eine Zuspitzung des Ost-West-Konflikts, ein erneutes Anheizen des »Kalten Krieges« schlugen fehl. Die Preise der einzigen Exportprodukte – Rinder und Schafe – fielen auf dem Weltmarkt, das europäische, vor allem aber das nordamerikanische Kapital begann zu expandieren, überschwemmte den lateinamerikanischen Kontinent mit Waren, Waffen und Anleihen. Auch Uruguay fiel diesem Ansturm zum Opfer, Teuerung und Inflation stiegen steil an und verschärften die sozialen Konflikte. Da erst merkten die Uruguayer, dass sie, obwohl sie hundertzwanzig Jahre zuvor die letzten Ureinwohner, die Charrúas, ausgerottet und ihre Kultur aus Frankreich und Spanien importiert hatten, nicht in Europa, sondern in Südamerika lebten. Dass ihre »Erbsünde« die gleiche war wie die des ganzen südlichen Erdteils: die Vorherrschaft des Latifundiums, des wenig produktiven Großgrundbesitzes, die Monokultur und die Abhängigkeit von den kapitalistischen Industrieländern. Wobei das eine das andere bedingt: Wer nur Rohstoffe anzubieten hat, ob Kupfer, Kaffee oder Rindfleisch, ist auf ausländische Industrie und Schifffahrt angewiesen. Schon in den sechziger Jahren des 20. Jahrhunderts wurde Uruguay von großen Streiks erschüttert. Arbeitslosigkeit und Teuerung hatten nicht nur die Arbeiter, sondern auch den Mittelstand radikalisiert, die linken Parteien begannen sich zusammenzuschließen, die Gewerkschaften vereinten sich in einer Einheitszentrale, die bei der Politisierung des öffentlichen Lebens ein zunehmend politisches Gewicht bekam.

Die Revolution in Kuba fand auch in Uruguay starke Resonanz. Der Sozialismus war jetzt auf unserem Erdteil, sprach unsere Sprache und das nur siebzig Meilen entfernt vor der Bastion des Weltgendarmen des Kapitals gelegen, dessen Invasion der Insel im Jahre 1961 gescheitert war. Der Ausschluss Kubas aus der Organisation Amerikanischer Staaten und der Abbruch der diplomatischen Beziehungen gegen die Verheißung einiger Millionen Dollar von Kennedys »Allianz für den Fortschritt« – die Verheißung bleiben sollten – lösten in Uruguay eine Welle der Empörung aus, die auch weite Kreise des Bürgertums ergriff. Ein Ausdruck der Radikalisierung des Mittelstandes – eine Mischung aus revolutionärer Ungeduld und Elitedenken – war die Entstehung der Stadtguerilla der Tupamaros im Jahre 1964 . Eine Bewegung, die trotz großer anfänglicher Sympathien den Rückhalt im Volk verspielte und so in eine Sackgasse führte und führen musste.

Im August 1968 wurde, nach dem plötzlichen Tod des gerade erst gewählten Präsidenten Oscar Gestido, der Vizepräsident Jorge Pacheco Areco, zum Präsident bestimmt, und mit ihm und seinem »Kabinett der Bankiers« begann zugleich eine bis dahin unbekannte Reallohnsenkung und die Aufhebung des Streikrechts. Gegen die streikenden Bankangestellten, gegen die Arbeiter der Elektrizitätswerke und der Gefrierfleischfabriken setzte er Militär ein, regierte mit dem Ausnahmezustand, gab der Armee Blankovollmachten gegen die Tupamaros und setzte für lange Zeit persönliche und politische Freiheiten außer Kraft. Sein Gesetz zur Einfrierung der Löhne spitzte bei steigender Teuerung die Gewerkschaftskämpfe zu. Die Zentrale der Einheitsgewerkschaft gewann an Einfluss. Und zu den Wahlen im Jahre 1971 fanden sich alle linken Parteien, von den Kommunisten bis zu den Christdemokraten, einschließlich der linken Flügel der Colorados und der Blancos, in einer Einheitsfront, der Frente Amplio (Breite Front), zusammen. Die Perspektive eines nahen Umbruchs der verknöcherten sozialen Strukturen und die Bedrohung althergebrachter Privilegien waren es dann auch, die im Juni 1973 den Staatsstreich der Militärs und ihre darauf folgende zwölfjährige Diktatur auslösten. Nicht etwa die Tupamaros, die ein Jahr zuvor bereits geschlagen worden waren.

In jener wild bewegten Epoche betätigte ich mich – nach drei Jahrzehnten wieder– im Journalismus. Ich half bei der Redaktion und beim Umbruch der Betriebs- und Stadtteilzeitungen der kommunistischen lokalen Organisationen. Das war eine interessante Aufgabe, denn von Ort zu Ort gab es die verschiedensten Probleme, und auch Sprache und Stil waren je nach Tradition der Belegschaften oder entsprechend der sozialen Schicht eines Stadtteils nicht die gleichen, wenn auch die nationale Realität und somit deren Alternative alle einte. Vor allem die Monatszeitschriften der Gefrierfleischfabriken, Erdölraffinerien, Eisenbahnen, Elektrizitätswerke, Wollfabriken waren wichtige Sprachrohre der Partei und erhielten besondere Förderung.

Diese realitätsbezogene politische Arbeit war möglich geworden, seitdem die Kommunistische Partei Uruguays – eine Art Perestroika vorwegnehmend, sogar noch vor Chruschtschows Enthüllungen – sich ihres Parteisekretärs Eugenio Gómez, eines Mini-Stalins, entledigt hatte. Dabei war sie jedoch nicht stehen geblieben, sie leitete eine offene und selbstkritische Debatte ein, die zu einer Analyse der besonderen nationalen Realität des Landes und einem dementsprechenden Programm mittel- und unmittelbarer Krisenlösungen führte. Einem Programm, das den Sozialismus zwar als Endziel ansteuerte, der gegenwärtigen Entwicklungsstufe des Landes jedoch als nicht angepasst betrachtete. Dafür trat sie für eine Änderung der überkommenen Sozialstrukturen ein, für eine radikale Agrarreform, die mit dem rückständigen Großgrundbesitz Schluss machen sollte und den Bauern und Landwirten Land zur Verfügung stellen sollte und eine Befreiung von den wirtschaftlichen und militärischen Bindungen an den Imperialismus anstrebte. Das lag nicht allein im Interesse der Arbeiterklasse, sondern auch breiter Schichten des Mittelstandes, der kleinen und mittleren Unternehmer und vieler Landwirte. Aus diesem Grund spielte die KPU auch eine wichtige Rolle bei der Gründung der linken Einheitsfront Frente Amplio. Deren gemeinsamer Präsidentschaftskandidat war der General a.D. Líber Seregni, und bei den Wahlen im November 1971 gab jeder fünfte Bürger im Lande und jeder dritte in Montevideo seine Stimme für ihn und die neue Linkskoalition ab.

In diesen Jahren lernte ich mehr als nur elementare journalistische Praxis, ich lernte viele Bereiche der uruguayischen Arbeitswelt und auch viele Stadtteile kennen, ihre besonderen Probleme und deren gemeinsamen Nenner. Und ich suchte meine großenteils autodidaktisch erworbenen Kenntnisse anderen, die weniger wussten, zu vermitteln – bei der gemeinsamen Arbeit an den Zeitschriften und über einen Zyklus von Kursen. Als Resümee meiner Erfahrungen bei dieser besonderen Art von Basis-Journalismus verfasste ich sogar ein Handbuch, das in den Wirren jener Zeit allerdings verloren ging. Die intensive Beschäftigung nahm viel Zeit in Anspruch, zumal ich dabei oft weite Strecken innerhalb der Stadt zurücklegen musste. Bei den in der Fabrik anhaltenden Überstunden blieb da für die Familie wiederum nicht viel mehr als das Wochenende übrig. Und da war ich oft todmüde. Zum Glück hatte ich meinen Lohn aufbessern können. Produktion und Belegschaft waren erweitert worden, seitdem die Fabrik an den Stadtrand, nahe der Landstraße nach Colón, übergesiedelt war. Ich betätigte mich jetzt mehr als Techniker, arbeitete Pläne aus, machte Kostenvoranschläge, obwohl ich weiterhin als Vorarbeiter in der Liste des Arbeitsamts geführt wurde. Jedenfalls hatte ich etwas Geld zurücklegen können, in der Absicht, doch noch einmal nach Europa reisen zu können. Sowohl in der Bundesrepublik als auch in der DDR hatte ich gute Freunde und in Israel wollte ich, nach einem Vierteljahrhundert, meinen Bruder und meine Schwester besuchen. Die Gelegenheit bot sich im Jahr 1963. Damals war es mit dem Schiff noch billiger als mit dem Flugzeug und das Geld reichte knapp für die Reise und den Unterhalt von Coca und den Kindern während meiner Abwesenheit. Für mich war es an der Zeit, einmal auszuspannen und meinen Horizont, der bisher an den Grenzen Uruguays endete, zu erweitern.

Im Hafen der brasilianischen Stadt Santos hat die »Augustus« vier Stunden Aufenthalt. Dort erwarteten mich Stefan und Rudi, zwei Breslauer Freunde aus der »Kameraden«-Zeit. Mit Rudi zusammen hatte ich das illegale Bulletin unter den Nazis hergestellt. Nach fünfundzwanzig Jahren betrete ich dann 1963 zum ersten Mal wieder den europäischen Kontinent. In Lissabon habe ich wenige Stunden Aufenthalt.

Jetzt sehe ich alles mit den Augen eines Uruguayers. Ich vergleiche. Zwischen den beiden Gleisen der Eisenbahn, an denen entlang ich zur Stadtmitte gehe, ist kaum mehr als ein Meter Raum. Aber auf diesem Stückchen Erde ist alles bepflanzt: Zwiebeln, Salat, Kohl. Ich schließe die Augen und sehe vor mir die enormen grünen Flächen in Uruguay, wo nichts angebaut ist. Wie auf einem Filmstreifen zieht die französische Riviera an uns vorbei. Nizza, Monte Carlo, San Remo, die Traumparadiese der Millionäre. Um das Bild abzurunden, liegen vor Cannes fünf amerikanische Kriegsschiffe. In Neapel bleibe ich drei Tage, bis das Schiff nach Haifa abfährt. Gleich den ersten Tag falle ich – ein blauäugiger südamerikanischer Tourist – dem Nepp zum Opfer. Armando erbietet sich, mir – gleich, was ich zahlen will – Pompeji zu zeigen. Schon sitze ich in seinem Auto, er redet unermüdlich in spanischähnlichem Dialekt auf mich ein und zeigt mir Pompeji und Sorrento. Zu Mittag essen und trinken wir fürstlich in einem Ristorante – ich hätte mich mit weniger beschieden – und er berechnet »nur das Benzin«. Alles in allem aber geht meine Geldration für vier Tage bei diesem Ausflug drauf. Von der Festung Sankt Elmo hat man einen herrlichen Ausblick auf die Bucht von Neapel. Hier könnte gelten: »Neapel sehen und sterben.« Ich kann mich an dem Schauspiel nicht satt sehen.

Ich bin beeindruckt von der Religiosität in Italien. Das gibt es in Uruguay nicht. Seit einhundert Jahren sind Staat und Kirche in Uruguay per Gesetz getrennt. Infolgedessen gibt es nicht viele gläubige Katholiken. Hier aber sieht man neben fast jeder zweiten Haustür eine Nische, in der eine Madonna mit dem Jesuskind steht. Auch die Menge der Kirchen ist außerordentlich. Andererseits, nirgends habe ich so viele Prostituierte wie hier gesehen. Unter jeder Straßenlaterne. Auf den Straßen, in den Parks, überall sieht man auch Pärchen, die sich in aller

Öffentlichkeit abknutschen. Seither ist mir der Katholizismus der Italiener ein wenig fragwürdig geworden.

Von Museen und anderen Sehenswürdigkeiten soll hier nicht die Rede sein. Dafür gibt es Reiseprospekte und kunstgeschichtliche Fachbücher. Nur das, was mich, den bescheidenen Touristen aus Südamerika, besonders beeindruckt hat. Da ist die Insel Capri. Zu der berühmten »Blauen Grotte« gelange ich nicht. An diesem Tag ist das Wasserniveau am Eingang zur Höhle nicht hoch genug, um das Motorboot einzulassen. Dafür steige ich zwischen Steinmauern über einen Serpentinenweg die in Terrassen angelegten Weingärten hinauf zum Monte Tiberius.

Oben auf dem »Absturz des Tiberius« verzehre ich meinen mitgebrachten Proviant und schaue sinnend in die Tiefe. Dreihundert Meter darunter bricht das Meer sich schäumend an den herausragenden Felsbrocken. Hier stürzte nicht etwa der Kaiser Tiberius ab, sondern er ließ jeden Tag zwanzig der schönsten Römerinnen, extra zu diesem Zweck von seinen Soldaten eingefangen, hinabstürzen. Wo ich jetzt sitze, sah er dem grausigen Schauspiel zu. Die zehn Meter hohe Madonna dort am Gipfel soll die Schandtat wahrscheinlich kompensieren. Wieder am Hafen unten, schaue ich mir noch die »Bagni di Tiberius« an. Darüber erheben sich steil die Abhänge von Anacapri. San Michele liegt auf halber Höhe, wie an den Fels geklebt. Zusammen mit den Steinmauern des Palastes, die aus dem Wasser ragen ergeben sie ein fantastisches Bild! Und da spielen die jungen Leute Fußball inmitten dieses Panoramas, die Fans feuern die Mannschaften mit wildem Geschrei »Capri« und »Anacapri« an. Alle Augen starr auf den Ball gerichtet. Was dem einen der Gipfel der Sinnesfreude, ist dem anderen sein gewohnter Alltag.

Nach sechsundzwanzig Jahren sah ich meine Schwester Suse im Hafen von Haifa wieder. Zuerst erschrak ich. Sie sah nicht alt aus, aber ihr Gesicht schien von Leid gezeichnet. Sie musste viel durchgemacht haben. Soviel ich wusste, war sie erst in einem Kibbuz gewesen, hatte sich dort aber nicht sehr glücklich gefühlt. Dann, während des Krieges, diente sie in der englischen Armee in Afrika, wo sie einen LKW chauffierte. Nach dem Krieg hatte sie sich als Hausgehilfin vorgestellt. Das funktionierte nicht, sie konnte damals noch nicht kochen. Also auch ein Exilschicksal? Gerade in dem Land, das später ihre »nationale Heimstätte« werden sollte? Und es dann ja auch wurde.

Der Mann, den sie geheiratet hatte, war anscheinend ein Genie, aber leider auch eine verkrachte Existenz, ein Bohemien. Suses weiße Haare – sie war fünf Jahre jünger als ich – erklärten sich mir aus ihrer Arbeit. Sie hatte für sich, für Ami, ihren Jungen und ihren Mann aufkommen müssen, dazu noch für die Schulden, die er machte. Jetzt suchte sie im staatlichen Geologischen Institut als Computerprogrammiererin unter dem Wüstenboden nach Wasser, Erdöl und Mineralien. Je mehr ich sie wieder kennen lernte, offenbarte sich mir hinter dem leidvollen

Gesicht Ausgewogenheit und innere Ruhe. Aus ihrer Stimme sprach Bedachtsamkeit und schlichte Güte. Im Ton, wie sie singend »Schalom« sagte, spürte ich Friedfertigkeit. Was es in diesem Lande, wo dieser Friedenswunsch der zu allen Tageszeiten gängige Gruß ist, durchaus nicht immer bedeutet. Mein Bruder Heinz konnte mich nicht direkt begrüßen, er lag mit Fieber im Bett und konnte kaum sprechen, als ich mit Suse in Tel Aviv ankam. So fuhr ich mit ihr gleich weiter nach Jerusalem, wo sie schon seit längerem lebte.

Israel war kein Land für mich. So viel Militär hatte ich noch auf keiner Straße der Welt gesehen. Jungen und Mädchen in Uniform machen Autostopp am Rande der Landstraße. In den Cafés und Restaurants lehnen sie ihre Maschinenpistole an den Tisch und setzen sich, um einen Kaffe zu trinken oder einen Imbiss einzunehmen.

Nein, hier mochte ich nicht leben. Es ist nicht die Unsicherheit, die Kriegsgefahr, es ist dieser kurzsichtige Nationalismus, der keine anderen Rechte als die eigenen anerkennt. Als Juden wurden die Menschen verfolgt. Vor den Verfolgungen – wegen »Rasse«, Religion oder als Volk, was auch immer vorgegeben wurde – flüchteten sie hierher und begreifen nicht, wie es anderen Völkern, wie dem palästinensischen Volk zumute ist, wenn sie verfolgt und unterdrückt werden.

Wir kamen in Jerusalem an. Eine faszinierende Stadt. Auf Hügeln verstreut liegen die Häuser in weißgelbem bis rötlichem Stein, der an Ort und Stelle abgebaut und behauen wird. Selbst die neuen Hochhäuser aus Beton sind in diesem Stil erbaut. Oft sind sie verkleidet, als ob sie auch aus Kalksteinen erbaut wären. Viele neue Siedlungen. Die Fenster sind klein, die Balkons liegen oft hinter gitterartig versetzten Backsteinen. Die Sonne brennt in diesem Land mit großer Intensität. Die Menschen suchen den Schatten. Von Suses Fenster aus sieht man direkt gegenüber die Berge Jordaniens (die heutige Westbank). Noch viel unbebautes Land damals, steinig überall, wenig grüne Vegetation dazwischen und noch weniger Bäume. Aber sie übt einen eigenartigen Reiz aus, diese Landschaft, zu der die Häuser der Stadt passen. An den Abhängen sind Terrassen angelegt, die sich treppenartig ins Tal ziehen. Mit Steinmauern eingefasst, bewahren sie die dünne Erdschicht vor dem Abspülen durch Regen. Die Straßen schlängeln sich in langen Kurven bergauf, bergab. Eine kristallklare, reine Luft, der Himmel ist tagsüber von einem wolkenlos tiefen Hellblau. In der Abenddämmerung verfärbt sich der Horizont zu einem flammenden Rot, um sehr bald in das Dunkelblau der Nacht überzugehen, gegen das die Bergrücken sich in scharfen Konturen schwarz abheben. Mea Shearim, das fromme Viertel, ist eine Welt für sich. Ein Hauch von Mittelalter liegt über diesem Stadtteil. Die Männer gehen trotz der irren Hitze mit schwarzer Jacke, Weste, langen Hosen oder mit dem Kaftan, tragen Hüte mit breiten Krempen, die Frauen sind in bis zu den Füßen gehenden Röcken und mit Kopftüchern verhüllt. Auch ich muss mir eine Mütze aufsetzen. Wir verirren uns, aber Suse darf keinen Mann nach dem Weg fragen. Das wäre eine Provokation. Wenn sich eine Frau im Omnibus neben so einen »Schwarzen« setzt, steht der auf und setzt sich woanders hin. Verirrt sich an einem Sabbat ein Auto in diese Gegend, so muss der Fahrer mit eingeschlagenen Scheiben rechnen. Die meisten der Frömmsten leben ausschließlich vom Beten und von der Unterstützung orthodoxer Gemeinden im Ausland.

Mit Uri, dem Sohn meines Bruders Heinz, bin ich mit der Eisenbahn nach Tel Aviv gefahren. Dort habe ich mich mit zwei Jugendfreundinnen aus der Breslauer »Kameraden«-Zeit verabredet. Eva, meine erste – unvollendete – Liebe, lebt seit der Besetzung der Tschechoslowakei in Schweden, Bemme in Israel. Treffpunkt soll ein Café auf dem Dietzengoffplatz sein. Als ich komme, sitzen beide schon an einem Tisch. Nach herzlicher Begrüßung frage ich Eva über Schweden aus und will von Bemme wissen, wie sie sich, mit internationalistischen Ideen hergekommen, hier fühlt. Sie lassen sich ausfragen, nur kommen die Antworten von der jeweils nicht Befragten. Die ich für Eva halte, ist Bemme und die ich für Bemme halte, Eva. Was für eine Blamage! Gewiss, fast drei Jahrzehnte haben wir uns nicht gesehen, aber das sollte eine »ewige Liebe« werden? In Tel Aviv wohne ich bei meinem Bruder. Heinz ist als Landvermesser schon unter den Engländern viel herumgekommen, bis nach Syrien und den Libanon. Sein Garten ist ein botanisches Sammelsurium. Seine Bilder – Malen ist sein Hobby – stellen meist Landschaften dar. Oder besser gesagt, Stimmungen von Landschaften, so Verträumtheit: drei hochragende, schlanke Weidenstämme auf dem Blau des Tiberiassees.

Nach einem schmerzlichen Abschied von Heinz und Suse – würde ein weiteres Vierteljahrhundert vergehen, bevor wir uns wiedersehen? – und nach kurzem Aufenthalt im Rom der Antike und im Florenz der Renaissance fuhr ich mit der Bahn in das Land des »real existierenden Sozialismus«.

Nicht ohne Vorwarnung. Bei der Durchreise durch den Korridor nach Berlin gab mir ein Westberliner im Zugabteil gute Ratschläge. Ich solle mich, bevor ich mich nach Ostberlin hineinwagte, gut mit Aufschnitt und Fleischkonserven versorgen. Drüben gebe es nur soundsoviel Gramm Fleischwaren pro Woche und pro Person zugeteilt. Gleich zum ersten Abendbrot bei meinen alten Freunden aus der Zeit des »Antifaschistischen Deutschen Komitees in Montevideo« aß ich den Aufschnitt meiner ganzen Wochenration. Und am nächsten Tag beim Mittagessen die Fleischration. Ich sollte jedoch während meines zehntägigen Aufenthalts weder an Fleisch- noch Proteinmangel leiden. Entstellte Bilder von der Wirklichkeit im jeweils anderen Deutschland fand ich allerdings hüben wie drüben.

Mein Freund führt mich in eine Schule. Ich erinnere mich an die Schulen, in denen Peter und Elly in Montevideo die Bänke drückten, und mir läuft ein Schauer über den Rücken. Der Vergleich mag unstatthaft sein, aber schließlich komme ich nicht aus der Bundesrepublik, sondern aus Südamerika, wo viele Schulen mehr als baufällig sind. Das hier ist schon Luxus! Hier nehmen die Kinder nicht nur passiv Wissensstoff auf. Hier nehmen sie aktiv am Unterricht teil. Man sieht es in diesen Klassenräumen für Physik und Chemie. Unter jedem Pult ist eine Steckdose und ein Gashahn. Unzählige Apparate zum Anschließen stehen im Schrank: Elektromagneten, Bunsenbrenner, Reagenzgläser, für jeden Schüler zum Mitexperimentieren.

Ich fuhr danach noch mehrere Male zu Besuch in die DDR und immer bemerkte ich Neues und Fortschritte. Nicht allein bei Wohnbauten oder beim Angebot von Konsumgütern, auch im Verhalten der Menschen, ihrer Aufgeschlossenheit, ihrem selbstständigen Denken. Mehr, als sich in den Medien widerspiegelte, die nur ungenügend informierten, was in der Welt vorgeht, und vom eigenen Land oft nur Wunschbilder bringen. Was die Bürger der DDR wirklich dachten, konnte man auf der Straße oder in den Wohnungen hören, aber wenn es nicht ins vorgefasste Schema passte, war es aus der Presse nicht zu ersehen.

Den anderen Teil Deutschlands lernte ich auch kennen. Zuerst Westberlin, wo ich Lothar und Chaja traf, mit denen ich von Jugoslawien nach Uruguay gekommen war. Es ging ihnen nicht schlecht, vielleicht tatsächlich etwas besser als einer Angestelltenfamilie jenseits der Mauer. Sie waren bemüht, mir den westlichen Wohlstand vorzuführen. Was mich dabei frappierte, war, dass es gar nicht so sehr der eigene als vielmehr der sie umgebende Wohlstand war, der sie anscheinend besonders glücklich machte. Man zeigte mir herrlich ausgestattete Schaufenster. Was es da alles gab! Man führte mich ins KaDeWe, Chaja zeigte mir Früchte, die ich nicht einmal dem Namen nach kannte, mit dem Seitenhieb »Drüben gibt's das nicht«. Etwas, was sicherlich stimmte, auch deshalb weil man es »drüben« noch zu keiner Filiale der »United Fruit Co.« oder des »Nestle-Konzerns« gebracht hatte, die die Naturreichtümer der »Dritte-Welt-Länder« ausbeuten. Auf meine Frage, ob sie sich diese delikaten Leckerbissen denn leisten könnten, bekam ich eine etwas ausweichende Antwort, wie »als Extra schon« oder »da spart man halt mal an was anderem«.

Nach Westberlin machte ich Station in Frankfurt, Heidelberg, Freiburg und Hamburg. Meine nächste Station war Paris. Dort besuchte ich meine Tante Frieda. Sie war kurz nach dem Ersten Weltkrieg nach Frankreich gegangen, fühlte sich ganz als Französin und war in der Résistance aktiv gewesen. Jetzt war sie zwar schon über siebzig Jahre alt, aber immer noch rührig und vital. Außer dem Eiffelturm, Notre Dame, den Champs Elysées hielt sie auch die Folies Bérgères für sehenswert und begleitete mich dorthin. Komisch, dachte ich, wie sich in einer anderen Atmosphäre die Wahrnehmungen ändern. In Uruguay hätte diese Nacktheit obszön gewirkt, hier war sie einfach schön. Von Paris fuhr ich noch einmal in die Bundesrepublik zurück, fuhr auf einem Dampfer den Rhein von Bonn nach Rüdesheim hinauf und nahm Abschied von der so lang entwöhnten Heimat am Titisee im Schwarzwald. Es nieselte, die Täler lagen unter Nebelfetzen, die Spitze des Feldbergs war schneebedeckt, es tropfte von Tannen und Fichten, und ich setzte mich auf einen moosbepolsterten Baumstumpf. Ich schaute nachdenklich in die trübe, feuchte Landschaft. Deutschland. Hier bin ich geboren. Hier bin ich jung gewesen. Das war meine Heimat. Das schöne Land ist mir heute noch vertraut. Könnte ich nach dreißig Jahren hier wieder Wurzeln schlagen?

Wehmut und dumme Gedanken, wenn man die Passage für die Rückfahrt in der Tasche und Frau und Kinder in Montevideo hat.

Schattenseiten

Einer Firma über vier Jahrzehnte die Treue zu halten ist in Uruguay ungewöhnlich. Für die ersten drei Jahrzehnte ist es mir aber nicht als Verdienst anzurechnen. Ich war einfach zu träge und zu feige, die Stelle zu wechseln, einen Schritt ins Ungewisse zu tun, solange ich recht und schlecht den Unterhalt meiner Familie – zuweilen mit Cocas Hilfe – bestreiten konnte. Bei meinen Kenntnissen und Fähigkeiten hätte ich mich vielleicht sogar selbstständig machen können. Dass ich es nicht tat, lag an meiner politischen Überzeugung und Aktivität. Diese hätte ich auf jeden Fall opfern müssen. Coca hat mir, wenn unsere Finanzen knapp waren, oft meine Sturheit vorgeworfen. Obwohl sie politisch ähnlich dachte wie ich, stand sie, als Frau, jedoch mit beiden Füßen mehr auf dem Boden der Realität. Später bekam ich Angebote von anderen Firmen. Aber inzwischen hatte ich bei »Julio Berkes« bereits ein gutes Einkommen und wollte meine Seele nicht für ein paar Pesos mehr verkaufen, zumal ich mit Herz und Seele bei den interessanten Projekten war, die wir bearbeiteten.

Don Julio, der Gründer der Firma »Julio Berkes«, hatte bescheiden mit Heizanlagen angefangen, verlegte sich dann vor allem auf den Bau von Klimaanlagen, wobei er während der Kriegs- und Nachkriegsjahre die fehlende Konkurrenz der europäischen Industrieländer nutzte, um mit unserer primitiven Ausstattung all jene Elemente herzustellen, die für eine Sommer- und Winteranlage vonnöten sind. Wir fingen bei dem Leichtesten an, bei der Herstellung und Montage der Luftkanäle aus galvanisiertem Blech mit Korkisolation, stellten dann auch die Heiz- und die Kühlbatterien her, die Luftfilter und -befeuchter und wagten uns schließlich an die Fabrikation von Heizkesseln.

Der große Sprung war der Bau eines Dampfkessels. Es war der erste, der in Uruguay hergestellt wurde. Ein Ingenieur der Fakultät machte die Berechnungen und Pläne. Gegen den Widerstand der Importeure war es nicht einfach, die Erlaubnis zur Fabrikation zu erlangen. Aber der Kessel hielt allen Überprüfungen stand: den radiographischen Tests der Elektro-Schweißnähte, der Kontrolle des hydraulischen Drucks, der Überprüfung der Sicherheitsaggregate – diese waren allerdings importiert – und damit war das Misstrauen gegen »Made in Uruguay« gebrochen. Von da an war die Wahl zwischen einem nationalen und einem importierten Dampfkessel nur noch eine Frage des Preises, nicht mehr der Qualität und Sicherheit. Die niedrigen Löhne in Uruguay mochten bis zu einem gewissen Grad unsere primitiven Arbeitsgeräte und die fehlende Rationalisierung kompensieren. Ohne Zweifel, ein fundamentaler Faktor bei dem Gelingen unseres Dampfkesselprojekts war Don Julios Charakter. Von einer geradezu peinlichen Gründlichkeit und Gewissenhaftigkeit besessen, ließ er auch nicht das kleinste Detail bei der Herstellung außer Acht. Er war der geborene Handwerker aus alten Zeiten, und wir mussten nicht selten seine Wutanfälle wegen unbedeutender Abweichungen von einer Norm über uns ergehen lassen. Aber eben diese übertriebene Genauigkeit, ebenso wie sein Starrsinn, waren es, die zum Erfolg führten.

Zugleich war sein kleinlicher Handwerkergeist aber auch die Schranke, die dem Aufbau der Firma zu einem Industriebetrieb entgegenstand. Ihm fehlte das kommerzielle Fingerspitzengefühl, die Grenze zwischen noch akzeptabler Qualität und Zeit und Kosten sparender Herstellung zu finden. Denn in den sechziger Jahren wurde die nordamerikanische und europäische Konkurrenz, später auch die brasilianische, immer aggressiver. Kurz nachdem Don Julio eine große Werkhalle am Stadtrand hatte errichten lassen, bestückt mit neuen Maschinen und mit einem Laufkran, einem großen Flammenofen zum Ausglühen der geschweißten Kessel und einer Radiographie-Installation, verkaufte er die Werkstatt mit seinem berüchtigten Firmennamen an zwei Ingenieure und einen Kapitalisten, die bisher auch eine kleine metallurgische Werkstatt geführt hatten, jedoch wagemutiger und kommerziell beschlagener waren als er. Möglicherweise hatte er sich finanziell übernommen, fühlte sich wohl auch alt und wurde zunehmend kränklicher. Er stellte jedoch als Bedingung für den Verkauf, dass er als Fachberater mit entsprechendem Gehalt und gewiss auch einer Kapitalbeteiligung weiter mitarbeiten konnte. Die neuen Chefs und wir, die Arbeiter, die wir allesamt übernommen wurden, taten auch so, als ob Don Julio mit seiner Millimetermanie die Arbeiten weiter leitete. In Wahrheit wurde gemacht, wie und was die beiden Ingenieure für angebracht hielten. Ich selbst hatte von Beginn an dem Ingenieur Barreto unterbreitet, ich bestände auf einem Lohn gemäß der Funktion, die ich real erfüllte. Also nicht als Vorarbeiter, sondern als Techniker. Und Barreto kam dem nicht nur nach, sondern befreite mich auch immer mehr von den körperlich anstrengenden Arbeiten, die ich damals noch ausführte, und spannte mich immer mehr in die Kalkulation, Planung und Kostenberechnung ein. Was ich ganz und gar ablehnte, war, als Werkmeister zu fungieren und die Arbeiter anzutreiben. Der Ingenieur kannte meine politische Einstellung und auch meinen Charakter, er entsprach meinem Ersuchen und setzte einen anderen als Werkmeister ein. Meinen Arbeitsplatz verlegte er schließlich definitiv in die Chefetage. Im technischen Büro arbeiteten neben mir ein weiterer Techniker, der allerdings noch keine Erfahrung im Dampfkesselbau hatte, sowie zwei Zeichner. Ein Unternehmen mit 70 Arbeitern und zehn Angestellten galt in Uruguay schon als großer Betrieb. Ingenieur Barreto war ein Mann mit Pioniergeist, ein dynamischer Unternehmer, wie er in den Lehrbüchern des Kapitalismus von Henry Ford stehen mag, wie es sie aber heutzutage kaum noch – und in Uruguay am allerwenigsten – gibt. Ständig unternahm er gewagte Neuerungen, scheute sich nicht, zu experimentieren, Erfahrungen zu sammeln, auch Fehlschläge hinzunehmen und daraus zu lernen. Als erster und einziger Betrieb in Uruguay entwarfen und bauten wir eine Riesendrehbank, auf der man gewellte Flammenrohre bis zu 1,50 Meter Durchmesser herstellen konnte. In zwei, drei Jahren entwickelten wir eine Kombination aus Holzvergaser und Dampfkessel, durch den die laufenden Betriebskosten für die Dampferzeugung auf ein Drittel gesenkt werden konnten, woraufhin sich viele Gefrierfleisch-, Textil- und chemische Fabriken auf dieses System umstellten. Für eine Trockeneisfabrik stellten wir einen Großraumkessel her, der nicht nur Dampf für ihre Kompressoren, sondern auch die Abgase im Schornstein nutzte. Das Kohlendioxyd ist ja der Rohstoff des Trockeneises. Bei all diesen Projekten zog mich der Ingenieur zu Rate. Da ich neben den theoretisch in Fachbüchern erworbenen Kenntnissen über dreißig Jahre praktischer Erfahrung verfügte, konnte ich eine Reihe von Problemen lösen, was andernfalls viel Zeit für Versuche und Abänderungen gekostet hätte. Zudem kam mir dabei auch meine Fantasie zustatten. Denn der Fantasie bedarf es ja nicht allein in der Literatur oder der Kunst. Überall, wo es darum geht, aus gebahnten Wegen auszubrechen, neue zu betreten, steht am Anfang die Intuition, die in der Technik danach allerdings durch Mathematik und physikalische Gesetze bestätigt werden muss.

Ich will es nicht leugnen, die Mitarbeit an immer neuen Projekten – einige bedeuteten in Uruguay Betreten von Neuland – gab mir außer einem für hiesige Verhältnisse guten Gehalt auch persönliche Befriedigung. Sie spannte mich allerdings noch stärker in den Arbeitsrhythmus ein, so dass ich sogar sonntags manchmal zur Arbeit musste. Zur Entschädigung konnte ich Coca endlich – es war das Jahr 1969 – zu einer Europareise mitnehmen. Für sie war es das erste Mal, dass sie aus Uruguay herauskam, ein großes Erlebnis. In der DDR waren wir bei unseren alten Montevideaner Freunden, dann auch in Magdeburg und Erfurt, wo mich eine Lungenentzündung von unserem Plan, Weimar und Buchenwald zu besuchen, abhielt. In Leipzig machten wir Station, da zu jener Zeit Elly dort im Herder-Institut die schwere deutsche Sprache und Pädagogik in einem Intensivkurs studierte.

Dann flogen wir nach Israel und verbrachten mit meinen Geschwistern schöne Tage, kamen im Land herum, vom südlichen Eilat bis hinauf zu den Jordanquellen an der Grenze zum Libanon. Eine Woche in Küßnacht am Vierwaldstätter See mit seinem allgegenwärtigen Wilhelm Tell vollendete unsere Reise. Hatte ich geglaubt, angeregt durch die Entdeckung neuer Horizonte würde Coca, die in letzter Zeit von unseren Alltagssorgen sehr bedrückt war, nun aufleben und neuen Mut schöpfen, so hatte ich mich schwer geirrt. Allein der Vergleich dieser anderen Welt, die sie in Europa erlebt hatte, mit ihrer alltäglichen Umgebung versetzte Coca in einen Zustand tiefer Niedergeschlagenheit. Beinahe so wie zu der Zeit, da sie, von Wilder verlassen, sich hatte gehen lassen und an Selbstmord gedacht hatte. Unser Leben auf dem Lande, vorher noch akzeptiert, ja zu Beginn sogar als Fortschritt empfunden, wurde jetzt unerträglich. Der schöne Garten, in unserer Abwesenheit natürlich ziemlich verwildert, war nun zu einer Anhäufung von Dreck und Schlamm geworden. Und um das Unglück komplett zu machen, regnete es nach unserer Rückkehr auch noch ohne Unterlass. Unser Haus war kalt und menschenfeindlich geworden, die Möbel hässlich und wacklig, die Straße ohne Beleuchtung wurde nachts zu einem lebensgefährlichen Abenteuer. Elly, die nach ihrer Rückkehr aus Leipzig bis spät abends Deutschunterricht im Bertolt-Brecht-Institut gab, musste von der Omnibushaltestelle abgeholt werden, denn Raubüberfalle und Vergewaltigungen hatten mit der Krise zugenommen, und unsere Straße lag großenteils an offenem Feld. Die Zwiebeln im Vorgarten verschwanden über Nacht und ebenfalls der Wasserzähler mitsamt dem Bleirohr. Eines Morgens, als ich aufstand und mich waschen wollte, kam kein Tropfen Wasser aus dem Hahn. Zum anderen hatte Coca kurz zuvor ihre Stelle im Kulturinstitut Uruguay-DDR verloren. Der Anlass war ein Gezänk mit einem berühmten Schriftsteller gewesen. Es war zwar eine Bagatelle, aber da beide den reizbaren, aufbrausenden Charakter der Criollos hatten, trat sie mit dem Stolz der dem Intellektuellen Unterlegenen zurück. So war sie jetzt auch noch fast den ganzen Tag allein zu Hause, denn Peter ging in die Handelsschule und ich war weiterhin voll in meine beruflichen und politischen Aktivitäten eingespannt.

Vor unserer Reise waren fast immer paraguayische Flüchtlinge – Widerstandskämpfer gegen die Diktatur des Generals Stroessner – bei uns einquartiert gewesen, so dass Coca zu Hause stets Menschen um sich gehabt hatte. Allerdings hatte das auch unser Haushaltsbudget stark belastet, denn die Paraguayer waren noch ärmer als wir und natürlich teilten wir alles mit ihnen. Nun aber war Coca draußen in unserem Haus über lange Zeit des Tages allein und hatte Zeit zum Grübeln. Es musste eine Änderung eintreten. Alles sprach dafür, unsere Wohnung am Stadtrand gegen eine Wohnung einzutauschen, die näher am Stadtzentrum lag. Die Suche nach einem Käufer des alten Hauses und nach einer neuen Wohnung war keine einfache Sache, brachte Coca aber wieder etwas auf die Beine, und sie lebte von der Perspektive, aus der Isolation des »Landlebens« herauszukommen. Sie kam wieder in Bewegung und war wieder mehr mit Menschen zusammen.

Nachdem wir umgezogen waren und die Wohnung einigermaßen eingerichtet war, konnten wir keine so großen Ausgaben mehr machen, wie sie für eine Europareise notwendig sind. Immerhin fuhren wir im Februar 1972 – Coca, Elly und ich – nach São Paulo, wo mein Jugendfreund Stefan wohnte. Rudi war inzwischen an einem schweren Krebsleiden gestorben. Man kann die 2.000 km in 36 Stunden mit dem Omnibus zurücklegen, doch ist das ziemlich anstrengend. Wir machten darum in Porto Alegre und in Caxias do Sul Zwischenstation. Zwischen diesen beiden Städten stieß unser Omnibus mit einem Taxi zusammen. Kein großer Unfall, etwas eingebeultes Blech, ein zerborstener Scheinwerfer. Sogleich war die Militärpolizei zur Stelle und nahm nicht nur den Taxi- und den Omnibuschauffeur in Haft, sondern brachte uns alle, die gesamte Reisegesellschaft, mit den beiden Fahrzeugen auf einen Autofriedhof: Den sperrten sie ab und ließen uns dort den ganzen Tag in der prallen Sonne, ohne eine Erklärung zu geben, ohne Essen und Trinken. Coca, Elly und ich, die einzigen Uruguayer, wunderten uns, dass keiner der brasilianischen Passagiere protestierte und auf Weiterbeförderung nach Caxias bestand, wofür sie ja ihr Geld bezahlt hatten. Bis eine gut gekleidete ältere Frau an die Pforte unseres improvisierten Gefangenenlagers ging, laut nach dem zuständigen Polizeioffizier rief und forderte, einen anderen Omnibus bereitzustellen und uns sofort nach Caxias do Sul weiterzufahren. Als der Wächter an der Pforte auf nichts reagierte, setzte sie prompt hinzu: »Hier müssten die uruguayischen Tupamaros herkommen und den Leuten zu ihrem Recht verhelfen!« Mit diesen Worten muss sie den anderen Passagieren einen Heidenschreck eingejagt haben. Alle – bis auf uns – zogen sich von der auf ihrem Recht bestehenden Frau zurück, kein einziger Brasilianer sprach ein Wort mehr mit ihr. Man mied sie wie eine Aussätzige. Alle Welt duckte sich. Erst spät am Abend entließ man uns, halb verdurstet und hungrig, aus dem Autofriedhof. Um Mitternacht kamen wir in Caxias do Sul mit einem anderen Bus an. Für Coca und Elly, weniger für mich, war das ein Vorgeschmack davon, bis zu welchem Grad eine Diktatur Willkür verüben, ein Volk einschüchtern und entwürdigen kann.

Uruguay liegt doch in Lateinamerika

Aber auch wir sollten dem »Schicksal« einer Militärdiktatur nicht entgehen. Überall in Lateinamerika gab es auf der von den USA finanzierten »School of the Americas« in der »Doktrin der nationalen Sicherheit« ausgebildete Militärs, die sich von der Vorsehung auserwählt, von einheimischen Magnaten finanziert und von nordamerikanischen Botschaften unterstützt sahen.

Als ich am 27. Juni 1973 früh um sieben Uhr in die Werkstatt kam, waren die Arbeiter hinten an der Schmiedeesse versammelt. Im Radio war durchgegeben worden, Armeeeinheiten hätten früh um fünf den Palacio Legislativo besetzt und beide Parlamentskammern aufgelöst. Seit Jahren bestand ein Beschluss der Gewerkschaftszentrale CNT, im Falle eines Staatsstreiches den Generalstreik auszurufen und die Betriebe zu besetzen. Niemandem fiel es daher ein, sich an seinen Arbeitsplatz zu begeben. Man diskutierte, bis gegen acht Uhr der Kontakt mit der Metallarbeitergewerkschaft hergestellt war. Streik und Besetzung der Fabriken war die Losung: falls Polizei oder Militär anrückten, keinen Widerstand leisten, bei der ersten Gelegenheit aber wieder in die Werkhallen zurückkehren. Eine große Textilfabrik, keine zweihundert Meter von unserer Werkstatt entfernt, wurde drei Mal von der Armee geräumt und vier Mal von den Arbeitern wieder besetzt. Der Generalstreik war total. Wir konnten es von unserer Werkhalle aus sehen: Ab zehn Uhr fuhr kein Omnibus mehr. Alle Geschäfte und Banken waren geschlossen. Für fünfzehn Tage standen alle Räder still. Wenige Tage darauf marschierte die Armee in die Elektrizitätswerke ein, die bis dahin von den Arbeitern besetzt gehalten worden waren, ohne aber die Stromversorgung zu unterbrechen. Da sie sich weigerten, mit Militär innerhalb der Kraftwerke zu arbeiten, mussten die Techniker der Armee die Wartung übernehmen. Die Installationen waren jedoch überaltert und in ruinösem Zustand, sodass die Techniker nicht damit umgehen konnten. Ab diesem Moment kam es ständig zu Kurzschlüssen und Stromausfällen. Ähnliches passierte in den Erdölraffinerien. Nachdem sie von Militär besetzt waren, gelang es nicht mehr, die Anlagen in Gang zu setzen. Eine Flamme am höchsten Schornstein der Stadt war für die Bevölkerung stets das Zeichen gewesen, dass die Erdölraffinerien funktionierten. Die Flamme erlosch und blieb – obwohl die Truppen sie aus psychologischen Gründen mit Propangas anzünden wollten – während der Dauer des Generalstreiks erloschen. Das für die Mobilisierung der Armee notwendige Benzin und Dieselöl lieferte unterdessen die Militärdiktatur aus dem benachbarten Brasilien.

Am 9. Juli fand eine letzte Massenkundgebung auf der Hauptstraße Montevideos, dem »18 de Julio« statt. Schon seit den Morgenstunden wiederholte der

Rundfunksender CX 30 immer wieder das Gedicht von Federico García Lorca zum Gedenken an die Ermordung des spanischen Dichters Ignacio Sánchez Mejías durch die Franco-Truppen: »Am Nachmittage um fünf Uhr«. Stefan Zweig hat von den großen historischen Ereignissen als den »Sternstunden der Menschheit« geschrieben. Für mich war diese Stunde um fünf Uhr nachmittags eine solche Sternstunde der Menschheit.

Der »18 de Juli« war, seitdem der Generalstreik ausgerufen und das Geschäftsleben zum Erliegen gekommen war, menschenleer. Plötzlich, Punkt fünf Uhr, quollen aus allen Seitenstraßen wie aus hundert Nebenflüssen immense Menschenmassen hervor, füllten in wenigen Minuten die Hauptstraße und die Rufe *Nieder mit der Diktatur!, Es lebe die Demokratie!* hallten über den breiten Boulevard. Es dauerte nicht lange, da fuhren Panzerwagen und Schützenpanzer auf. Tränengasgranaten explodierten. Auch unsere vorher angefeuchteten Taschentücher vor Mund und Nase zu halten half nicht viel. Ein nicht enden wollender Husten überkam mich. Ich rannte zum »Brunnen des Wirrwarrs« – ein Denkmal berittener Gauchos in verworrenem Kampf – und steckte meinen Kopf ins Wasser. Ein wenig erleichtert liefen wir – ich und einige Compañeros unseres Betriebs – zurück an den »Kriegsschauplatz«. Sowohl Militärs als auch die Rauchschwaden hatten sich verzogen, und wir schrien uns von neuem heiser, bis die Panzer wiederkamen. Die letzten Rufe nach Freiheit verhallten unter den Schüssen, die die Schützenpanzer über die Köpfe der Menge hinweg feuerten. Es gelang ihnen, in wenigen Minuten die Straße frei zu machen. Und nun begann eine Verfolgung, die sich auf die Häuser, Cafés, Restaurants und Kinos der Umgebung erstreckte. Dabei wurde auch General Líber Seregni, Vorsitzender der Frente Amplio, verhaftet und später vor ein Militärtribunal gestellt, seines Ranges enthoben und zu 14 Jahren Gefängnis verurteilt, von denen er zehn absitzen musste. Wir konnten gerade noch eine Seitenstraße erreichen und der Umzingelung rechtzeitig entgehen. Zwei tote Studenten waren das Resultat dieser ersten Tage der Diktatur. Danach begann die Streikfront langsam abzubröckeln. Es waren nicht viele Geschäfte, die öffneten, nicht viele Omnibusse, die wieder verkehrten – die Fabriken hingegen sowie die Fakultäten hielten weiter stand –, aber die Perspektive einer Rückkehr zur Demokratie war geschwunden. Die Arbeiterschaft und die Universitäten waren allein auf weiter Flur geblieben. Mittelstand und Bürgertum warteten verängstigt ab, blieben passiv. Obwohl alle Parteien, mit Ausnahme kleiner profaschistischer Sektoren, sich von den Putschisten distanzierten, gaben nur die Frente Amplio und der Mehrheitssektor der Blanco-Partei ein gemeinsames Manifest heraus, in dem die Wiederherstellung aller Rechte und Freiheiten, der Rücktritt des Präsidenten Bordaberry, der den Staatsstreich ermöglicht hatte, die Errichtung einer provisorischen Regierung und sofortige Neuwahlen gefordert wurden.

Wir in der Fabrik von »Julio Berkes« hielten, wie die Mehrzahl, den Streik und die Besetzung aufrecht, obwohl einige Zaghafte eine Abstimmung darüber verlangten. Es gab eine Diskussion, ob die Abstimmung offen oder geheim erfolgen sollte. Die Zaghaften, die für Abbruch waren, erklärten sich natürlich für geheime Abstimmung: So stehe keiner unter moralischem Druck. Es war Ingenieur Barreto, unser Chef, der dagegen sprach. Er meinte, dass jeder, der seine eigene Meinung über eine so wichtige Sache habe, auch den Mut haben müsse, sie zu verteidigen. Andernfalls sei er ein Feigling. Solche Unternehmer mag es nicht gerade viele gegeben haben. Im Gegenteil, in vielen Fabriken wurden Arbeiter später auf ein Dekret der neuen Militärregierung hin ohne Auszahlung der gesetzlichen Entschädigung entlassen. Aber Ingenieur Barreto hatte zusammen mit den Arbeitern tagsüber seinen eigenen Betrieb »besetzt«. Abends fuhr er in seinem Auto heim und kam am nächsten Morgen wieder, um mit uns zu diskutieren, Schach und Karten zu spielen und gemeinsam zu Mittag zu essen. Den Arbeitern, die knapp bei Kasse waren, schoss er die Wochenlöhne vor, die ausgefallenen Löhne gab er als Darlehen, um sie in kleineren Raten später vom Lohn abzuziehen. Auch spendete er für unsere gemeinsame Küche.

Nach den ersten Tagen kamen die Frauen der Arbeiter, die nicht so weit entfernt wohnten, und versorgten uns. Wir schliefen oben in der Chefetage, die eine Klimaanlage hatte und wärmer war. Es war Juli, also mitten im Winter. Am 12. Juli früh morgens erhielten wir den Beschluss der CNT, den Streik abzubrechen: Unter den gegenwärtigen Umständen würde eine Verlängerung auf unbestimmte Zeit nur zu einem Verschleiß unserer Kräfte führen. Eine neue Etappe begann, keine des Waffenstillstandes oder des Kleinmuts, sondern die Fortführung des Kampfes mit anderen Mitteln, mit anderen der Situation angepassten Methoden. Natürlich ließen wir die Köpfe hängen, denn eine Sache ist es, die Niederlage zu ahnen, eine andere aber, sie von berufener Seite bestätigt zu bekommen. Aber wir wussten, dass früher oder später die Sache des Volkes siegen würde. Dass die Nacht, die über uns hereinbrach, fast zwölf Jahre dauern sollte, das ahnte – zum Glück! – damals keiner von uns. Die ersten zwei Jahre gingen die Militärs Schritt für Schritt vor. Die Aktivitäten aller Partien wurden untersagt, die linken Parteien sowie die Gewerkschaften verboten. Die Pressefreiheit wurde erst eingeschränkt, dann ganz aufgehoben. Die Universität wurde nach von den Militärs kontrollierten Wahlen zum akademischen Senat, bei denen die linken und demokratischen Listen die Mehrheit errangen, von der Armee besetzt, die Dekane verhaftet und der Unterricht von den Militärs zensiert.

Die Verhaftung von Führern und Aktivisten der linken Parteien und der Gewerkschaften lief auf Hochtouren, jedoch auch ohne jede Systematik. Da noch keine legale Handhabe vorhanden war, ließ man die meisten Inhaftierten nach den üblichen Misshandlungen in den Kasernen oder bei der politischen Polizei meist wieder frei. Einige wenige sollten jedoch schon in jener Zeit der Folter erliegen. In allen Fällen erklärten die Streitkräfte: »Herzschlag«.

Am frühen Morgen des 6. Januar 1974 erschienen drei oder vier Polizisten in Zivil in unserer Wohnung und nahmen nach einer chaotischen Hausdurchsuchung mich und Elly in die als Folterhölle berüchtigte Zentrale der Geheimpolizei in der Straße Maldonado mit. Während der drei Tage, die ich dort verbrachte – die meiste Zeit wiederum strammstehend mit dem Gesicht zur Wand – konnte ich mir ein Bild über das Motiv meiner Verhaftung nur aus der Zusammensetzung meiner Mitgefangenen des ersten Tages machen, denn da waren wir nur etwa acht oder zehn und alle im Kulturinstitut Uruguay-DDR engagiert. Auch meine Tochter Elly war ja als Deutschlehrerin in diesem Institut aktiv. Am zweiten Tag sollte sich die Halle – es war früher ein chemischer Reinigungsbetrieb gewesen – mit über dreißig mir meist unbekannten Leuten füllen. Das Strammstehen war weniger schlimm als damals in Deutschland. Denn einer der Wachhabenden, dessen Schicht am Nachmittag begann, war ein anständiger Typ, er ließ uns rühren und sogar ein wenig auf der Stelle treten, unter der Bedingung, dass, sobald sich auf dem Korridor draußen Schritte hören ließen und er von innen aufschloss, wir unverzüglich Haltung anzunehmen hätten. Und das klappte. Er ließ sich Zeit mit dem Aufschließen, und wenn dann ein Polizeioffizier eintrat, standen wir alle wie Gipsfiguren stramm. Einigen hatte man eine Kapuze über den Kopf gezogen. Ihnen ließ er, wenn sie Kopfschmerzen hatten, von den Mitgefangenen Aspirin, später auch ein Ei oder eine Banane unter der Kapuze reichen.

Die Wächter von der Morgen- und der Nachtschicht hingegen waren Schweinehunde. Vor allem einer suchte sich einzelne Häftlinge aus, ließ sie stundenlang in Grätschstellung verharren und trat sie mit seinen Stiefeln in die Kniekehlen. Nachts durften wir uns abwechselnd etwa vier Stunden auf den Zementfußboden legen und schlafen. Ein unruhiger Schlaf! Denn nachts wurden stets einige zu Verhören abgeführt und man hörte dann die Schreie durch das ganze, sonst totenstille Gebäude hallen. Tagsüber herrschte eine irre Hitze, nachts froren wir. Essen ließ man uns erst am Nachmittag des dritten Tages zukommen. Coca hatte für mich einen Mangoldfladen und Apfelsinen gebracht. Selbstverständlich teilten wir das Mitgebrachte. Das Schlimmste war wieder die Ungewissheit. Wegen des Kulturinstituts machte ich mir kaum Sorgen. Aber ich wusste nicht, ob sie bei der Haussuchung etwas gefunden hatten. Im Kleiderschrank unter meinen Pullovern hatte eine illegale Zeitung gelegen. Ob sie die gefunden hatten? Da würden sie bohren, woher ich die hatte.

Ich machte mir Sorgen. Doch war meine Situation nicht mit der vergleichbar, die ich vor vierzig Jahren in Deutschland durchstanden hatte. Dort hatte ich mich, ohne Hoffnung und Perspektive, von aller Welt verlassen gefühlt. Hier dachte ich keinen Moment, ich stünde auf verlorenem Posten. Der Unterschied war, dass hier ein bedeutender Teil des Volkes, die Arbeiter und Studenten, von Beginn an der Diktatur Widerstand entgegengesetzt hatte. Und musste der Generalstreik nach zwei Wochen auch abgebrochen werden und hatte er die Errichtung der Militärdiktatur nicht verhindern können, so hatte er sie doch gesellschaftlich und politisch isoliert. Trotz der Kollaboration einer hauchdünnen Schicht von Großunternehmern, Großgrundbesitzern und reaktionären Politikern sollte es der Militärregierung – wie es sich in den zwölf folgenden Jahren bestätigte – weder gelingen, eine faschistische Partei zu gründen, noch neue »gelbe« Gewerkschaften unter ihrer Kontrolle aufzubauen.

Übrigens waren meine Befürchtungen unnötig. Als sie mich am Abend des dritten Tages zum Verhör abholten, war es eine rein protokollarische Vernehmung. Sie erkundigten sich nach kaum mehr als meinen Personalien und ob ich politisch vorbestraft war. Das war ich nicht, aber ich konnte nicht verschweigen – denn das musste aktenkundig sein –, dass ich vor einigen Jahren zwei Tage in Polizeihaft gewesen war. Nach einer Attacke kubanischer Reaktionäre auf das Haus der Kommunistischen Partei war dieses damals von der Polizei umzingelt worden, und über hundert Personen, die sich gerade darin aufhielten – darunter ich –, waren ins Polizeipräsidium überführt worden. Eine Frage über die Botschaft der DDR in Montevideo ließ mich vermuten, dass sie an einer Legende über die Einmischung der DDR in die inneren Angelegenheiten Uruguays strickten, dies dann aber hatten fallen lassen.

Die Kulturinstitute aller sozialistischen Länder wurden zwar geschlossen, da diese Staaten aber gute Handelspartner Uruguays waren und man sie nicht verlieren wollte, wurden die diplomatischen Beziehungen nicht abgebrochen. Wenige Stunden nach dem Verhör ließ man mich frei. Meine Tochter Elly und die anderen waren schon vorher freigekommen. Vielleicht hatte auch irgendeine Denunziation vorgelegen oder ein fanatischer antikommunistischer Offizier wollte sich eine Medaille erwerben. Von höherer Warte aus aber wollte man Komplikationen und eventuelle wirtschaftliche Rückwirkungen vermeiden. Es blieb jedenfalls bei dem Schreckschuss.

Dass aber eine polizeiliche Geheimakte über mich angelegt worden war, erfuhr ich jedes Mal, wenn ich meinen Personalausweis oder Pass erneuern lassen musste. Man führte mich dann ins Polizeipräsidium hinüber, befragte mich über Sachen, die sie ohnehin wussten, oder ließ mich auch nur ein paar Stunden warten, um mir schließlich das verlangte Dokument auszuhändigen. Den Personalausweis sicherlich mit einem, mit dem bloßen Auge nicht erkennbaren »C« versehen. Damals waren alle Bürger, je nach dem Vertrauen, das sie bei der Diktatur genossen, in drei Klassen eingeteilt worden. Ich als Hochverdächtiger wurde wahrscheinlich in die dritte mit dem »C« eingestuft. Ansonsten blieb ich über Jahre unbehelligt. Doch nicht meine Familie. Am 9. November 1975 – ich erinnere mich an das Datum, denn meine Verhaftung durch die Gestapo hatte eben an diesem Tag stattgefunden – erschien in unserer Wohnung der Polizeikommissar Telechea mit dem drei Monate alten Baby von Peter und Nelly, die anderthalb Jahre zuvor geheiratet hatten.

Ob wir, die Großeltern, den Kleinen – Martín hieß er – bei uns aufnehmen würden, andernfalls müsste er ihn der Kinderfürsorge übergeben. Peter und Nelly seien verhaftet worden. Nähere Auskunft wollte er nicht geben. Nur dass sie ins Zentrum in der Straße Maldonado überführt würden. Das war schlimm genug, aber zumindest wussten wir so, wo sie waren und wohin man sich zu wenden hatte. Wesentlich schlimmer war es, wenn einer ohne Zeugen entführt wurde und niemand wusste wohin. Auch so nützte es uns aber vorerst wenig. Coca ging zwar noch am selben Tag ins Zentrum der Geheimpolizei, um sich zu erkundigen, was gegen Peter und seine Frau vorliege und ob sie ihnen zu essen oder auch Kleidung bringen könnte.

Man sagte ihr aber nur, sie seien »incomunicado«, d.h. von der Welt abgeschnitten. Das war ein schwerer Schlag für uns. Zwei Tage zuvor hatte auch Elly geheiratet. Ihr Mann Yuyo arbeitete damals in der Bankangestellten-Konsumgenossenschaft. So wohnte auch Elly nicht mehr bei uns. Auf Feiern hatten wir verzichtet, und auch in den folgenden Jahren gingen wir stillschweigend über dieses Datum hinweg, denn der 7. November war ein gefährlicher Tag. Man hätte es als eine Feier der russischen Oktoberrevolution auslegen können. Für Coca war der kleine Martín zwar einerseits ein Problem, besonders wegen der Ernährung. Er musste von einem Tag zum anderen ganz auf Flasche umgestellt werden. Andererseits lenkte sie diese Aufgabe von der Sorge um Peter und Nelly ab. Dass die beiden nicht so glimpflich davonkommen würden wie ich zwei Jahre zuvor, war mir klar.

Der Widerstand von unten war in letzter Zeit wieder spürbar geworden. Zehntausende von Unterschriften für eine Lohnerhöhung waren von Arbeiterdelegationen beim Arbeitsministerium abgegeben worden und bezeugten, dass der Einfluss der Gewerkschaften nicht gebrochen war. Die Mauern der Stadt waren mit Losungen für die Freiheit der politischen Gefangenen und gegen die Militärdiktatur bemalt. Mit Sandstrahlgebläsen löschte die Stadtverwaltung den Protest von den Mauern, aber am nächsten Tag waren die Graffiti wieder da. Das konnte die Diktatur auf Dauer nicht hinnehmen. So waren nach internen Auseinandersetzungen in der Armee die »Harten« in entscheidende Kommandostellen aufgerückt, General Ameury Prantl zum Direktor des militärischen Geheimdienstes und General Queirolo zum Chef des Generalstabs ernannt worden. Unter dem jetzt unverhüllten Faschismus setzte eine massive Hetzjagd auf Linke und Gewerkschafter ein, die Folter wurde zum System erhoben und nahm sadistische

Formen an. Nur zu gut wussten wir daher, was Peter und Nelly erwartete, und fürchteten für ihr Leben. Wie viele waren schon beim »Unterseeboot« umgekommen, mit dem Kopf im Jauchewasser, oder beim »Trocknen« unter der am Hals zugeschnürten Nylonhülle erstickt. Der Militärarzt, der den Puls kontrollierte, konnte falsch einschätzen, wie lange noch das Herz, die Lunge oder die Nieren mitmachten.

Es waren zwei Wochen heilloser Unruhe, die wir durchmachten. Dann kam Nelly frei. Ihre Mutter hatte durch den Einfluss einer persönlichen Bekanntschaft mit einem hohen Polizeioffizier, der lange Zeit ihr Nachbar gewesen war, ihre Freilassung bewirkt, zumal in jener Zeit anscheinend nichts Belastendes gegen sie vorlag. Und Coca konnte Peter jetzt zumindest Essen und saubere Wäsche ins »Departamento 5« bringen und ihn nach der dritten Woche sogar einmal kurz sehen. Von Nelly wussten wir, dass er das Schlimmste einigermaßen überstanden hatte. Sie hatte ihn gesehen, als sie in Gegenwart des anderen gefoltert worden waren, um derart eher ein Geständnis zu erpressen.

Nelly kam nur kurz zu uns, um Martín wiederzusehen, und flog sofort nach Venezuela, wo ihre Schwestern seit Jahren lebten. Wie sich wenige Monate später herausstellen sollte, war es das Klügste gewesen. Martín blieb noch drei Monate in Cocas Obhut – für sie war er wie ein neues Kind –, dann erteilte das Vormundschaftsgericht nach Peters Einwilligung die Erlaubnis, dass er das Land verlassen dürfe, und ein Schwager von Nelly, der gerade in Montevideo war, nahm ihn nach Caracas zu seiner Mutter mit. Peter war inzwischen dem Militärrichter vorgeführt worden. Die Anklage lautete auf »Attentat auf die Verfassung«, und nach dem »Gummiparagraphen« 60 konnte die Strafe zwischen drei und achtzehn Jahren betragen. Es war zum Lachen. Wer die Verfassung außer Kraft gesetzt hatte, waren die Militärs. Sie, nicht Peter, hatten das Parlament aufgelöst und die von der Verfassung garantierten Rechte aufgehoben.

Peter war angeklagt, der »Union Juvenil Comunista«, dem Kommunistischen Jugendverband, anzugehören, der zur Zeit der Gültigkeit der Verfassung legal gewesen war. Jedenfalls sollte ihm deshalb der Prozess gemacht werden. Wir erfuhren es von seinem, vom Militärtribunal ernannten Verteidiger, einem Oberst, der zugab, er könne wenig ausrichten – er unterlag ja der hierarchischen Militärdisziplin. Peter habe zugegeben, einen Monat Mitglied gewesen zu sein und sich an Propagandaaktionen gegen die Regierung beteiligt zu haben. Auch wenn es nur eine Stunde gewesen sei, erklärte uns der Oberst, genügte es, ihn zu verurteilen. Mit einem ordentlichen Prozess hatte das Ganze nichts zu tun. Auch der private Rechtsanwalt, den wir beauftragten, konnte nichts ausrichten. In die Anklageakten durfte er nur einmal – und das nur im Gericht – Einsicht nehmen, weder den Staatsanwalt noch den Richter bekam er je zu Gesicht. Nun gibt es in Uruguay allgemein kein mündliches, sondern nur ein schriftliches Gerichtsverfahren, doch gewährt dieses dem Angeklagten und der Verteidigung normalerweise alle Garantien. Hier jedoch standen polizeiliche Voruntersuchung, Staatsanwaltschaft, Richterkollegium und Oberster Militärgerichtshof unter einem einheitlichen Kommando. Immerhin legten sie Wert darauf, dass die Form gewahrt wurde, und verhandelten wegen »Attentats auf die Verfassung«.

Ein Legalitätskomplex der uruguayischen Militärs, der so weit ging, von allen Staatsangestellten die Unterschrift unter einen »Treueeid auf die Demokratie« zu verlangen, was es in der Demokratie zuvor niemals gegeben hatte. Wer nicht unterschrieb, wurde entlassen. Wer aber unterschrieb und einmal gewerkschaftlich aktiv oder politisch links eingestellt gewesen war, dem wurde der Prozess wegen Meineids gemacht. Als Peter erstmals dem Richter vorgeführt wurde, hatte er erklärt, seine Aussage sei unter Folter erpresst worden. Der Aktuar des Richters hatte bei seiner Folterung Protokoll geführt. Das verschlimmerte seine Lage. Er kam wieder zurück ins »Departamento 5« und blieb für weitere zwei Wochen dort »incomunicado«. Bis wir eines Tages erfuhren, er sei ins Polizeigefängnis überführt worden. Dorthin konnte ihm Coca nun jeden Tag warmes Essen bringen, und einmal in der Woche konnten wir ihn auch besuchen. Nach einem kurzen Aufenthalt im Cilindro Municipal, dem großen Ausstellungsgebäude der Stadt, kam er dann endgültig ins Militärgefängnis von Libertad (Freiheit), einer Kleinstadt, fünfzig Kilometer westlich von Montevideo gelegen.

Dieses Gefängnis war ursprünglich für die Tupamaros gebaut worden. Im Zellenbau war kein Platz mehr, so kam Peter in eine der angebauten Baracken. Hier konnten wir – Elly, Coca und ich – ihn alle zwei Wochen besuchen, ihn hinter einer Glasscheibe sehen und über ein Telefon mit ihm sprechen. Im Ganzen 45 Minuten, jeder von uns also 15 Minuten. Einmal im Monat konnten wir ihm ein Zwölf-Kilo-Paket mit Lebensmitteln mitbringen. Dieses wurde, genauso wie wir selbst, sorgfältig untersucht.

In Libertad herrschte stets eine gespannte Atmosphäre, sowohl bei den Gefangenen wie bei den Besuchern. Auch wir mussten uns der strengen Gefängnisordnung unterwerfen. Im Falle eines »Vergehens« – einmal strich ich mit der Hand, als die Fensterscheibe hochgezogen wurde und ein Abschiedskuss erlaubt war, über Peters Kopf – war die Sanktion für mich, den Besucher, der Entzug der Besuchserlaubnis für zwei Monate. Dem Gefangenen aber drohte die »Insel«, der gefürchtete Dunkelarrest, der schon mehrere Gefangene in den Selbstmord getrieben hatte. Wie viele Jahre würde Peter in Libertad bleiben müssen? Der Staatsanwalt hatte fünf Jahre beantragt. Sein erster Richter starb nach zwei Jahren, ohne ein Urteil gefällt zu haben. Der darauf folgende Richter ließ sich ebenfalls Zeit und verkündete nach einem weiteren Jahr schließlich: sieben Jahre. Die Jahre vergingen, und wir warteten und warteten auf Peters Freiheit. Und in Caracas warteten auf ihn Nelly und Martín, seine Frau und sein Sohn. Zum Glück waren sie weit weg. Denn eines Nachts gegen drei Uhr wurden wir durch Schläge gegen die Haustür geweckt. Coca und ich hatten kaum Zeit, uns anzuziehen, da waren sie schon oben, mehrere Soldaten mit angelegten Maschinenpistolen. Ein Offizier durchsuchte alle Räume, schaute unter die Betten, in alle Ecken und Winkel. Auf dem Esstisch stand ein Foto von Martín. »Wer ist das?« »Unser Enkelkind.« »Wo ist es?« »In Venezuela.« »Und seine Mutter?« »Ebenfalls.« Die uniformierte Horde zog ab, ohne eine Erklärung zu geben. Aber wir konnten sie auch so erahnen: Sie hatten Nelly gesucht. Die Briefe, die sie an Peter schrieb, aber an uns adressierte, gaben wir mit einem neuen Umschlag und unserem Absender im Gefängnis von Libertad ab. Daraus hatten sie wohl geschlossen, dass Nelly bei uns wohnte.

Leidensweg und Abschied

Es mag paradox klingen, aber seit die Militärdiktatur die Demokratie abgelöst hatte, ließ mir die Politik mehr Zeit. Schon aus Sicherheitsgründen ist es in der Illegalität nicht angebracht, jeden Tag einer geheimen Versammlung beizuwohnen, eine verbotene Zeitschrift herzustellen oder zu verteilen, ein Plakat gegen die Diktatur zu kleben. Das Risiko potenziert sich mit der Häufigkeit der Aktivitäten, während deren Wirkung sich bestenfalls nur summiert. Im Betrieb machte ich weiterhin Überstunden. Für die Arbeiter war das die einzige Möglichkeit, ihren gesunkenen Reallohn zu kompensieren, bei mir standen mehr die übernommenen Verpflichtungen denn die ökonomische Notwendigkeit im Vordergrund. Bei eingeschränkter politischer Arbeit verfügte ich nun über mehr Zeit, mich der Familie zu widmen. Leider war unser eheliches Verhältnis bereits so verfahren, dass es kaum mehr zu reparieren war. Coca, vom jahrelangen Warten auf Peter zermürbt, von den Besuchen im Militärgefängnis entnervt und ohne Aussicht auf ein Ende dieser aufreibenden Situation, war auf die Idee verfallen, einen Schuldigen für ihr Missgeschick zu suchen. Sie machte die Familie von Nelly dafür verantwortlich. Ihre Mutter hätte, als sie Nelly durch ihre Beziehung zum Polizeioffizier freibekam, auch für Peter vorsprechen können. Nellys Cousine habe die Schuld an der Verhaftung der beiden. Sie sei es gewesen, die nach ihrer eintägigen Verhaftung deren Adresse angegeben habe. Während sie, Coca, sich gleichermaßen um Peter und Nelly gekümmert habe, würden Nellys Eltern nur für ihre Tochter sorgen. Sie hätten sich alle in Sicherheit gebracht und Peter sitzen lassen. Tatsächlich waren Nellys Eltern drauf und dran, ebenfalls nach Venezuela überzusiedeln, und Coca schrieb Briefe voller Anschuldigungen an sie, die ich ihnen überbringen sollte, bevor sie abflogen. Ich versuchte ihr klarzumachen, dass gegen Nelly nichts Belastendes vorgelegen habe und es deshalb für ihre Mutter möglich gewesen sei, ihren einflussreichen Nachbarn um einen persönlichen Gefallen zu bitten. Es sei doch gut, dass wenigstens einer von beiden habe befreit werden können und Martín so zumindest die Mutter behalten habe. Und was Nellys Cousine anbelange, so mochte es schon sein, dass sie unter der Folter oder vielleicht auch nur unter deren Androhung die Adresse genannt habe. Aber bei einem politisch nicht engagierten Menschen wie jener Cousine sei das noch nicht als Verrat zu verdammen. Hatten nicht selbst langjährige Aktivisten, einmal in der »Maschine«, andere Compañeros belastet?! Wenn jemand anzuschuldigen war, so die Militärdiktatur. Sie hatte nicht nur uns, sondern Zehntausende von Familien zerrissen, ins Unglück gestürzt, viele ohne ihren Ernährer gelassen, hatte die Gesundheit und das Leben von unzähligen Menschen vernichtet. Aber nun beschuldigte mich Coca, ich verteidigte die Verräter von Peter, ich steckte mit Nellys Familie unter einer Decke. Es war eine regelrechte neurotische Verdrängung. Dazu begann sie noch zu trinken, um ihren Ärger hinunterzuspülen, denn die Rache, die sie sich an Nellys Familie geschworen hatte, konnte sie ebenso wenig verwirklichen wie seinerzeit die an Wilders Schwester Jenny.

Wer aber die Augen vor der wirklichen Lage verschließt und sich ganz dem Jammer hingibt, nimmt oft Schaden an seiner Gesundheit. Anfang 1978 bemerkte Coca eine kleine Schwellung hinter einem Ohr. Da sie nicht verschwand, suchten wir einen Arzt auf. Er glaubte zuerst an eine Ohrspeicheldrüsen-Entzündung und behandelte mit konservativen Mitteln. Nach einem Monat ohne sichtbaren Erfolg ordnete er schließlich eine Biopsie an. Beunruhigt rief ich den Arzt fast täglich an, aber es verging noch ein Monat, bis das Laboratorium mit dem Resultat der Analyse aufwarten konnte. Der Arzt bestellte mich allein zu sich. Der pathologische Befund ergab: Krebs. Es musste operiert werden. Wie der Arzt sagte, keine komplizierte Operation, jedoch müsse er dabei den Gesichtsnerv durchschneiden. Ich wusste, was das bedeutete. Vor Jahren war nach einer Entzündung des Gesichtsnervs meine rechte Gesichtshälfte gelähmt gewesen. Eine Schrecken erregende Fratze! Unter der Dusche rann mir das Seifenwasser ins Auge, das ich nicht schließen konnte, bis ich nach monatelanger Behandlung mit Elektroschocks und Gesichtsmuskelgymnastik allmählich wieder deren Mobilität und mein normales Gesicht wiedergewann. Bei einer Durchschneidung des Nervs war das jedoch irreversibel. Der Arzt meinte, danach könnte man eine plastische Operation, eine Verpflanzung der Haut vom Fuß an die Backe vornehmen, die zwar nicht die Beweglichkeit der Muskeln wiederherstellte, die Verunstaltung jedoch teilweise wieder gutmachte. Coca die Wahrheit zu sagen war für mich nicht leicht. Sie war sehr deprimiert und ich ebenfalls. Wir weinten zusammen, aber es gab keinen anderen Ausweg. Auch sie erinnerte sich an meine Gesichtslähmung. Und ich glaube, für eine Frau muss diese Verschandelung noch niederdrückender sein als für einen Mann. Die Möglichkeit einer Hauttransplantation war da nur ein schwacher Trost. Je näher der Tag der Operation rückte, umso gelassener wurde Coca seltsamerweise. Nüchtern traf sie alle notwendigen Vorbereitungen. In der Zeit des stationären Aufenthalts sollten Elly und ich Peter allein im Militärgefängnis besuchen und sie mit einer starken Grippe entschuldigen. Die Operation verlief dann auch ohne Komplikationen. Der Verband, der fast die ganze rechte Gesichtshälfte einnahm, verhüllte fürs Erste auch die Verunstaltung. Im Krankenhaus noch begann Coca jedoch Hüftschmerzen zu bekommen, sodass sie leicht hinkte. Der Arzt diagnostizierte Rheuma und verschrieb schmerzstillende Medikamente. Vorerst sollte sie sich einer radioaktiven Bestrahlung der operierten Gesichtshälfte unterziehen. Die versprochene plastische Operation könne danach gemacht werden. Die Bestrahlungen waren eine furchtbare Quälerei. Während die Haut verbrannte, sich Übelkeit und große Schwäche einstellten, wurden die Hüftschmerzen immer unerträglicher. Coca konnte nicht mehr allein zu den Behandlungen gehen, ich begleitete sie, zuerst im Omnibus, dann nur noch im Taxi. In der radiologischen Klinik machte man eine Radiographie des Hüftgelenks, sie bekam den Befund aber erst, nachdem sie die letzte Bestrahlung absolviert hatte. Aus dem Befund konnte man auch nicht viel ersehen, die Schmerzen wurden jedoch immer stärker. So gingen wir zu einer Fachärztin für rheumatische Krankheiten, und diese ordnete, als sie Cocas klinische Vorgeschichte hörte, sofort eine Knochenuntersuchung an. Diese ergab eindeutig, dass sich der Knochenkrebs bereits auf einen großen Bereich des Hüftbeins und auf die Schulterblätter ausgebreitet hatte. Die Ärztin verwies uns an einen Onkologen. Ich ging allein hin, denn Coca konnte nur noch mit Mühe gehen. Im Wartesaal von Dr. Clausius saßen vierzig oder fünfzig Männer und Frauen. Von fünf Uhr nachmittags bis zehn Uhr abends saß ich da und wartete. Mir war unklar, wie der Doktor diese Unmenge Patienten bewältigen konnte. Aber es ging wie am laufenden Band: In fünf bis zehn Minuten war jeder abgefertigt. Als ich als einer der Letzten an die Reihe kam und dem Arzt die Situation von Coca schilderte, verwies er mich an seine Sprechstundenhilfe, und die gab mir einen Termin in sechs Wochen. In sechs Wochen! Wo der Krebs sich jeden Tag ein Stück tiefer in ihre Knochen einfraß! Ich bat die Assistentin um einen früheren Termin, meine Frau könne keinesfalls so lange warten. Aber sie erklärte, das sei nicht möglich, ich hätte ja gesehen, wie viele Menschen in der Praxis warteten. Alle Termine seien, Minute für Minute, besetzt. Und außerdem besäßen sie auch nur eine Kobaltkanone, die sei voll ausgelastet, und zwei Personen auf einmal könnten sie nicht damit behandeln. Verzweifelt verließ ich als Letzter die Sprechstunde. Auf der Straße blieb ich wie angewurzelt stehen, wagte nicht nach Hause zu fahren. Was sollte ich Coca sagen? Warte sechs Wochen? Einen anderen Onkologen aufsuchen? Es gab nur noch wenige dieser Fachärzte, und alle waren überlastet. Viele, darunter die besten Fachärzte waren ausgewandert, aus ökonomischen Gründen oder weil sie die Stickluft in den öffentlichen und den vom Militär kontrollierten Hospitalen nicht aushielten oder weil sie Verfolgung befürchteten. Und genauso war es mit den Laboratorien.

Das gesamte Gesundheitssystem in Uruguay, vordem vorbildlich in ganz Lateinamerika, war in fünf Jahren Diktatur völlig zerrüttet worden, der Andrang bei Dr. Clausius war eben nur ein Symptom des allgemeinen Niedergangs. Doch was half mir das? Ich konnte es nicht ändern, wusste nicht aus noch ein. Mir kamen die Tränen. Da fasste ich einen Entschluss. Ich ging noch einmal zurück in die Sprechstunde. Dr. Clausius war gerade dabei, sein Sprechzimmer abzuschließen. Ich trug ihm mit erstickter Stimme meine Bitte und die Abweisung seiner Assistentin vor. Er muss meines jämmerlichen Zustandes gewahr geworden sein und gab mir einen Termin in der darauf folgenden Woche. Als er dann Coca untersuchte und sich die Knochenuntersuchung ansah, machte er ein ernstes Gesicht und ordnete Cocas Internierung im Spanischen Hospital an: Chemotherapie. Mir gab er beim Hinausgehen zu verstehen, es bestände eine Wahrscheinlichkeit von 30 Prozent, dass die Behandlung anschlage, und wünschte uns Erfolg.

Die chemotherapeutische Behandlung war eine erneute Qual. Als Coca nach zwei Wochen das Spanische Hospital verließ, war sie außerstande, die Treppen heraufzusteigen. Ich war allein mit ihr und musste sie buchstäblich Stufe für Stufe hinaufschieben oder hinauftragen. Erst im Bett fand sie etwas Ruhe. Zu alledem kam die Ankündigung meines Bruders Heinz, er komme mit Mia in einer Woche nach Montevideo zu Besuch. Was nun geschah, schien wie ein Wunder. Als Heinz und Mia eintrafen, war Coca aufgestanden, um sie zu empfangen. Assistiert von einer Haushaltshilfe, kochte und backte sie für uns alle, und das während der zwei Wochen, die Heinz und Mia in Montevideo weilten. Kurz und gut, Coca lebte auf und nahm an allem, was nicht zu viel Laufen erforderte, teil.

Ich glaubte schon, die Chemotherapie hätte mit Verspätung angeschlagen. Dr. Clausius, den ich konsultierte, zeigte sich allerdings skeptisch. Doch verglich ich Cocas Zustand mit dem vorhergehenden, so schien eine wesentliche Besserung eingetreten zu sein. Doch einen Tag, nachdem Heinz und Mia Abschied genommen hatten, war das Wunder zu Ende. Ihre Willenskraft hatte sich über den organisch zerrütteten Körper hinweggesetzt. Für eine sich selbst gestellte Aufgabe und für eine kurze Zeit. Coca stand nicht mehr vom Bett auf. Die Spritzen halfen immer weniger. Gerade noch der Lindenblütentee verschaffte ihr ein wenig Erleichterung und Schlaf. Bisher hatte Coca noch im Bett sitzen können, jetzt ging auch das nicht mehr. Zu den Rücken- und Hüftschmerzen gesellten sich furchtbare Schmerzen im Unterleib. Als der Notarzt kam, ließ er sie sofort in die Klinik der Ärztegewerkschaft einliefern. Es war nichts mehr zu machen. Der Krebs hatte sich des gesamten Organismus bemächtigt. Elly und ich baten den Arzt, unnötige Leiden nicht noch zu verlängern. Ich glaube – und hoffte – sie gaben ihr nur noch Morphium. Coca hatte begonnen, uns wirre Erinnerungen zuzuflüstern. Sie schwebte bereits zwischen Leben und Tod in einem sanften Delirium. An Ellys Hochzeitstag, am 7. November 1978, starb sie. Am Tag der Beerdigung war ich von vielen Menschen umgeben. Der Betrieb hatte geschlossen, und die ganze Belegschaft und die Chefs waren gekommen. Erst am folgenden Tag war ich allein mit mir. Definitiv allein. Für Coca war es eine Erlösung gewesen. Und auch für mich, der ich in äußerster Nervenanspannung acht Monate zugebracht hatte, war es, als ob plötzlich alle Triebfedern meines Seins erschlafft wären. Ich wusste mit mir nichts mehr anzufangen. Was ich tat, tat ich mechanisch. Dabei gab es eine neue, schwierige Situation zu bewältigen. Peter hatten wir bisher belogen; ihm von einem starken Rheuma erzählt, dass es seiner Mutter aber besser gehe und sie ihn bald wieder besuchen würde. Coca hatte ihm seit Monaten nicht mehr schreiben können. Sie hatte es versucht, doch hatte ihre Hand derart gezittert, dass sie das Gekritzel wieder zerriss. Vom Arzt hatten wir eine Bescheinigung über Cocas Tod erbeten, um sie der Gefängnisleitung vorzulegen und einen Sonderbesuch ohne Glasscheibe und Telefon zu erbitten. Dem wurde jedoch nicht stattgegeben, und so mussten wir ihm die traurige Nachricht beim zweiwöchentlichen Besuch auf die reglementierte Weise mitteilen. Als ich Peter hinter der Glasscheibe gegenübersaß, kam mir kein Wort über die Lippen. Es war wie ein Knoten, der mir die Kehle zuschnürte. Ich rang nach Atem. Alles Blut schien mir aus den Schläfen gewichen. Zu sehr stand ich noch unter dem Eindruck des langen Sterbens und schnellen Todes und wusste nicht, wie ich Peter aus heiterem Himmel die furchtbare Wahrheit sagen sollte. »Wir haben dich belogen«, kam es schließlich aus mir, wie mit einer fremden Stimme, heraus. Und Peter nickte nur. Er hatte verstanden, hatte es lange geahnt, hatte nur nicht in uns dringen wollen. Jetzt wusste er es: »Mama ist gestorben.« Ich hätte ihm über den kahl geschorenen Kopf streichen, ihn in die Arme schließen mögen. Ich, er, wir brauchten den Kontakt. Aber die Glasscheibe war dazwischen.

Wieder im Untergrund

Wie ein bleierner, wolkenschwerer Himmel hatte die Angst über dem Lande gelegen. Wer es nicht direkt von einem Familienangehörigen oder einem Freund erfahren hatte, ahnte, was in den Kasernen und im »Departamento 5« der Straße Maldonado vorging. Da war nicht nur die Angst vor Verhaftung oder Entführung, Folter und Tod, da war auch die Angst vor Entlassung in der Fabrik, im Büro, in der Bank, im Krankenhaus wie in der Schule, auf der Universität, in Privatunternehmen oder im Staatsdienst. Facharbeiter und Akademiker wanderten scharenweise aus, wo immer sich eine Möglichkeit bot. Diejenigen, die blieben, zitterten und ließen den Kopf hängen. Gewiss gab es auch die, die Morgenluft witterten, Aufsteiger, Karrieremacher, die nur darauf warteten, dass ein Platz für sie frei würde, zuweilen auch mit einer Denunziation ein wenig nachhalfen. Vor ihren Vorgesetzten stellten sie ihre Regimetreue zur Schau, vor ihren Kollegen hingegen und in der Nachbarschaft hüteten sich die meisten und traten leise auf. Die Kollegialität und die gute Nachbarschaft wollten sie sich nicht verderben, denn sie wussten wohl, wie die Mehrheit der Bevölkerung im Innersten dachte. Aber mit dem »im Innersten denken« wird nichts geändert. Die ersten Jahre nach dem Staatsstreich waren wir auf der Suche nach denen, die zur Zeit der Demokratie gewerkschaftlich oder politisch aktiv gewesen waren. Wir klopften an viele Türen. Mit Vorsicht, immer auf der Hut, ob die Türen nicht bewacht würden, ob nichts in der Umgebung Verdacht erregte. Nur wenige Türen öffneten sich. Viele kaum einen Spalt. Ein bedauerndes Achselzucken als Antwort auf unser Begehren. Der eine hatte für seine Familie zu sorgen, der andere für seine alte, kranke Mutter. Es war nur ein kleines Häuflein, das bereit war, sich im Widerstand gegen die Militärdiktatur einzusetzen, wohl wissend, was dabei auf dem Spiel stand. Immerhin war es ein solider Kern, und dieser hielt im Bewusstsein der Uruguayer über alle jene Jahre hinweg den Gedanken an die Wiedereroberung der verlorenen Rechte und Freiheiten wach. Da in den ersten Jahren der Diktatur an Druckschriften nicht zu denken war, dezentralisierte man die Propaganda. Kleine, mit dem Vervielfältigungsapparat angefertigte Bulletins erschienen in einzelnen Stadtteilen und Fabriken. Doch dann wurde auch das zu gefährlich. In jener Zeit montierte ich in einer Tischlerei von Compañeros Holzrahmen in der Größe DIN A3, straff bespannt mit einem Baumwollgewebe. Darunter wurde dann die Wachsmatrize gelegt und der darauf getippte Text mit einer Farbwalze, die über dem Baumwolltuch die Tinte verteilte, auf das Papier darunter projiziert. Aber dieser Rahmen war nicht gut zu verstecken. Wo einer gefunden wurde, bedeutete es: Hier werden illegale Schriften gedruckt. Ich erfand darum einen Rahmen, der mit wenigen Griffen aus den vier Seitenteilen zusammengesetzt und mit dem Tuch bespannt werden konnte. Und ebenso schnell auseinander montiert, wobei jedes der für sich unauffälligen Teile woanders hingelegt werden konnte. Die Teile stellte ich aus Eisenblech in unserer Fabrik her. Nach der großen Repressionswelle Ende 1975 verlegte sich der Schwerpunkt der Untergrundorganisation zusehends auf die Betriebe. Dort, wo die Leute sich seit Jahren kannten und die meisten auch zusammenhielten, war die gewerkschaftliche wie die politische Arbeit weniger gefährlich. Die Militärs hatten im Verlauf ihrer Regierungszeit drei Versuche unternommen, Ersatz für die verbotenen Gewerkschaften zu schaffen und unter den Arbeitern Fuß zu fassen. Kurz nach dem Staatsstreich rief der Arbeitsminister, General Bolentini, zu einer Mitgliederwerbung auf, bei der sich die Arbeiter in jedem einzelnen Betrieb »frei« für eine neue Gewerkschaft entscheiden sollten. Außer der aufgelösten Zentrale CNT bestand damals noch eine gelbe, die CGTU, die direkt von der nordamerikanischen AFL/CIO unterhalten wurde, der aber in Uruguay lediglich die Arbeiter der Ziegeleien und eine verschwindende Minderheit der städtischen Arbeiter angehörten. Die illegale Leitung der CNT, vor die Alternative gestellt, den Boykott anzuraten oder die Formulare mit der Beitrittserklärung zu den alten CNT-Gewerkschaften auszufüllen, entschied sich für Letzteres. Das Vertrauen in die uruguayischen Arbeiter fand seine Rechtfertigung: In praktisch allen Betrieben erklärte sich die enorme Mehrheit – ein jeder mit seiner Unterschrift! – für den Beitritt in seine frühere CNT-Gewerkschaft. In unserer Fabrik waren vordem nur wenige Mitglieder der Metallarbeitergewerkschaft UNTMRA gewesen. Jetzt unterschrieben ausnahmslos alle. Nach diesem Misserfolg der Militärs legte der General Bolentini – wie weiland 1934 Dr. Ley in Deutschland – das ganze Projekt zu den Akten und unternahm zunächst keinen Versuch mehr, »freie« Gewerkschaften zu bilden. Den zweiten Anlauf unternahmen die Militärs erst im Jahre 1977. So genannte »paritätische Kommissionen« sollten jetzt in jedem Betrieb gebildet werden, wozu die Arbeiter ihre Delegierten wählen durften, die dann mit den Unternehmern eine Lohnvereinbarung auf Betriebsebene aushandeln sollten. Nachdem jedoch die ersten dieser »Kommissionen« gewählt waren, deren Delegierte den Militärs CNT-verdächtig schienen, ließen sie das Projekt, kaum begonnen, wieder fallen. Der dritte Versuch fand im Jahr 1979 statt. Der Druck der »Internationalen Arbeits-Organisation« in Genf und die Unzufriedenheit im Land wegen der halbierten Löhne waren so groß, dass sie ein »Arbeitsgesetz« ausarbeiteten, das, wie der Arbeitsminister vor der ILO in Genf erklärte, im September mit Zustimmung der Gewerkschaften bestätigt werden sollte. Da die CNT in illegalen Flugblättern ihre Ablehnung von unter militärischer Kontrolle stehenden Gewerkschaften ausgesprochen hatte, versuchte das Oberkommando der Streitkräfte jetzt direkt »Nationalistische Gewerkschaften« zu gründen, die ihr Gesetz akzeptieren sollten.

Wie wenig kannten sie ihr eigenes Volk! Hohe Armeeoffiziere besuchten die Gewerkschaftsführer in den Gefängnissen, wohl wissend, dass ohne deren Teilnahme kein Hund hinterm Ofen hervorzulocken war. Dabei sparten sie weder mit demagogischen Versprechungen noch mit Drohungen. Das Resultat ihre Bemühungen war gleich Null. Dabei hatten sie bereits den Palacio Peñarol, die größte Sporthalle Montevideos, für den 25. August, den Nationalfeiertag in Uruguay, gemietet, um die Gründung jener »Nationalen Gewerkschaften« zu feiern. Der Vizeadmiral Hugo Márquez blies rechtzeitig die zu »Gewerkschaftern« aufgestiegenen Offiziere zum Rückzug. Es gab nichts zu feiern.

Derweil organisierten wir die Gewerkschaften im Untergrund. Ihr Wirkungsbereich war natürlich äußerst beschränkt. Doch allein die Tatsache, dass sie in fast allen größeren Betrieben existierten, die Bulletins der CNT verteilten, die zu allen wichtigen Regierungsmaßnahmen Stellung nahmen, alle Angriffe auf die Rechte und das Einkommen der Werktätigen denunzierten; dass sie Beiträge einkassierten und die Familien der gefangenen Gewerkschafter unterstützten, verhinderte den Einbruch der Militärs und der gelben CGTU in die Arbeiterbewegung. Aus unseren illegalen Betriebskomitees entsprangen 1982 bis 1984 die jetzt zugelassenen »Arbeitsassoziationen« auf Betriebsebene, aber durch das im Untergrund bestehende Verbindungsnetz unter einer einheitlichen Führung. Beim Sturz der Diktatur sollten sie eine entscheidende Rolle spielen. Bei uns in der Fabrik hatten wir einen Stamm von Compañeros, die die illegalen Bulletins – ganz gleich aus welcher politischen Richtung diese Bulletins kamen, ob aus der Metallarbeitergewerkschaft UNTMRA, ob aus der CNT, der Frente Amplio oder der KPU – verteilten, die Beiträge für die UNTMRA einkassierten und vor allem die Arbeiter in betrieblichen wie politischen Fragen orientierten. Mit den Bulletins erreichten wir etwa ein Drittel der Belegschaft, Beiträge bezahlten ein Viertel bis ein Fünftel, die Orientierung erreichte aber alle. Nun hatten wir allerdings besonders günstige Verhältnisse, da unser Chef das Betriebskomitee, das er sehr wohl von der CNT orientiert wusste, de facto anerkannte und mit unseren Delegierten verhandelte, natürlich ohne sich durch eine formelle Anerkennung zu kompromittieren. Ich war zwar kein Delegierter, da ich aber das Vertrauen der Arbeiter genoss, die mich in technischen wie in Lohnfragen um Rat angingen, wie auch das der Chefs, denen ich die Probleme der Arbeiter nahe zu bringen suchte, konnte ich zuweilen zur Lösung von Konfliktsituationen beitragen. Mit dem Rückhalt der Belegschaft erlangten wir so eine Reihe von Verbesserungen wie die Einrichtung eines Speisesaals mit Küche, wobei für die Gehälter der Köche das Unternehmen aufkam und wir nur die Lebensmittel bezahlten. Bei den offiziellen Lohnerhöhungen, die stets weit hinter der Teuerung zurückblieben, konnten wir im Allgemeinen einige Prozente mehr bei der Firma durchsetzen, ohne dass dies jedoch die allgemeine Tendenz der Senkung des Reallohns aufgehalten hätte. Schon aus Konkurrenzgründen konnte die Firma sich keine grundsätzlich andere Lohnpolitik erlauben. Auch in der Frage der Überstunden erreichten wir eine recht günstige Regelung. Das heißt, wenn man die Ableistung von Überstunden überhaupt als »günstig« bezeichnen kann. Aber damals konnte kein Arbeiter allein von acht Stunden Arbeit täglich leben. Es war eine harte Notwendigkeit, und der Betrieb zahlte nach der neunten Stunde in der Woche und am Samstag von der ersten Stunde an doppelten Lohn. Ich selbst hatte außerdem die Verbindung mit dem Finanzsekretariat der UNTMRA nicht allein von unserer Fabrik, sondern von allen organisierten Metall verarbeitenden Fabriken des Nordens Montevideos aufrechtzuerhalten. Zudem war ich mit der Überweisung der Gelder an die Familien gefangener UNTMRA-Gewerkschafter betreut; später, als ich in die BRD lebte, auch mit der Beschaffung ausländischer gewerkschaftlicher Unterstützung. Nachdem mein Chef meinetwegen zum Generalstab gerufen worden war, kassierte ich keine Beiträge mehr innerhalb des Betriebs und verlegte meine Aktivität auf die Außenverbindungen über Beatriz. Übrigens nehme ich an, dass jene Denunziation beim Generalstab indirekt von einem Lehrling kam, dessen Beitrag ich monatlich kassierte und der sich plötzlich weigerte weiterzuzahlen. Sein Vater war Polizeihauptmann, und ihm gegenüber mochte der Sohn unvorsichtigerweise geplaudert haben. Dem Sohn mag er einen Rüffel gegeben und mich beim Generalstab angezeigt haben. Bei den Treffs mit Beatriz und anderen Compañeros achtete ich stets darauf, dass mir niemand folgte und dass niemand in der Nähe war, der uns beobachtete. Auf dem Nachhauseweg von solchen Zusammenkünften – meist auf einem Platz, einige Male aber auch mit mehreren in einer Wohnung – machte ich Schleifen, um eventuelle Verfolger entdecken und falls nötig abwimmeln zu können. Dabei ist mir auch nie etwas zugestoßen.

Feva

Da trat Feva in mein Leben. In Windjacke kam sie daher. Damals trug sie noch nicht ihren kleinen Rucksack, mit dem sie jetzt immer, statt einer Damenledertasche, in die Stadt geht. Und auch die Feldflasche hing noch nicht an ihrem Gürtel. Aber der Eindruck war derselbe. Als ob sie auf große Fahrt ginge – so brauste sie herein, burschikos, ihr weißes Wuschelhaar stand igelig zu Berge, den Kopf leicht nach vorn gebeugt, aus dem scharf geschnittenen, schelmischen Gesicht leuchteten wasserblaue Augen. Sie kam in einer ernsten Sache. Sie arbeitete mit »Amnesty International« für die uruguayischen politischen Gefangenen, lebte damals in der Bundesrepublik, kam aber öfter nach Montevideo, um Verbindungen mit den Familien der politischen Gefangenen anzuknüpfen, sich über ihre Situation zu informieren und Unterstützungsgelder zu überbringen.

Auf der Liste hatte sie auch Peters Namen gefunden, sich an mich zur Zeit des »Antifaschistischen Deutschen Komitees« während des Krieges erinnert, im Telefonbuch wahrscheinlich Ellys Namen, die noch mit ihrem Mädchennamen, also meinem Nachnamen, eingetragen war, entdeckt, und so hatten wir uns in Ellys Wohnung verabredet und getroffen.

Peters Frau Nelly hatte mir aus Caracas vorher schon geschrieben, dass sie Briefe von einer alten Bekannten von mir aus Deutschland erhalten hatte und auch Unterstützung. Aus begreiflichen Gründen nannte sie in ihren Briefen keinen Namen und auch nicht das Reizwort »Amnesty«, das für die uruguayischen Militärs Synonym für »Kommunismus« war. Ich hatte mir den Kopf zerbrochen, wer die alte Bekannte sein mochte. Nun saß sie vor mir, und ich erfuhr, dass es eine Amnesty-Gruppe in Graz war, die sich Peters Fall angenommen hatte, für seine Befreiung mit Briefen an die uruguayische Militärregierung Druck zu machen versuchte und Nelly und Martín, die im venezolanischen Exil lebten, unterstützte. »Eine alte Bekannte« war fast schon zu viel gesagt. Gewiss erinnerte ich mich an Feva, als ich sie bei Elly sah – so markante Gesichtszüge vergisst man nicht –, aber ich hatte sie nur wenige Male vor langen Jahren gesehen. Außer bei den Plaudereien über Marxismus, die ich 35 Jahre zuvor in der Jugendgruppe, der sie angehörte, geleitet hatte, hatte ich sie bei den Beerdigungen der erschossenen Studenten wiedergetroffen. Das war 1968, zur Zeit des vom damaligen Präsidenten Pacheco Areco dekretierten Ausnahmezustands – jener blutigen Ouvertüre zu Staatsstreich und Diktatur. Die Menschenmassen, die dem Sarg folgten – die CNT hatte für diese Tage der Trauer stets 24-stündige Generalstreiks angesetzt –, gingen in die Zehntausende, aber bei allen, und es waren nicht eben wenige, traf ich Feva, und wir gingen eine Strecke des Weges von der Universität zum Friedhof zusammen.

Das letzte Mal mochte das vor neun oder zehn Jahren gewesen sein. Zufallsbegegnungen jedenfalls.

Fevas erste Frage war: »Bist du schon auf der deutschen Botschaft gewesen?« Ich lachte. »Wozu? Glaubst du im Ernst, die westdeutsche Botschaft wird sich für einen der Mitgliedschaft in der verbotenen Kommunistischen Jugend Angeklagten einsetzen?« Klischees verstellen den Blick. Die bundesdeutschen Botschaften in Lateinamerika galten allgemein als gute Freunde der Diktatoren. Zwar waren sie nicht aktiv an der Vorbereitung der Staatsstreiche der Militärs beteiligt wie ihre nordamerikanischen Kollegen, eine einmal installierte Diktatur konnte aber doch meist mit dem Wohlwollen der bundesdeutschen Botschaften rechnen. Nicht allein die diplomatische Anerkennung, was zu dieser Zeit normal war, sondern eine ausdrückliche Rückenstärkung ihres meist zweifelhaften Prestiges im eigenen Land wie in der Welt durften die Putschgeneräle zumindest damals erwarten. Wie mir Feva, die es wissen musste, auseinander setzte, stimmte dieses Klischee für Uruguay nicht. Der Botschafter sei eine anständige Person. »Und was könnte der schon machen?!« war meine Frage jetzt. Peter könne eventuell die deutsche Staatsbürgerschaft erwerben, meinte Feva. Ich, sein Vater, sei doch Deutscher. Nun hatte mich Hitler allerdings ausgebürgert. Das stand auf der »Liste Nummer 100« im Reichanzeiger Nr. 79 vom 3. April 1939. Versuchen könne man es, schließlich gehe es um Peters Freiheit, meinte Feva. So gingen wir, nachdem Feva einen Termin ausgemacht hatte, zur Botschaft der Bundesrepublik Deutschland in Montevideo. Johannes Marée, der Botschafter, empfing uns, ein Mann, der Sachlichkeit mit menschlichem Mitgefühl und gutem Willen verband. Er nahm sich tatsächlich Peters Fall an, versprach beim Präsidenten des Obersten Militärgerichtshofs, Silva Ledesma, vorzusprechen und auch den Antrag auf die deutsche Staatsbürgerschaft für Peter in die Wege zu leiten. Er hat sein Versprechen gehalten. Peter wurde Deutscher. Das Oberste Militärgericht, höchste und letzte Instanz seines Prozesses, verurteilte ihn schließlich zu sechs Jahren, ein Jahr mehr, als der Staatsanwalt anfänglich gefordert hatte, aber ein Jahr weniger als die Strafe, zu der der Richter ihn verurteilt hatte. Ob das dem Eintreten von Marées zu verdanken war? Das ist möglich. Die Motive der uruguayischen Militärtribunale sind unergründlich. Auf jeden Fall aber hat Marée das Gewicht, das die Bundesrepublik zweifellos in Uruguay besitzt, dafür ins Spiel gebracht. Übrigens nicht nur für Peter, auch nicht nur für politische Gefangene deutscher Herkunft, sondern auch für andere uruguayische politische Gefangene hat er vorgesprochen. Ein Botschafter, der der Bundesrepublik alle Ehre machte. Leider wohl einer von wenigen. Nach jener ersten Audienz in der Botschaft gingen Feva und ich von der Rambla, wo die Botschaft liegt, zur Stadt hinauf. Wir setzten uns in ein Café der Straße Tristan Navaja, um das Ergebnis der Unterredung und weitere mögliche Schritte zu erörtern. Wir machten aus, wegen Peter miteinander in Verbindung zu bleiben. Ohnehin hatte ich vor, zu meines Bruders siebzigstem Geburtstag, der groß gefeiert werden sollte, nach Tel Aviv zu fliegen. Auf dem Rückflug könnte ich Station in der BRD machen. Feva wohnte seit vier Jahren in Frankfurt. Ich sollte sie bereits auf dem Hinweg treffen. Als ich im Flughafen von Frankfurt im Transitsaal auf den Anschlussflug nach Tel Aviv wartete, erschien plötzlich ein weißes Haarbüschel und darunter ihr Spitzbubengesicht. Mit irgendeinem Dokument oder einem geschickten Sprüchlein war es ihr gelungen, durch die Sperre zu kommen, und so plauderten wir noch ein Weilchen, bevor die Passagiere zum Weiterflug aufgerufen wurden. Da ich von meinem Chef den Auftrag hatte, über eine Kaltrohrbiegemaschine, die er kaufen wollte, Informationen einzuholen, und da der Repräsentant der Herstellerfirma in Hamburg ansässig war, verabredeten wir, uns dort zu treffen. Fevas jüngere Tochter, Tania, studierte damals dort und hatte um diese Zeit gerade Geburtstag. So war es für Feva zugleich eine Gelegenheit, sie zu besuchen.

Bei der Geburtstagsfeier in Tel Aviv bekam ich so viel Familie zu sehen wie noch nie in meinem Leben. Außer Heinz und Suse und ihren Familien hatte ich ja mit niemandem sonst Kontakt gehabt. Im kleinen, mehr familiären Kreis kamen wir nach der großen Feier tags darauf in einem Restaurant zusammen, und ich lernte meine Cousinen Käthe aus London und Eva aus Paris kennen. Es war ein heiterer Abend. Doch am nächsten Morgen in der Frühe erhielt Heinz, bei dem ich wohnte, einen Telefonanruf, Eva sei bewusstlos in ihrem Hotel aufgefunden und sogleich in ein Krankenhaus überführt worden. Als wir dort anlangten, war sie bereits an einem Herzinfarkt verschieden. Nach kurzem Aufenthalt in Berlin landete ich schließlich in Hamburg. Bei kaltem, nebligem Wetter gingen Feva und ich an der Außenalster spazieren. Worum sich unser Gespräch drehte, daran erinnere ich mich nicht mehr so genau. Wahrscheinlich über die Lage in Uruguay, auch über die Bundesrepublik und die DDR. Aber im Grunde sprachen wir über uns selbst, über unsere Sicht des Lebens, der Menschen und der Welt. Und da wurde mir klar, wir verstanden uns. Im Gleichklang aufeinander eingestimmter Saiten. Der Repräsentant der Kaltrohrbiegemaschinen wusste uns keine näheren technischen Auskünfte zu geben und verwies uns an die Herstellerfirma in Michelstadt. Und da der Odenwald nicht weit von Frankfurt liegt, beschlossen wir sogleich, einen kleinen Abstecher dahin zu machen. Feva hatte sich für eine Woche bei der Exportfirma, in der sie als Sekretärin arbeitete, Urlaub genommen, und so konnten wir zusammen dahin fahren. Ich schätzte ihre Begleitung auch aus sachlichen Gründen: Von Sitten und Gebräuchen in der Bundesrepublik hatte ich nicht die geringste Ahnung, und Feva, die im Geschäftsleben stand, konnte mir da gut zur Seite stehen. Meine erste Ungewissheit war: War es angebracht, mir eine Krawatte umzubinden, wenn ich mich in der Fabrik in Michelstadt als Repräsentant von »Julio Berkes, Montevideo« vorstellte? Wir setzten uns in ein Café, das über der Straße eines Hamburger Geschäftsviertels lag, und Feva und ich erstellten aus der Vogelperspektive eine Krawattenstatistik, zählten die Leute, die eine Krawatte und die, die keine trugen. Nur etwa 25 Prozent waren derart zivilisiert. Mich aber freute, dass Feva Sinn für Humor – mehr noch als für Statistik – hatte. Im Flugzeug von Hamburg nach Frankfurt wurden die Weichen für unsere Zukunft gestellt. Sie hätte billiger mit der Bahn fahren können, ich hingegen hatte diesen Flug bereits mit meinem Flug von Montevideo aus gebucht. Aber wir wollten die kurze Zeit, die mir blieb, zusammen sein. Und als wir im Flugzeug saßen, führte eine magnetische Kraft unsere Hände zusammen. Für Magnetismus hatte ich ja immer eine Schwäche.

In der Frankfurter Oper sahen wir Fidelio in einer sehr zeitgemäßen Inszenierung. Zu Beethovens Zeiten bestand zwar »Amnesty International« noch nicht, doch zweifellos komponierte er diese Oper ganz in ihrem Sinne. Unsere Gedanken an Peter waren daher ein zusätzliches Erlebnis. Hinzu kam, dass der Antrag auf seine Staatsbürgerschaft voranzukommen schien. Ich konnte mit dem Sachbearbeiter in Köln telefonisch sprechen. Und auch den Studenten, der in Graz der Amnesty-Gruppe vorstand, die Peter und seine Familie betreute, lernte ich in Fevas Wohnung in der Frankfurter Rückertstraße kennen. In jenem Einzimmer-Appartement mit Einbauküche im vierten Stock verbrachte ich mit Feva und Tania eine erlebnisreiche Woche. Der Händedruck im Flugzeug hatte gewirkt. Bis heute haben wir nicht voneinander lassen können.

Nicht das sentimentale, aber das organische Herz von Feva war nicht ganz in Ordnung. Die beiden Herzkammern waren im Kindesalter nicht zusammengewachsen. Ein Loch dazwischen ließ den Kreislauf durch die Lunge sozusagen leer laufen, das Blut wurde nicht genügend mit Sauerstoff versorgt, und so litt sie an Schwäche und Müdigkeit. Nach fast fünfzig Jahren sollte das Loch im Herzen nun geschlossen werden. Die Operation war in der Frankfurter Universitätsklinik für den Monat August angesetzt worden. Nach anschließender Kur und Rekonvaleszenz würde dann ihr Umzug nach Montevideo stattfinden. Die Operation verlief gut, die Rekonvaleszenz ebenfalls, im März 1981 wollte Feva in Montevideo sein. Und dann – endlich! – erschien Feva in Montevideo.

Der Wendepunkt in der Regierungszeit der Militärdiktatur war gerade überschritten. Im November 1980 hatten die faschistischen Generäle ihre Diktatur über eine Verfassungsreform zu legitimieren und zu verewigen versucht und dabei eine erste öffentliche Niederlage erlitten. Das Plebiszit über ihre Verfassungsreform fiel durch. Trotz Terror, Tausender politischer Gefangener, einem Quasi-Monopol der Medien – die wenigen Wochenschriften der Opposition waren mehr verboten als erlaubt – hatte die Mehrheit der Uruguayer den Militärs mit einem »Nein« geantwortet. Selbst zu einem Wahlbetrug fehlten ihnen genügend Komplizen. Es war vielleicht das erste Mal in der Weltgeschichte, dass eine Diktatur eine Volksabstimmung durchführte und dabei verlor. Erst später sollte Pinochet in Chile, allerdings bei erheblich größerem legalen Spielraum für die Opposition, eine ähnliche Erfahrung machen. Die legalen Möglichkeiten der Gegner der Militärdiktatur in Uruguay hingegen waren damals fast gleich Null. Die historische Verwurzelung einer langen demokratischen Tradition im Volk, kritisches Denken und Zivilcourage spielten die Ausschlag gebende Rolle.

Jedenfalls eröffnete sich zu der Zeit, als Feva ankam, erstmals eine Perspektive auf eine Wiederkehr der Demokratie. Eine Perspektive wohlgemerkt, nicht mehr! Denn die Verfolgungen und die Schärfe des Terrors nahmen fürs Erste sogar noch zu. Zugleich setzte eine Wirtschaftskrise ein. In dem Maße, wie die Wirtschaft liberalisiert wurde, wuchs das Heer der Arbeitslosen. Die Cantegriles, die Elendssiedlungen von Ranchos aus Blech- und Holzresten, weiteten sich aus. Tausende von Familien lebten vom Müll der Stadt. Nachts zogen Karren, von einem Pferd oder einem Menschen gezogen, durch die Straßen und die Menschen wühlten in den Abfällen nach Verwertbarem. Viele Industrieunternehmen hatten ihre Werkstore schon geschlossen, da ereilte auch unseren Betrieb die Krise. Vorerst wurde zwar niemand entlassen, doch wurden die Überstunden eingestellt. Als der Ingenieur Barreto das der im Speisesaal versammelten Belegschaft mitteilte, machten alle lange Gesichter. Sie hatten den gesunkenen Stundenlohn bisher mit den Überstunden ausgeglichen. Viele hatten Anschaffungen auf Abzahlung gemacht. Nun wussten sie nicht, wie sie die fälligen Raten zahlen sollten. Zu jener Zeit entfiel ein Großteil unserer Produktion auf die Herstellung von Autoteilen. Durch das Dekret der freien Einfuhr von Autos wurden praktisch alle Automontagewerke stillgelegt. Mit der nordamerikanischen oder europäischen Technik konnte Uruguay nicht konkurrieren. Auf der Versammlung stellte ich dem Ingenieur die Frage, warum die Unternehmer der Metall verarbeitenden Betriebe sich nicht gemeinsam an die Regierung gewandt und die Aufhebung des Dekrets gefordert hätten. Er erklärte, sie hätten versucht, die Industriellen an einen Tisch zu bringen, um gemeinsame Schritte zur Verteidigung der nationalen Industrie zu unternehmen. Aber nur sehr wenige seien gekommen. Weniger aus Angst, denn die Unternehmerverbände, anders als die Gewerkschaften, waren zugelassen, sondern weil die neoliberale Wirtschaftspolitik der Militärregierung mehr Gewinn beim Import als bei der Eigenproduktion verspreche. Viele, die jahrzehntelang zum Beispiel Stahlmöbel hergestellt hätten, schlössen jetzt ihre Werkstätten und übernähmen die Repräsentation einer ausländischen Gesellschaft, die diese Möbel importierte. Von seinen Kollegen, den Unternehmern, sei daher nichts zu erwarten, meinte Ingenieur Barreto. Hingegen wir, die Arbeiter, sollten uns mobilisieren und gegen das freie Einfuhr-Dekret Sturm laufen. Wir seien doch die Masse. Das stimmte schon, war aber nicht ganz so einfach, zumal wir nur im Untergrund agieren konnten. Doch über 8.000 Arbeiter waren durch das Dekret unmittelbar zu Arbeitslosen geworden. Und tatsächlich konnte die UNTMRA, die illegale Metallarbeitergewerkschaft, Tausende von Unterschriften gegen das Dekret sammeln und dem Arbeitsminister übergeben. Als das Dekret dann schließlich aufgehoben wurde, war der Markt mit eingeführten Autos allerdings bereits gesättigt und die Krise so tief, dass der Effekt kaum spürbar war.

Für mich bedeutete diese »Kurzarbeit« jedoch endlich mal mehr Freizeit, Zeit für mich und Feva. Auch samstags wurde nicht mehr gearbeitet, und so hatten wir uns vorgenommen zu wandern. Raus aus der Stadt! Eine typisch deutsche Sitte. Ausgesprochen un-uruguayisch. Wandern ist für die Mehrheit der Criollos ein unbekannter Begriff. Nicht einmal ein entsprechendes Wort gibt es dafür im Spanischen. Allerdings ist dieses Land auch recht ungeeignet dazu. Wald gibt es kaum, bestenfalls Bäume; das Gelände ist, der Kühe wegen, mit Stacheldrähten durchzogen; an Wanderwege nicht zu denken. Doch wir gingen immer an der Küste lang, Strand nach Strand, auf dem schönen weichen Sand, wo man barfuß gehen kann. Eine Bucht reiht sich an die andere, unterbrochen zuweilen von einer Wiese, Baumgruppen, einem kleinen Felsenmeer. So umwanderten wir an den Wochenenden fast die ganze Provinz Montevideo. Von dem Punkt, an dem wir am Sonntagabend anlangten, fuhren wir mit dem Omnibus zur Stadt zurück und kamen mit dem Omnibus am nächsten Wochenende wieder genau dahin, um unsere Wanderung fortzusetzen. An der Westküste des Rio de la Plata zuerst und dann am Fluss Santa Lucía entlang, der die Grenze zur Provinz San José bildet.

Zu Silvester 1981 erhielten wir ein Telegramm. Peter sollte aus dem Militärgefängnis von Libertad von den Eltern abgeholt werden. Die sechs Jahre, zu denen er verurteilt worden war, waren bereits seit zwei Monaten überschritten. Aber das war so der Brauch: Die Freilassung fiel in jenem Willkürregime nie mit dem Ende der Strafzeit zusammen. Eine freudige Überraschung jedenfalls. Mit dem Auto von Nellys Bruder fuhren wir nach Libertad und warteten stundenlang, bis endlich die sechs Freizulassenden, unter ihnen Peter mit kurz geschorenem Haar, in Formation und ihnen voran ein Offizier anrückten. Die Noch-Häftlinge nahmen uns, den Eltern, gegenüber Aufstellung, und der Offizier hielt eine patriotische Abschiedsrede. Als eine besondere Gunst der Gefängnisverwaltung kämen die Häftlinge heute frei, damit sie Silvester im Kreis ihrer Familie feiern könnten. »Besondere Gunst«? Dabei hatten alle schon lange über ihre Strafe hinaus gesessen! »Der Kommunismus«, fuhr er fort, »hat endgültig ausgespielt. Die Armee wird es nie zulassen, dass er in Uruguay Fuß fasst. Ihr lasst die Hände davon! Ein zweites Mal kommt ihr nicht so glimpflich davon.« »So glimpflich«! Bei allem, was die Gefangenen durchgemacht hatten. Doch vielleicht wollte er damit sagen, dass sie ein nächstes Mal nicht Folter und unmenschliche Haft, sondern der Tod erwarte. Und zu den Eltern gewandt, im Ton einer Standpauke: »Sie sind verantwortlich für ihre Söhne. An ihrer Erziehung liegt es, ob sie gute Staatsbürger oder Aufrührer werden. Beim nächsten Mal ziehen wir auch Sie zur Verantwortung.« »Sippenhaft« oder väterliche Fürsorgepflicht? Peter war jetzt 32! Abgesehen davon, dass ich mich eher mit meinem Sohn als mit jenem dummdreisten Offizier politisch identifizierte. Doch nach dieser Predigt, halb vor Großmut triefend, halb Anschnauzer, war er endlich frei und wir lagen uns in den Armen. Dass Coca, seine Mutter, jetzt, in diesem Augenblick, auf den sie so lange und vergeblich gewartet hatte, nicht da sein konnte. Schnell fort von diesem Schreckensort.

Vor dem Tor warteten Elly und Nellys Bruder. Das Wiedersehen wurde im Auto gefeiert. Es gab zu viel zu erzählen. In weniger als einer Stunde waren wir in unserer Wohnung in Montevideo. Obwohl Peter bei uns wohnte, war er mehr bei Elly, seiner Schwester, und kam meist nur zum Schlafen nach Haus. Auf dem Hinweg wurde er mehrmals von Polizisten angehalten und nach seinem Personalausweis gefragt. Er war gezeichnet. Wer sonst als ein entlassener politischer Gefangener trug so kurz geschorenes Haar?! Das bedrückte ihn.

Außerdem musste er sich alle zwei Wochen auf dem Polizeirevier melden. Zur Kontrolle angeblich. Es war jedoch nicht selten, dass sie einen bei der Gelegenheit gleich dort behielten. Es gab für die Freigelassenen eine Reihe von Verboten. Zum Beispiel durften sie sich nicht mit anderen ehemaligen Gefangenen treffen, auch wenn es sich dabei um nahe Verwandte handelte. Peter war also frei und doch nicht frei. Vor allem war die Umstellung auf ein normales Leben schwer. In den über sechs Jahren hatte er nichts aus eigener Initiative, sondern alles nur auf Befehl oder nach striktem Reglement getan. Keine Tür, kein Fenster aufgemacht zu haben und dann plötzlich von einem Tag zum anderen all das machen zu müssen, wovon man entwöhnt war.

Es war, als stünde Peter vor einem abgrundtiefen Nichts. Es hatte keinen Sinn, dass Peter in Uruguay blieb. In Venezuela waren Nelly und Martín, seine Frau und sein Sohn. Hier war es zudem so gut wie unmöglich, Arbeit zu finden. Wir stellten darum bei den Militärbehörden den Antrag auf Ausreise. In Caracas hatte Nellys Familie bereits die Einreiseerlaubnis erwirkt. Die Schwierigkeit für Peter, nach Caracas zu gehen, lag jedoch bei den uruguayischen Behörden. Sie präsentierten die »Hotelrechnung« für das Militärgefängnis von Libertad, einige tausend Dollar. Ehe die nicht gezahlt waren, durfte er nicht das Land verlassen. Man hätte darüber lachen können, die Kosten für Logis und Essen, dazu noch die Bewachung »zur eigenen Sicherheit« musste der Häftling tragen, zu dessen Verurteilung kein ordentlicher Richter je einen Gesetzesparagraphen gefunden hätte. Doch die Sache war ernst, und wir mussten, was wir hatten, zusammenkratzen, um das Lösegeld zu zahlen. Aber auch so sollte es noch ein Vierteljahr dauern, bis er die Papiere bekam, mit denen er ausreisen konnte. Viel länger hätte er allerdings nicht gewartet und versucht, über die »grüne Grenze« nach Brasilien zu kommen. Ich sollte aber nicht mehr lange mit ihm zusammen sein. Zweieinhalb Wochen nach seiner Freilassung musste ich selbst das Land in Richtung Brasilien verlassen.

In São Paulo überdachten wir in Ruhe alle Umstände: Beatriz, meine Verbindung zur Leitung, war verhaftet. Gerardo, mein Arbeitskollege und politischer Gefährte, war geflüchtet, als er bemerkte, dass sie ihm auf den Fersen waren, eine Denunziation wegen verbotener gewerkschaftlicher Betätigung lag gegen mich beim Generalstab vor. Ich wollte kein zweites Mal Gestapoverhör und KZ – auch nicht in Uruguay – erdulden. Seinerzeit war ich noch jung gewesen, 17 Jahre alt. Jetzt aber war ich 65. In São Paulo beschlossen Feva und ich nach reiflichem Erwägen, mit einer Rückkehr nach Montevideo kein Risiko mehr einzugehen. Feva und ich würden nach Deutschland, in die Bundesrepublik, gehen. Viele Verfolgte schrecken davor zurück, an den Ort ihrer Leiden, in das Land der Mörder ihrer Angehörigen zurückzukehren. Vor allem viele Juden setzen ein Gleichheitszeichen zwischen Deutsch und Nazi. Das entspricht nicht meiner Erfahrung. Als Gegner des Faschismus, nicht als Opfer ihrer wahnwitzigen Rassentheorie verhaftet, wusste ich: Es gab einen deutschen Widerstand. Auch wenn er wegen innerer Uneinigkeit und vieler Zerwürfnisse Hitlers Machtübernahme nicht hatte verhindern können. Doch von den kommunistischen und sozialistischen Zellen, von der Bekennenden Kirche bis zur Weißen Rose, von den Verschwörern des 20. Juli 1944 bis zu den Selbstbefreiungsgruppen in den Konzentrationslagern wurde die Idee der Freiheit und des Humanismus auch in der finstersten Zeit des Terrors aufrechterhalten. Hitlers erste Opfer waren Deutsche. Am Widerstand gegen diese Unterdrückung war ich beteiligt und konnte so zwischen Faschismus und Deutschland unterscheiden. Die Rückkehr nach Deutschland war kein Problem für mich. Ins Exil in meine erste Heimat also!

Exil in der Heimat

Meine erste Sorge war, Arbeit zu finden. In meinem Beruf, das war mir klar, war das unmöglich. Meine technischen Kenntnisse in Stahlkonstruktionen im Allgemeinen und Dampfkessel- und Holzvergaserbau im Besonderen waren hier wertlos. Außerdem konnte ich in meinem Alter mit keiner festen Anstellung mehr rechnen. Blieben mir meine Sprachkenntnisse. Vielleicht kam ich irgendwo als Dolmetscher oder Übersetzer unter. Meine völlige Unkenntnis der Arbeitsmöglichkeiten führte mich dabei zuerst einmal auf Holzwege. So erstand ich einen Messeführer für 36 DM und ging damit zum Messegelände in Frankfurt am Main in der Hoffnung, dort eine der angeführten Firmen anzutreffen und mich als Spanisch-Dolmetscher vorzustellen.

Zu jener Zeit gab es überhaupt keine Ausstellung. Aber ich entdeckte ein Messe-Arbeitsamt und reihte mich dort in die Schlange der Arbeitssuchenden ein. Doch als ich an der Reihe war und mein Anliegen erklären konnte, erntete ich nur ungläubiges Kopfschütteln. Nein, hier auf der Messe würden ausschließlich junge Frauen eingestellt. Was ich dächte? Die Herren, die aus Spanien zu Ausstellungen anreisten, kämen doch nicht nur zu ihrer Information oder wegen eines möglichen Geschäftsabschlusses in die Weltstadt Frankfurt! Die Messeverwaltung müsse die Wünsche der ausländischen Besucher schon in Rechnung stellen.

Nun versuchte ich es mit der Literatur. Ich stellte mich bei Suhrkamp und anderen Verlagen vor und bot mich als Übersetzer von Werken lateinamerikanischer Autoren an. Als einziges Musterbeispiel konnte ich auf meine Übersetzung von *Nackt unter Wölfen* von Bruno Apitz hinweisen. Jenen Roman hatte ich vom Deutschen ins Spanische übertragen. Aber auch da war nichts zu machen. Alle Verlage hatten bereits ihre Stammübersetzer.

Später versuchte ich es mit in der BRD unbekannten Novellen uruguayischer Schriftsteller. Ich verfasste ein Exposé des Inhalts, eine kurze Rezension und verschickte das an mehrere Verlage. Mit *Pepe Corvina*, einer Novelle von Enrique Estrázulas, die von vier typisch uruguayischen Verrückten handelt, schien es sogar zu klappen. Ein Schweizer Verlag interessierte sich dafür. Aber dann zog sich die Entscheidung endlos hin. Sie wollten die Ausgabe in Französisch sehen, die damals vergriffen war. Schließlich konnte ich eine für sie auftreiben. Aber dann wurde doch nichts daraus. Um es offen zu sagen, ich war hier nicht am rechten Platz, sah keine Perspektive und fühlte mich nicht glücklich. Dabei war ich beileibe kein Asylsuchender. Ein Flüchtling aus einem fernen Lande schon, aber keiner, der hier Asyl suchte. Ich habe chilenische und Asylsuchende aus anderen Ländern in der Bundesrepublik kennen gelernt, ihr Schicksal war unvergleichlich schwerer als meines. Ohne die komplizierte deutsche Sprache zu beherrschen, hineingestoßen in eine fremdartige Umgebung, unter Menschen mit einer ganz anderen Mentalität und anderen Bräuchen, das allein war schon problematisch. Doch angesichts der langwierigen und bürokratischen Prozedur, Asyl zu erhalten und dann auch noch Arbeit zu bekommen – und das bei einer Arbeitslosigkeit von über zwei Millionen –, zudem den Anfeindungen auf der Straße, in den Ämtern und in der Nachbarschaft ausgesetzt, einer Ausländerfeindlichkeit, die viele Deutsche mehr oder weniger offen zeigten, wurde jenen Flüchtlingen das Leben zu einem Martyrium. Und dabei waren sie eben erst einer Diktatur entronnen, von vornherein also mit einem Trauma belastet.

Verglichen mit ihnen war ich gut dran. Wenn ich nur irgendeine Arbeit finden könnte! Da kam endlich Feva. Sie kannte sich hier aus, hatte viele Jahre hier gelebt und gearbeitet, hatte Freunde, wusste, wie man sich in dieser Welt zurechtfindet. In jeder Beziehung konnte ich mich auf sie stützen. Und kaum war sie einige Wochen hier, bot sich ihr eine Stelle an. Sie nahm an und arbeitete seitdem als Sekretärin im »Psychosozialen Zentrum für ausländische Flüchtlinge«. Das Zentrum in Frankfurt am Main ist eine Einrichtung, die hauptsächlich vom deutschen Staat finanziert wird, aber der evangelischen Kirche zugeordnet ist. Das Zentrum wurde in dieser Zeit von einem chilenischen, später einem afrikanischen Psychologen – selbst als Flüchtlinge nach Deutschland gekommen – geleitet und seine Aufgabe war es, südamerikanischen und afrikanischen, später auch afghanischen, pakistanischen oder tamilischen Flüchtlingen in ihren sozialen und psychischen Problemen beizustehen.

Für Feva war das nicht allein eine Einkommensquelle, sondern auch ein »strategischer Brückenkopf«, von dem aus sie Solidaritätsaktionen zu Gunsten der politischen Gefangenen in Uruguay sowie Projekte für Freigelassene in die Wege leiten konnte. Überhaupt wurde für uns beide die Solidarität mit Uruguay zum Mittelpunkt unserer außerberuflichen Tätigkeit. Zusammen mit einigen wenigen Uruguayern, die in Frankfurt und Marburg lebten, bildeten wir einen »Arbeitskreis Uruguay« und organisierten Sammlungen von Geld und gebrauchten Kleidern, die wir an die Familien der politischen Gefangenen in Uruguay schickten. Wir versuchten auch, die an den Ländern der Dritten Welt Interessierten über die Lage in Uruguay aufzuklären. Einmal, um eine Atmosphäre für unsere Solidaritätsarbeit zu schaffen, zum anderen, weil wir glaubten, der Kampf der Uruguayer gegen die Militärdiktatur und vor allem die Einheit der uruguayischen Linken könne der zersplitterten deutschen Linken ein Vorbild sein, das man zwar nicht kopieren, von dem man jedoch lernen könne.

Als Daniel Viglietti, der uruguayische Liedermacher und Sänger, in der Alten Oper in Frankfurt auftrat, verteilten wir an das Publikum unser erstes Infoblatt, verfassten dann später eine ausführliche Broschüre über Geschichte, Wirtschaft und Gesellschaft Uruguays und über die aktuelle politische Lage. Ich selbst schrieb für verschiedene linke Zeitschriften Artikel und hielt in mehreren Städten Vorträge in Universitäten und Volkshochschulen sowie vor Amnesty-Gruppen, die uruguayische Gefangene betreuten. Bei der IG Metall ersuchte ich um eine Intervention für die Freilassung des Vorsitzenden der Metallarbeitergewerkschaft Uruguays, Rosario Pietrarroia, der kurz vor dem Erblinden stand. Kurz nach unserer Ankunft nahmen Feva und ich an einer Jahresversammlung des Internationalen Sozialistischen Kampfbundes ISK in Schloss Lerbach teil, wo wir nach einer Schilderung des Kampfes der Metallarbeiter im Untergrund – etwas worüber ich ja aus eigener Erfahrung reden konnte – eine beträchtliche Summe für die illegale Metallarbeitergewerkschaft UNTMRA in Uruguay sammeln konnten.

Mit der Zeit stabilisierte sich auch unsere materielle Lage. Ich gab Chilenen im »Psychosozialen Zentrum« und spanischen Gastarbeitern in der katholischen Caritas Deutsch-Unterricht, privat unterrichtete ich Spanisch. Für den Hessischen Rundfunk schrieb ich Rezensionen von Büchern lateinamerikanischer Autoren, übersetzte auch zwei Theaterstücke und erweckte damit das Interesse von Theaterverlagen, die sie dann auf die Bühne brachten.

Dabei kam es mir in erster Linie auf die Botschaft dieser Stücke an, die mir bedeutsam für das deutsche Publikum schien. Eines dieser Stücke, *Pedro und der Hauptmann* des uruguayischen Poeten und Schriftstellers Mario Benedetti, stellt das Verhör eines gefolterten Gefangenen durch einen Oberst der uruguayischen Armee dar. Das Zweite, *Orlando Nuñez* des Venezolaners Rodolfo Santana, handelt von einem Arbeiter, der nachdem einem Kollegen der Arm abgequetscht wird, in einem Wahnsinnsanfall die Maschine kaputt schlägt und daraufhin von der Psychologin des Unternehmens auf die Motive seiner lang angestauten Aggressivität untersucht wird. Beide Stücke, spannend vom ersten bis zum letzten Moment, schienen mir symptomatisch für das Drama Lateinamerikas und zugleich von universell menschlicher Bedeutung. Derart konnten wir uns, wiewohl unsere Gedanken um Uruguay kreisten, in der Bundesrepublik einleben. Aus der Rückertstraße zogen wir bald in eine Zweieinhalb-Zimmerwohnung nach Nieder-Eschbach, etwas außerhalb Frankfurts gelegen, genossen dort die frische Luft und die Stille, hatten Gemüsefelder und ein Wäldchen fast vor der Tür.

Die Abende, an denen Feva aufgrund ihrer Arbeit erst spät nach Hause kommt, gehe ich im Niedereschbacher Wäldchen, über die Anhöhe, von der aus man den Taunus erblickt, und durch die stillen Straßen der Vorstadt spazieren. Unter tiefhängendem Laubgewölbe, ausladenden Kastanien, Eschen und Ahornbäumen. Der matte Schein der Laternen dringt hier und da durch das dunkelgrüne Blätterdickicht. Die Straße ist zu dieser Stunde leer, die Häuser sind hinter Hecken und Büschen versteckt. Kaum blinkt mal ein erleuchtetes Fenster dazwischen. Nur das

Geklimper eines Klaviers kommt von fern, und alles ist durchdrungen vom Fliederduft der Vorgärten.

Sitzen die Leute beim Abendessen? Oder vor dem Fernsehschirm? Oder sind sie gar schon zu Bett? Ich denke an Montevideo. Selbst in den Außenbezirken ist dort bis in die späten Abendstunden noch Leben auf den Straßen. Da spielen die Kinder, sitzen die Nachbarn vor der Tür und trinken Mate, plaudern miteinander. Wie anders ist es hier in Deutschland! Die Allee jedenfalls liegt in friedlicher Stille. Und ich erinnere mich an ein ähnliches Bild. Das war vor mehr als fünfzig Jahren. Mit meinem Bruder kam ich von einem Konzert. Wir hatten »Die Kunst der Fuge« von Bach gehört. Heinz behauptete, Musik sei reine Form, sie solle nicht der Malerei, nicht der Literatur nacheifern, nicht Bildern, nicht Gedanken Ausdruck geben, da käme sie ohnehin nicht mit. Ihr ureigenstes Element sei eben Form, nur Form: Melodie, Harmonie. Ich wusste nichts zu antworten. Aber irgendwie hallte die Fuge in mir nach, Ruhe und Bewegung zugleich, und sie fügt sich wie von selbst in diese friedliche, abendliche Stimmung, in der versteckt hinter Hecken, Büschen und Fenstern jeder sein Leben lebt.

Meine einsamen Stunden wurden mit der Zeit immer seltener. Auch ich sollte bald gesellschaftliche Beziehungen anknüpfen. Feva hatte viele Freunde aus ihrer Frankfurter Zeit, die auch zu meinen Freunden wurden. Zudem war es mir jetzt in Europa eher möglich, wieder Beziehungen zu Jugendfreunden aufzunehmen. Jinny lebte in Bad Godesberg und war ein wichtiger Mann in der SPD geworden. Käschen, mit dem ich zusammen im Gefängnis Kletschkau, im KZ und auf der Pusta Golenic gewesen war, sowie Eva, meine erste unerfüllte Liebe, und ihr Bruder Uli lebten in Schweden.

Zu einem Naturfreunde-Treffen im Taunus kam Uli nach Frankfurt zu Besuch. Wir hatten nach so vielen Jahren endlich Gelegenheit, Jugenderinnerungen auszutauschen und uns gegenseitig unser Leben auf so weit auseinander liegenden Kontinenten zu erzählen. Im Herbst 1983 machten wir eine Nordlandreise. Nach dem Besuch von uruguayischen Compañeros, die in Kopenhagen, Lund und Alvesta Zuflucht gefunden hatten, fuhren wir nach Göteborg und Solna bei Stockholm. Käschen in Göteborg sang zu den Klängen seiner Gitarre immer noch die alten Lieder, nun aber mit einer professionell ausgebildeten Stimme. Vor allem deutsche Arbeiterlieder aus der Weimarer Zeit, die sich – ein wenig seltsam – nun wie Opernarien anhörten. Zudem deutsche und schwedische Volkslieder. Seine gute Stimme stellte er auch der Metallarbeitergewerkschaft, der er angehörte, zu allen möglichen Gelegenheiten zur Verfügung. In Solna wohnten wir bei Uli und machten mit ihm, manchmal auch mit Eva, Ausflüge in die Umgebung. Durch Seen und Wälder und Wälder und Seen. Mit dem Dampfer besuchten wir auch die finnischen Ålandinseln. Es war an einem Wochenende, an dem in Schweden kein Alkohol verkauft werden darf. Auf dem Hinweg waren die Fahrgäste auf dem Schiff darum nüchtern, auf der Rückfahrt dagegen sternhagelvoll.

Während unseres Besuches kam per Post für Uli ein Brief aus Montevideo an. Der Brief war von mir. Ich konnte es nicht glauben. Ich war nun schon seit zwei Jahren außer Landes. Uli zeigte ihn mir. Auf dem Briefkopf stand tatsächlich: »Montevideo, den 20. Mai 1940«. Wie war es möglich, dass der Brief, den ich vor 43 Jahren geschrieben hatte, jetzt erst ankam?

Uli hatte, als er nach seinem Besuch bei uns über Berlin nach Hause fuhr, seinem Gastgeber erzählt, er habe in Frankfurt bei Ernst Kroch gewohnt. Der Mann hatte geantwortet: »Ernst Kroch? Von dem muss ich doch einen Brief in meinem Archiv haben.« Er konnte ihn jedoch nicht sogleich finden. So versprach er, ihn Uli nachzusenden. Und da lag nun der Brief vor uns. Mit Glossen aus meiner Sicht über die damalige Kriegslage. Der Berliner hatte Uli erzählt, man habe ihm die Korrespondenz von einem Freund aus Dänemark zugesandt, nachdem jener vor 25 Jahren gestorben war. Die Kette begann sich zu schließen. Wir kombinierten die Bruchstücke unseres Wissens: Vor vier Jahrzehnten hatte ich, wohl wissend, dass Uli nach Schweden gegangen war, den Brief an einen gemeinsamen Freund in Paris mit der Bitte um Weitergabe gesandt, da ich Ulis Adresse nicht kannte. Kurz darauf wurde Paris von den Deutschen besetzt, der Freund, ein Emigrant, musste fliehen und seine Papiere und seine Korrespondenz hatte er wohl an jenen Freund in Dänemark geschickt. Der wusste damit nichts anzufangen, hatte wahrscheinlich auch gar nicht Ulis Adresse. So war der Brief auf Umwegen über Paris, Kopenhagen, Berlin schließlich doch noch an seinen Adressaten gelangt. Die Mühlen der Post mahlen langsam, aber sicher. Zum Glück stand in dem Brief nichts Dringliches!

Heimkehr ins Exil

Ab Ende 1983 verlor die Militärregierung zusehends an Macht. Die Uruguayer wurden unregierbar. Der Terror der Generäle hielt an, aber die Angstpsychose wich und der Terror verfehlte immer mehr seine Wirkung. Der Widerstand wuchs und wurde immer aktiver. Der Hungerstreik von drei Priestern im August 1983; die monatlichen Demonstrationen, bei denen lautstark auf Kochtöpfe geschlagen wurde, erst hinter verschlossenen Fenstern und Türen, dann auf offener Straße; die Demonstrationen, erst die des »Lächelns« auf den Bürgersteigen des »18 de Julio«, dann schon zu Zehntausenden auf der Straße, der Studentenmarsch im September 1983, an dem über hunderttausend Menschen teilnahmen; die Kundgebung von 400.000 Menschen am »Obelisk der Verfassunggebenden Versammlung«, auf der Wahlen für das Jahr 1984 gefordert wurden; der Besuch der 154 Kinder aus dem Exil, um ihre Heimat kennen zu lernen, und die halbe Million Montevideaner, die sie mit dem Ruf »Eure Eltern werden wiederkehren« auf dem Weg vom Flughafen in die Stadt an der Rambla begleiteten; der Hungerstreik des Rundfunkdirektors Germán Araújo, bei dem die Polizei den Sender besetzte, nach kurzer Zeit aber wieder abziehen musste, weil wegen des Menschenauflaufs vor seinem Appartement an der Hauptstraße der Verkehr umgeleitet werden musste; die Freilassung des Generals Líber Seregni nach fast zehn Jahren Haft, die sich in eine spontane Kundgebung für die Demokratie vor dem Balkon seiner Wohnung verwandelte; nach langem Exil die Ankunft von Wilson Ferreira Aldunate, des Präsidenten der Blanco-Partei, im Hafen von Montevideo, der vom Landungssteg aus in einem Hubschrauber in eine Kaserne des Landesinnern gebracht werden musste, weil ihn Hunderttausende jubelnder Menschen in der Stadt willkommen heißen wollten und schließlich der totale Bürgerstreik, der am 27. Juni 1984, dem elften Jahrestag des Staatsstreichs und zugleich der elfte Jahrestag des Beginns des Generalstreiks, das ganze Land paralysierte: Alles das führte zu Verhandlungen zwischen den Generälen und verschiedenen Politikern, die zum Ergebnis hatten, dass für den 25. November 1984 Wahlen festgesetzt wurden. Wahlen, von denen zwar General Líber Seregni und Wilson Ferreira Aldunate als Präsidentschaftskandidaten ausgeschlossen waren, bei denen aber sowohl die Blancos und die Colorados als auch die Frente Amplio gewählt werden konnten. Ein Brief von meiner Tochter Elly, in dem sie uns über ihre Töchter Karen und Erika berichtete, die damals sechs und vier Jahre alt waren, zeigte uns aus einer ungewöhnlichen Perspektive die wirtschaftliche und politische Lage in Uruguay auf.

»Karen lernt in der Schule, ihr Frühstück mit den Kindern zu teilen, denen die Eltern keines mitgeben können. Sie sieht auch, dass andere Kinder keine so schöne

Tunika und darunter so warme Kleidung haben wie sie. Und sie zieht ihre Schlüsse daraus. Anlässlich der letzten Ereignisse, an denen sie auch teilgenommen hat, bei Kundgebungen oder hier im Stadtteilkomitee, hat sie mich mit Fragen gelöchert. Besonders über die Frente Amplio. Für Karen bedeutet die Frente Amplio, dass alle Kinder zu essen haben, sich warm kleiden und alle Tage zur Schule gehen können. Wie sie zu einer vierjährigen Freundin sagte, wird sie deshalb Frente Amplio wählen.« Und weiter: »Gestern sagte mir die Kindergärtnerin, dass Erika mit einer Gruppe von Kindern ›Demonstration‹ gespielt habe. Sie marschierten im Kreis herum und riefen im Chor: *Se va a acabar / la dictadura militar* (Sie geht zu Ende, die Militärdiktatur). Das sind offensichtlich Kinder, die ihre Umgebung intensiv erleben!« Und schließlich: »Das Dach der Schule hat Löcher, und da regnet es durch. Wir Mütter der Schulkinder backen nun Pizza und verkaufen sie, um die Löcher zu stopfen, die Reparatur zu bezahlen. Wie ihr seht, ist hier alles auf den Hund gekommen. Wiewohl das gewiss keine Lösungen sind, bleibt uns nichts anderes übrig, als derart mitzuhelfen, bis endgültige Lösungen da sind; denn die Regierung gibt kein Geld und die Kinder werden nass.«

Wir begannen Anfang 1984 unsere Rückkehr vorzubereiten. Ich selbst wagte mich noch nicht direkt nach Uruguay hinein. So fuhr Feva zuerst alleine, doch näherte ich mich dem Land und setzte über den Atlantischen Ozean nach Brasilien über. Im südlichsten Staat Brasiliens, in Rio Grande do Sul, der an Uruguay grenzt, traf ich mich mit Elly und ihrer Familie. In Canela, in den Bergen nördlich von Porto Alegre gelegen, verbrachte ich mit ihnen – Elly, Yuyo, Karen und Erika – zwei schöne Wochen, in denen wir viele Gespräche führten und gemeinsam durch die Berge und Wälder wanderten. Nur Karen und Erika sahen ihren Großvater scheel an. Vielleicht mutete ich ihnen doch ein wenig zu viel zu. Aber zumindest in der »Mini-Welt« in Gramado – Burgen, Häuschen, Eisenbahnen, Wald, alles in Miniatur – kamen sie auf ihre Kosten.

Feva war gleich nach Montevideo weitergefahren, nahm dort Verbindung mit meinen Compañeros von der Fabrik und von der Gewerkschaft auf. Die UNTMRA, deren eigenes Haus in ein Polizeirevier umgewandelt worden war, hatte bereits ein neues Lokal. Noch ohne alle Einrichtungsgegenstände und so brachte Feva eine gebrauchte Schreibmaschine, tauschte Informationen aus und trank Mate mit den Compañeros. Im März 1984 herrschte ein schwer zu definierender Zustand im Land, eine Art Halb-Legalität. Das heißt, offiziell waren noch viele Organisationen verboten, nur dass niemand mehr danach fragte, was erlaubt und was verboten war. Der Widerstand hatte solche Dimensionen angenommen, dass die Armee, die Polizei und die Regierung nicht mehr in der Lage waren, überall einzugreifen. Ab und zu aber taten sie es dann doch, und das kostete neue Opfer. Der Letzte, der unter der Folter starb, war ein Arzt aus San Javier, einer

Kleinstadt am Río Uruguay gelegen. Obwohl der Militärarzt die Todesursache gefälscht hatte, konnte eine zweite von der Witwe angeforderte Autopsie die Wahrheit ans Licht und die Mörder in Uniform vor den Richter bringen. Das war im Monat April. In den Militärgefängnissen sollten allerdings noch mehrere angebliche »Selbstmorde« und tatsächliche Selbstmorde sowie Todesfälle aus ärztlicher Versäumnis die Liste der Opfer verlängern. So ganz risikolos war daher Fevas Abstecher nach Montevideo nicht. Zumal sie dabei wie gewohnt Verbindung mit den Familien der politischen Gefangenen aufnahm und ihnen Unterstützung überbrachte. Im November machte ich meinen zweiten Anlauf zur Rückkehr. Diesmal kam ich bis nach Montevideo. Am 25. des Monats sollten die Wahlen stattfinden. Obwohl es noch an die tausend politische Gefangene gab, eine Reihe von Politikern nicht zu den Wahlen kandidieren durften, einige linke Organisationen wie u.a. die Kommunistische Partei verboten waren – was die Parteimitglieder aber nicht daran hinderte, in der Öffentlichkeit aufzutreten –, war die Wahlkampagne so frei, wie ich kaum eine andere zuvor erlebt hatte. Polizei war kaum auf den Straßen zu sehen. Die Veranstalter der Demonstrationen und Kundgebungen hielten selbst die Ordnung aufrecht. Nirgendwo kam es zu Zusammenstößen, niemals zu Ausschreitungen. Nicht eine Fensterscheibe splitterte. Das Volk beherrschte die Straße, marschierte und tanzte. Inmitten einer nie gekannten Misere herrschte Euphorie, das nahe und unaufhaltsame Ende der zwölf Jahre währenden Militärdiktatur erweckte Hoffnungen, nicht nur auf Freiheiten und Rechte, auf Demokratie, sondern auch auf einen tief greifenden sozialen Wandel und eine Besserung der verzweifelten wirtschaftlichen Lage. Alle Parteien, die gegen die Diktatur in den letzten Jahren zusammengestanden hatten, die demokratischen Colorados, die Blancos von Wilson Ferreira Aldunate, die Frente Amplio und die kleine Unión Cívica, hatten gemeinsam ein Programm ausgearbeitet, das – wer immer auch die Wahl gewinnen sollte – der neuen Regierung als Richtlinie dienen sollte: die Freilassung aller politischen Gefangenen, die Wiederherstellung des Rechtsstaates, die ausschließliche Zuständigkeit der Ziviljustiz für alle Bürger, einschließlich der Mörder in Uniform. Ebenfalls sollte eine Lösung der Wohnungsnot und der überhöhten Mieten, des Gesundheitsproblems und der Demokratisierung des Unterrichts, eine wirtschaftliche Neuorientierung zugunsten der unteren Klassen angestrebt werden. Dieses Dokument der »Comisión Nacional de Programa« hatten alle unterschrieben. Was allerdings nicht verhinderte, dass es erst von der an die Regierung gekommenen Colorado-Partei und später auch von der Mehrheit der Blancos Punkt für Punkt vergessen und übertreten wurde. Die darauf einsetzende Resignation und Niedergeschlagenheit vieler Uruguayer, bei denen zu ihrer wirtschaftlich schweren Lage sich die Enttäuschung über ihre nicht erfüllten Erwartungen gesellte, war die Gegenreaktion auf jene Euphorie vor den Wahlen. Im November jedoch traf ich überall eine, trotz vielem persönlichen Ungemach, gehobene Stimmung an. Erstmals war ich mit meinen Kindern, der ganzen Familie zusammen, denn auch Peter, Nelly und Martín waren wenige Tage nach meiner Ankunft aus Venezuela zurückgekehrt. Wir alle wollten unseren Beitrag zu den Wahlvorbereitungen leisten. Dabei war alles sehr spontan, überall mangelte es an Organisation. Die Frente Amplio war erst zwei Monate vorher zugelassen worden, viele ihrer führenden Leute saßen noch im Gefängnis. Diejenigen, die im Exil waren, kehrten Hals über Kopf nach Uruguay zurück. Der ehemalige Generalsekretär der KPU, Rodney Arismendi, kehrte drei Wochen vor der Wahl zurück. Als bei der Empfangskundgebung auf dem überfüllten Rathausvorplatz die Internationale erklang, lief mir eine Gänsehaut über den Rücken, die Militärs waren ja noch an der Regierung.

Die KPU hatte sich selbst legalisiert. Als Mitbegründer der Frente Amplio konnte sie bei den Wahlen zwar nicht unter eigener Fahne auftreten, beteiligte sich jedoch als eine der fünf Koalitionsgruppen der Frente Amplio, deren erster Kandidat für den Senat der Rundfunkdirektor Germán Araújo war, der seinerzeit in den Hungerstreik getreten war. Die Kandidaten für die nationalen und lokalen Exekutivämter waren, so wie 1971, von allen Frente-Amplio-Parteien und -Gruppen gemeinsam aufgestellt worden. Als Präsidentschaftskandidat war der der Frauenarzt Crottogini aufgestellt, der während der Illegalität den Vorsitz der Koalition im Untergrund geführt hatte. Mit 21,4 Prozent der Stimmen im ganzen Land war die Frente Amplio die einzige Parteienkoalition, die im Vergleich zu 1971 einen Zuwachs zu verzeichnen hatte. Präsident der Republik wurde der Kandidat der demokratischen Colorados, Julio María Sanguinetti. Mit 33,4 Prozent der Stimmen in der Provinz Montevideo konnte die Frente Amplio zwar 120.000 Stimmen mehr auf ihren Bürgermeisterkandidaten vereinigen als die demokratischen Colorados. Trotzdem bekamen diese das Amt zugesprochen, da das komplizierte uruguayische Wahlgesetz es erlaubte, die Stimmen für den demokratischen und für den profaschistischen Kandidaten der Colorados zusammenzuzählen. So wurde die Frente Amplio um einige Tausend Stimmen übertroffen.

In den ersten vier Wochen nach meiner Rückkehr war ich unermüdlich in Montevideo unterwegs. In der Fabrik diskutierte ich mit meinen Arbeitskollegen und auch mit den Chefs, die mich zu einer Diskussion über die politische Lage einluden. Natürlich ging ich sofort zur Metallarbeitergewerkschaft, trank Mate mit den Compañeros, mit denen ich im Untergrund zusammengearbeitet hatte. Meine Freundin Beatriz war allerdings immer noch im Frauen-Militärgefängnis in Punta Rieles inhaftiert. Dort waren die Haftbedingungen noch unmenschlicher als im Libertad, dem Männergefängnis. Für ihre Freilassung veranstaltete die UNTMRA eine Reihe von Protestaktionen. Dabei erfuhr ich auch, dass Beatriz, trotz allem, was sie durchgemacht hatte, durchgehalten hatte und keinen einzigen Namen preisgegeben hatte. Das konnte ich 1982, als ich mich entschloss, aus

Uruguay zu fliehen, natürlich nicht wissen. Amanda, die ich seit unserer gemeinsamen Aktivität für den Sozialwohnungsbau im Barrio Sur nicht mehr gesehen hatte, begleitete ich jetzt von Haus zu Haus, Wahlpropaganda für die Frente Amplio verteilend und mit den Leuten diskutierend. Trotz aller verständlichen Parteienkonkurrenz bestand ein gegenseitiger Respekt, man redete offen und wie unter Freunden, zumal ja alle gemeinsam eine Front gegen die Militärs gebildet hatten. Waren die politischen Sympathien manchmal selbst in einer Familie geteilt, so konnte man doch öfters vor einem Fenster oder einem Balkon die drei verschiedenen Parteifahnen friedlich nebeneinander sehen. Die profaschistischen Sektoren der Colorados und der Blancos, die mit der Diktatur kollaboriert hatten, machten, wie die Wahl ergab, weniger als zwölf Prozent der Bevölkerung aus. Als ich an die Rambla Sur kam, sah ich dort in den meisten Fenstern jenes Wohnblocks, den die Nachbarn der Conventillos vereint erkämpft hatten, die rot-blau-weißen Fähnchen der Frente Amplio. Und obwohl wir im »Comité Popular del Barrio Sur« nie danach gefragt hatten, wer was wählte, und unabhängig von jeder Parteizugehörigkeit alle Schritte gemeinsam unternommen hatten, so wusste ich doch von den meisten, dass sie wie die Mehrheit der Uruguayer aus Tradition Colorados oder Blancos wählten. Ich bilde mir nicht ein, die Erkenntnisse, die sie im Verlauf des Kampfes um eine menschenwürdige Behausung gemacht hatten, wären der einzige Grund für diese Wandlung gewesen. In zwei Jahrzehnten machen die Menschen vielseitige Erfahrungen, treten jüngere Generationen in den Vordergrund, aber ich bin sicher, dass eine lang anhaltende Mobilisierung, wie die der Nachbarn des Barrio Sur, nicht nur dazu beiträgt, materiell Stein auf Stein zu einem eigenen Zuhause zu setzen, sondern auch Erfahrung auf Erfahrung zu neuer Erkenntnis. Im Parlament und in der Stadtverwaltung hatten sie beobachten können, wer ihre Forderungen unterstützte, wer sie behinderte. Vor allem aber ist es die Lebenserfahrung, ob einer seine Interessen Schulter an Schulter mit Nachbarn oder Arbeitskollegen oder ob er sie allein und gegen andere durchsetzt, was einen zur konservativen oder fortschrittlichen Seite hinneigen lässt, nach rechts oder links zieht.

Angesichts des so unerwartet beflaggten Gebäudes fühlte ich tiefe Genugtuung. So wie man sie empfindet, wenn man erkennt, dass es nicht umsonst gewesen ist, wofür man sich Jahre seines Lebens eingesetzt hat. Und in mir stieg der Gedanke auf, jene Erfahrung zu dokumentieren, niederzuschreiben, die erfolgreiche Lektion weiterzugeben. Mit Amandas und Héctors Hilfe – er hatte damals vor zwanzig bis fünfundzwanzig Jahren Tagebuch geführt – brachte ich dann auch drei Jahre darauf das Buch *Crónicas del Barrio Sur* heraus, das halb Essay, halb Erzählung, immerhin zwei Auflagen erlebte. Als ich nach Frankfurt zurückkehrte, stand mein Entschluss endgültig fest: Mein Platz war, jenseits aller möglichen und ungelösten Identitätsprobleme, in Uruguay. Und Feva entschied sich genauso.

Sie hatte noch etwas Geld auf ihrem Konto. Es reichte, um ein Häuschen mit Garten am östlichen Rand Montevideos zu erstehen. Ich würde wieder bei »Julio Berkes« arbeiten. Barreto, mein Chef, wartete seit langem auf mich. Die Holzvergaser für die Dampfkessel hatten sich als Erfolg erwiesen. Viele mit hohen Temperaturen arbeitende Industrien stellten sich auf dieses System um, es gab eine Menge Arbeit und eine Reihe spezieller technischer Probleme Fall für Fall zu lösen. Ich würde zuerst zurückkehren. Feva, die ihre Kündigungsfrist einhalten und unseren Haushalt in Frankfurt auflösen musste, dann wenige Monate später. Die Zeit verging wie im Fluge. Wieder ein Abschied, wieder eine Heimkehr. Ich war in Herbststimmung, traurig beim Lebewohlsagen, beim Verabschieden der vielen alten und neuen Freunde, ein wenig schwermütig beim Scheiden von diesem schönen Land, aber auch freudig und zuversichtlich angesichts der Zukunft, des Wiedersehens mit Uruguay, mit Peter und Elly. Es ist das zweite Mal, dass ich Deutschland – endgültig? – verlasse. Diesmal allerdings aus freiem Willen, und es ist, wie damals im Jahre 1937, wieder Winter. Wird es mein letztes Exil gewesen sein? Und meine letzte Heimkehr nach Uruguay?

Wort und Tat

Im Dezember 1985, jetzt definitiv nach Montevideo zurückgekehrt, fing ich wieder bei »Julio Berkes« an und arbeitete dort, bis ich mit über 70 Jahren in Pension ging. Nicht in den »Ruhestand«! Den denke ich erst im Grabe zu finden. Während des Exils in meinem Geburtsland hatte ich meinen erlernten Beruf an den Nagel hängen müssen. Von den harten Stoffen Stahl und Eisen war ich zu den weicheren Papier und Füllhalter übergegangen. Ich hatte Gefallen daran gefunden und auch ein wenig Übung. Schließlich hatte ich mich einen Schritt weiter vorgewagt: vom Journalismus, der Arbeit als Übersetzer und dem Verfassen von Literaturkritik zur Literatur selbst.

Das geschah nicht aus innerem Verlangen heraus, ich fühlte keine Berufung dazu. Es entsprang eher einer rationalen Überlegung und einem Anliegen, das mit meinem sozialen Engagement zu tun hatte. Ich hatte bemerkt, dass eine bloß politische Behandlung der Probleme Lateinamerikas – und weniger noch Uruguays – nur bei einem kleinen Kreis von Leuten in der Bundesrepublik ankommt. Ich hatte mir darum die Aufgabe gestellt, das Interesse weiterer Kreise zu wecken. Nun hat jedes politische Problem seinen rein menschlichen Aspekt. Das tragische Geschick etwa eines Landwirtes, der nach einem Leben voller Opfer, aber auch Erfolgen und Genugtuungen von seiner Scholle vertrieben wird, berührt den Leser sicherlich tiefer als die Nachricht von 11.000 Zwangsversteigerungen verschuldeter Landgüter.

So schrieb ich eine Reihe von Erzählungen auf der Basis von Fällen, die mir persönlich bekannt waren oder von denen ich gehört hatte. Alle basierten auf individuellen Erlebnissen, doch eine jede war typisch für die Probleme Lateinamerikas. Unter dem Namen *Südamerikanisches Domino* fasste ich sie zusammen. In dem kleinen Band reiht sich – anscheinend willkürlich – eine Geschichte an die andere. Eine spielt in Buenos Aires, eine in Rio de Janeiro, eine andere in Santiago de Chile. Eine handelt von einem Arbeitslosen, eine von einem Bauern oder einem Geschäftsmann, eine andere von einem Jugendlichen, eine andere von einem Militär. So ergibt sich ein weit verzweigtes Bild von jenem fernen Subkontinent. Mein Ziel war, ein Echo im Gefühlsleben der deutschen Leser auszulösen, zugleich aber durch den Kontrast zum eigenem Wohlstand und Frieden aufzurütteln und Verantwortungsgefühl zu wecken. Ob und wieweit mir das gelungen ist, inwiefern das Buch nicht allein kurzweiliger Unterhaltung, sondern auch der Unterrichtung und einem angefachten Interesse dient, vermag ich nicht zu beurteilen. Eher schon der Verleger des Peter Hammer Verlags, in dem das Buch im Oktober 1987 erschienen ist.

Einmal in Fahrt, verfasste ich zwei neue Manuskripte, diesmal in Romanform, die bis heute allerdings Manuskripte geblieben sind, was mich zweifeln lässt, ob nicht doch meine Arbeit in der Werkstatt und im Technischen Büro bei »Julio Berkes, Dampfkessel und Holzvergaser« fruchtbarer gewesen ist als der Einstieg – in den letzten Lebensjahren und ohne vorhergehende Handwerkslehre – in den dornigen Bereich der Literatur.

Dass ich aber mein erlerntes Handwerk – vorzeitig vielleicht – aufgegeben habe, dazu mag außer meinem Exil in Deutschland noch ein anderer Umstand beigetragen haben. Und zwar ein Blasenkrebs. Ein urgründlicher deutscher Arzt entdeckte ihn, als er noch im Anfangsstadium war.

Vor meiner Emigration aus Uruguay hatte ich bei der dortigen Sozialversicherung einen Antrag auf Altersrente gestellt, wohl wissend, dass es Jahre dauern konnte, bis die Bewilligung gegeben würde. Zwar konnte ich über 40 Jahre Arbeit in Uruguay einwandfrei nachweisen, nicht aber – nach Ansicht der Versicherung – mein Alter. Obwohl es auf meinem Personalausweis angegeben war, verlangte man die Geburtsurkunde, die ich nicht mehr besaß. Wer weiß, wo sie sein mochte?! Denn Breslau lag inzwischen in Polen. Aber die Versicherung bestand darauf. Ich sollte meine Geburt beweisen, ein Arzt möge mir bescheinigen, dass ich 65 bin. Bei einem Baum zählt man die Jahresringe, einem Pferd schaut man ins Maul. Aber wie bestimmt ein Arzt das Alter eines Menschen? Ein uruguayischer Arzt hätte damit kein Problem gehabt. Vier Jahre später stellte einer in Montevideo mein Alter fest. Er bat mich um meinen Personalausweis, sah sich das Geburtsdatum an und füllte mir die ärztliche Bescheinigung aus, dass ich damals 69 Jahre alt war. Dabei sah er mich nicht einmal an. Nicht so ein deutscher Arzt. Er untersuchte mich auf Herz und Nieren, prüfte meinen allgemeinen Gesundheitszustand, machte alle möglichen Untersuchungen und fand dabei mikroskopische Blutspuren im Urin. Er überwies mich an einen Urologen und dieser entdeckte ein Geschwür in der Blase. Er entfernte es, stellte bei der Biopsie Krebs fest und gab mir die Anweisung, mich alle Vierteljahre durch eine Zystokopie auf Rezidive untersuchen zu lassen. Kein Jahr darauf musste ich mich noch einmal einer solchen Operation unterziehen. Danach trat während der zwei Jahre, die ich noch in Frankfurt weilte, kein Rezidiv mehr auf. Der Urologe empfahl mir jedoch, mich auch in Uruguay alle sechs Monate untersuchen zu lassen. Als das erste Halbjahr um war, wurde auch eine Zystokopie gemacht, und es war alles in Ordnung. Nach einem Jahr meines Aufenthalts in Uruguay meldete ich mich wieder bei demselben Urologen zur Untersuchung, aber er meinte, das könne man vier Monate später machen. Es sollte gar nicht dazu kommen. Was mir nie zuvor passiert war, ich urinierte kurz vor dem angegebenen Termin schon Blut. Natürlich ging ich jetzt zu einem anderen Urologen. Zum ersten hatte ich jedes Vertrauen verloren. Der andere machte sofort eine Zystokopie und sagte mit ernstem

Gesicht: »Es ist höchste Zeit.« Und da wir ohnehin vorhatten, in die Bundesrepublik zu fliegen, schrieb er einen Bericht, mit dem ich mich sofort bei meinem früheren Urologen melden sollte. In der Universitätsklinik in Mainz nahm man mir die ganze Blase heraus und machte einen künstlichen Ausgang an der unteren Bauchdecke. Das war kein leichter Entschluss, weder für mich noch für Feva, die ständig um mich war. Aber wie die Dinge lagen, schien es die einzig sichere Überlebenschance. So lebe ich bis heute mit meiner reformierten Anatomie. Das ist nicht ganz problemlos, weder körperlich noch psychisch, aber ich meinte, noch einiges – und lebend – zu erledigen zu haben. Und ich wusste, wenn ich nach Montevideo zurückkäme, würde ich nicht mehr in der Fabrik arbeiten. Ich beschloss, endgültig in Rente zu gehen. Das hieß: Jetzt würde ich für immer – was mir noch an Leben blieb – statt Stahlstrukturen zu kalkulieren, Wortstrukturen komponieren.

Doch Schreiben allein kann mein Leben nicht erfüllen. Dazu habe ich nicht das Sitzfleisch, und Muskelbetätigung und Bewegung sind stets Bestandteil meines Lebens gewesen und sollen es auch bleiben. Unser Garten bietet mir Gelegenheit dazu (Feva noch mehr als mir!). Vor allem aber muss ich mit Menschen zusammenkommen, mit und für Menschen tätig sein. Das ist in Uruguay kein Problem. Denn an Problemen dieser Art ist hier kein Mangel. Die Probleme der Arbeiter an erster Stelle. Obwohl ich nun nicht mehr in der Fabrik arbeitete, hielt ich den Kontakt mit meinen alten Arbeitskollegen aufrecht. Mit vielen hatte ich über Jahrzehnte gute und schlimme Zeiten verbracht, und so nahm ich weiter an ihrem Kampf teil. Ich glaube, mit meiner Erfahrung weiter einen Beitrag im Kreise der Compañeros von »Julio Berkes« leisten zu können. Compañeros, die mich in ihrer Schlichtheit, Standhaftigkeit und praktischen Intelligenz immer wieder in Erstaunen versetzen.

Trinidad ist der Koch. Sein breites Gesicht lächelt ständig. Dunkler Teint, leuchtende Augen, die einen durchdringend anschauen. Eine Wirbelsäulenverletzung – bei dem Stand der Technik in Uruguay, wo oft noch Muskelkraft die mechanische ersetzt, kann man sich so etwas leicht zuziehen – gestattet lediglich eine langsame Fortbewegung. Seitdem arbeitet er in der Küche und macht leichte Hilfsarbeiten in der Werkstatt. Sein bedächtiges Wesen passt ganz zu seinem Gang. In seiner Gegenwart breitet sich selbst in heiklen Situationen Ruhe aus. Seine Gemächlichkeit ist ansteckend. Als Koch hat er auch am frühen Morgen Bestellungen von den Arbeitern entgegenzunehmen. Viele kommen, ohne zu Hause gefrühstückt zu haben. Brötchen, harten Landzwieback, auch Zigaretten, Milch für die Elektroschweißer werden gewünscht. Das besorgt er dann beim Einkauf der Zutaten zum Mittagessen und verteilt es unter den Compañeros. Dieser Posten gewährte ihm unter der Diktatur die Möglichkeit, in kürzester Zeit alle zu benachrichtigen oder alle zu befragen, denn er kam, ohne dass es auffiel, in die letzten Winkel der Fabrik. *Diego*, pechschwarzes Haar, schmales Gesicht mit hängendem Schnurrbart, steht an der Hobelbank. So zuverlässig, wie er vom Werkmeister in seiner Arbeit geschätzt wird, schätzen wir ihn in der gewerkschaftlichen und politischen Tätigkeit. Und das, obwohl er selten spricht. Wenn überhaupt, dann nur wenige Worte. Doch sie sind mit Leidenschaft hervorgebracht und sie treffen den Nagel auf den Kopf. An seinen dunklen Augen merkt man, dass nichts, was er vernimmt, ins Leere fällt. Man sieht, es arbeitet in ihm. Aber er schweigt und macht, was zu machen ist. *Mario,* hager und behend, scharfe Gesichtszüge, Adlernase, hat es in kurzer Zeit vom Peón (Hilfsarbeiter) zum Facharbeiter gebracht. Lange Zeit hat er unter der Diktatur im Militärgefängnis gesessen. Das Einzige, was man ihm von jener Zeit anmerkt, ist seine Reife. Er muss viele Erfahrungen aufgearbeitet, viele Irrwege überdacht, bewältigt und überwunden haben. Denn bei ihm paaren sich revolutionärer Eifer mit außerordentlichem Realitätssinn, er erfasst kleinste, psychologisch bedeutsame Eigenheiten der Arbeitskollegen und weiß sie in Rechnung zu stellen. Als er freikam, stand er ökonomisch vor dem Nichts. Danach erst baute er eine Existenz für sich, seine Frau und sein Kind auf. Dann ist da *»Der Hund«*. Warum sie ihm wohl diesen Namen gegeben haben? Vielleicht wegen seines flachen Bulldoggengesichts. Dabei ist er die Gutmütigkeit in Person. Seine Rede fließt sanft und ebenmäßig. Als Schweißer muss er einen ruhigen Puls haben. Obwohl er einen friedfertigen Charakter hat, sich mit jedermann gut verträgt, ist er ein Mann von Grundsätzen. Vielleicht sogar ein wenig zu starr. Er verlangt von anderen die gleiche Konsequenz wie von sich selbst. Zuweilen müssen wir ihn von der Notwendigkeit größerer Flexibilität überzeugen. Da sind noch viele, jeder in seiner Eigenart, aber sie sind mir alle ans Herz gewachsen. Doch mehr noch als unter den Compañeros der Fabrik, die am anderen Ende der Stadt liegt, bin ich in unserem Stadtteil tätig. Wir beteiligen uns dort an der Arbeit im Basiskomitee der Frente Amplio. »Andresito« heißt es. Benannt nach dem indianischen Adjutanten des Generals José Artigas, der den Befreiungskrieg gegen die spanische Krone anführte und als Staatsgründer der unabhängigen »República Oriental del Uruguay«, wie der Staat Uruguay offiziell heißt, gilt. Das Lokal des Basiskomitees, ein altes Häuschen, liegt inmitten eines Dickichts von Schilf, Disteln und Stechpalmen. Um hinzukommen, müssen wir einmal im Monat mit Hacke und Sichel und der Mähmaschine den Weg frei machen. Feva wurde Ende der 80er Jahre zur Vorsitzenden des Komitees gewählt, und ich stand ihr bei, denn obwohl in unserem Stadtteil an die hundert Mitglieder sind, zu den Aktivitäten sind immer nur wenige bereit. Die Frente Amplio ist nicht nur eine Koalition von Parteien und Organisationen, sondern auch eine Bewegung mit eigener Struktur. Mit Hunderten solcher Basiskomitees reicht sie bis in die letzten Winkel der Stadt und auch der Provinzen. So unterhält sie Kontakt mit dem Volk, das ja, wenn die Frente Amplio einmal die Nationalwahlen gewinnen sollte, sich selbst regieren soll. Wie wichtig diese Basiskomitees sind, erwies sich in den Jahren, in denen das Parlament ein Gesetz über die Straffreiheit für alle Verbrechen gegen die Menschlichkeit, die Polizisten und Militärs unter der Diktatur begangen hatten, annahm. Das war am 22. Dezember 1986. Die Entrüstung der Bevölkerung drückte sich lautstark in einer Demonstration mit Kochtöpfen aus, wie es sie seit dem letzten Diktaturjahr nicht mehr gegeben hatte. So stark, dass der Senat, die zweite Kammer des uruguayischen Parlaments, dem Rundfunkdirektor Germán Araújo, der zum Kochtopfkonzert aufgerufen hatte, sein Mandat entzog. Ob der Druck der Militärs, die nicht vor dem Richter erscheinen wollten, die Mehrheit der Parlamentarier so einschüchterte, dass sie ihre Versprechen von vor der Wahl von 1984 vergaßen, oder ob es ein politisches Manöver der Colorado-Regierung war, um bei den nächsten Wahlen die 220.000 Stimmen der Polizei und Armee samt deren Familien für sich zu verbuchen, ist schwer zu sagen. Doch hatten sie die Rechnung ohne das Volk gemacht. Gemäß der uruguayischen Verfassung kann ein Parlamentsgesetz aufgehoben werden, wenn ein Volksentscheid es missbilligt. Und dieses Referendum muss veranstaltet werden, wenn 25 Prozent aller Wahlberechtigten es mit ihrer Unterschrift fordern. Drei Frauen, die Witwe des in Buenos Aires von einem uruguayischen Militärkommando ermordeten Frente-Amplio-Senators Zelmar Michelini, die Witwe von Gutiérrez Ruiz, ehemaliger Präsident des Abgeordnetenhauses, sowie die Großmutter eines der 120 entführten Kinder ergriffen die Initiative zu einem Referendum und wurden dabei von der Frente Amplio, dem Flügel der Blanco-Partei, der ebenfalls gegen die Militäramnestie gestimmt hatte, der katholischen Unión Cívica, den Gewerkschaften und ihrer Zentrale PIT-CNT, dem Studentenbund sowie unzähligen sozialen, kulturellen und berufsbezogenen Verbänden unterstützt. Um die benötigten 550.000 Unterschriften zu sammeln, ging man von Haus zu Haus, denn die Unterschrift musste exakt mit der Unterschrift im Wahlausweis übereinstimmen und auch die Registernummer musste stimmen. Vor allem dank der weit verzweigten Organisation der Frente-Amplio-Komitees und der Gewerkschaften kamen 634.702 Unterschriften zusammen. Doch der Wahlgerichtshof eliminierte unter den absurdesten Vorwänden – weil eine Registernummer größer als die andere war, weil ein Registerbuchstabe verbessert war – über hunderttausend Unterschriften. Der Protest der Bevölkerung, die öffentliche Anprangerung der Fälschungen zwangen den Wahlgerichtshof letzten Endes, 37.000 Unterschriften nur als suspendiert zu betrachten und am 17., 18. und 19. Dezember 1988 zur Ratifizierung vorzulegen. An diesen Tagen konnten die Beanstandeten in den Wahllokalen unter Vorlage ihres Wahlausweises zum zweiten Mal, jetzt persönlich, ihre Unterschrift für das Referendum bestätigen.

Das Problem war, wie in zwei Wochen die Beanstandeten ausfindig zu machen waren, denn im Staatsanzeiger, den nur Geschäftsleute in geringer Zahl beziehen, waren sie nicht einmal in alphabetischer Reihenfolge, sondern nur in der des Wahlausweises angegeben. Die »Comisión Nacional pro Referendum« musste in zwei Tagen mit Computern die Namen in alphabetische Folge bringen, zwei linke Tageszeitungen veröffentlichten einige zehntausend Exemplare der Liste und mit der Liste gingen wir wieder von Haus zu Haus, um unter fast drei Millionen Uruguayern die vom Wahlgerichtshof Aufgerufenen ausfindig zu machen und zum Unterschreiben an jenen Tagen aufzufordern. Wie tausend andere saßen Feva und ich an einer Straßenecke unseres Stadtteils und befragten alle Vorbeigehenden, ob sie seinerzeit unterschrieben und sich bereits erkundigt hätten, ob sie zum zweiten Unterschreiben aufgefordert waren. Nach jenen zwei Wochen waren wir von der Sommersonne braun gebrannt, aber es war nicht umsonst gewesen.

Am 19. Dezember um drei Uhr nachmittags ertönte das Halleluja aus Händels »Messias« im Rundfunksender von Germán Araújo, dem Senator der Frente Amplio, der von 60.000 Menschen in den Senat gewählt und von 25 seiner Kollegen hinausgeworfen worden war. Die Zahl der für das Referendum notwendigen Unterschriften war, allen Manövern zum Trotz, überschritten worden. Auf dem »18 de Julio«, der Hauptstraße Montevideos, bildete sich spontan ein enorme Demonstration der Freude, um diesen Sieg zu feiern.

Für uns, Kinder zweier Welten, wurden Erinnerungen wach. Die Zeit des Aufstiegs des Nationalsozialismus; Parallelen, aber auch große Unterschiede. Feva und ich hatten es den Nachbarn aus eigener Erfahrung erklären können, wohin es führt, wenn man zurückweicht und den Erpressungen der Faschisten nachgibt. Wir wussten es aus der Zeit der Weimarer Republik, als die junge Demokratie zu kleinmütig war, Front gegen ihre erklärten Feinde zu machen, die Hugenbergs und Hitlers, die schwarze Reichswehr erst, den Stahlhelm und die SA später, ihre Geldgeber, die Schlotbarone und Junker. Wie sie ihnen Schritt für Schritt das Feld räumte, den Erpressungen nachgab. Wie, ohne Widerstand entgegenzusetzen, die preußische SPD-Regierung sich von 12 Reichswehroffizieren absetzen ließ, »um Blutvergießen zu verhindern«, das dann nur wenig später in Strömen fließen sollte. Wie man das »kleinere Übel« akzeptierte, bis man am größten angelangt war. Wie Hindenburg zum Reichspräsidenten gewählt wurde, um Hitler zu verhindern. Wie Hindenburg dann genau diesen Hitler zum Kanzler berief und es zu spät war. Wir wussten und erklärten es vielen Nachbarn, dass Angst genau zu dem führt, was man verhindern will.

Aber aus unseren Dialogen an der Haustür haben wir selbst auch mehr gelernt, als wir lehren konnten. Das Hauptargument der regierenden Colorado-Partei und der sie unterstützenden Mehrheit der Blancos war »Angst«. Angst vor einem angeblichen neuen, kurz bevorstehendem Militärputsch. Aber dieses Argument »Angst« war bei einem großen Teil der Uruguayer nicht angekommen. Sie fragten nicht nach den Folgen. Sie waren überzeugt, alle Bürger seien vor dem Gesetz gleich, andernfalls wäre es keine Demokratie mehr.

Jene scheinbare Indifferenz vor einer neuen Staatsstreichsgefahr entsprang nicht politischer Kurzsichtigkeit. Hatten die Uruguayer nicht unbeirrbaren Eigenwillen bezeugt, als sie unter der Schreckensherrschaft der Militärs deren Absicht, die Verfassung zu verändern, durchkreuzten? Und Mut, indem sie die Generäle zum Rückzug in die Kasernen zwangen? Damals hatten sie dieselben Waffen wie heute und dazu noch die politische Macht. Sollte man heute in der Demokratie vor ihnen mehr Angst als unter der Diktatur haben? Aus dieser Grundhaltung und ihrem demokratischen Selbstverständnis heraus wird das Wunder – für mich ein Wunder! – begreiflich, dass trotz des Schreckgespensts der Rückkehr der Diktatur und der Übergabe der Unterschriftenlisten an die Militärs ein Viertel der Bevölkerung seine Unterschrift für das Referendum gegen die Militäramnestie gab. Nicht einen anonymen Stimmzettel ausfüllte, sondern den eigenen Namen mit der Wahlregisternummer öffentlich bekannt gab! Jenseits aller politischen Überlegungen und Perspektiven entspricht diese Zivilcourage der Lebensart der Uruguayer. Sie ist freier und ungezwungener als die der Deutschen. Die Kehrseite dieses Charakters mag eine gewisse Nachlässigkeit, Unordentlichkeit und auch Unzuverlässigkeit sein. Die muss man in Kauf nehmen. Ich tue es, auch wenn ich mich zuweilen darüber ärgere und es mit dem sprichwörtlichen disziplinierten deutschen Betragen vergleiche. Doch Montevideo ist nicht Uruguay. Das Referendum am 16. April sollte es bestätigen. Obwohl die »grüne« Stimme, das heißt die Stimme der Gegner der Militäramnestie, in Montevideo die Mehrheit erlangte, gab im Landesinnern, wo die offiziellen Medien fast ein Informationsmonopol hatten und auch die Treue zu den traditionellen Caudillos der Colorados und Blancos eine starke Rolle spielte, die große Mehrheit der Bevölkerung den »gelben« Wahlzettel, mit dem die Amnestie bestätigt wurde, ab.

Die Folterer und Mörder in Uniform sind bis 2005, als die Frente Amplio die Regierung antrat, nicht vor den Richter getreten, die Mütter und Großmütter der entführten Kinder mussten vorerst ihre Hoffnung auf ein Wiedersehen mit ihnen aufgeben. Die Entführer, deren Namen bekannt sind, wurden nicht verhört. Doch ist die Kampagne für die Menschenrechte nicht umsonst gewesen. Die »grüne« Hoffnung auf eine gerechtere und menschlichere Gesellschaft ist nicht begraben worden, nach einer ersten Reaktion der Enttäuschung ist sie neu erstanden, hat neuen Mut gefunden. Denn repräsentierten die Senatoren, die für die Militäramnestie stimmten, noch 71 Prozent der bei den Wahlen von 1984 abgegebenen Stimmen, so erhielt ihre »gelbe« Option des Zurückweichens vor den Erpressern nur noch 56 Prozent im Lande. Und der »gelbe« Sieg wurde nicht gefeiert. Denn die Angst feiert man nicht.

Bittere Erfahrungen und neues Engagement

Keine sieben Wochen nach jener anspannenden Kampagne fahre ich wieder in die Bundesrepublik. Wegen der Untersuchung meines Gesundheitszustandes, wegen meiner »reformierten Anatomie«, muss ich das vorerst jedes Jahr wiederholen. In Uruguay war das Gesundheitswesen unter der Diktatur vollständig heruntergekommen und wird noch lange brauchen – u.a. eine Regierung, der die Gesundheit der breiten Bevölerung am Herzen liegt! –, um seinen alten Stand wiederzuerlangen. Also muss ich nach Deutschland reisen. Muss? Nein, so schwer es uns hier fällt »Lebewohl« zu sagen, so freudig ist unser Wiedersehen mit den Freunden in Deutschland. Und natürlich komme ich dann auch mit Heinz und Suse in Israel zusammen, und Feva kann ihre Tochter Tania sehen. Wir haben Familienangehörige in allen Erdteilen. So werde ich wohl als Wanderer zwischen zwei Welten hin und her ziehen, bis mein Leben zu Ende ist.

Im letzten Jahrzehnt ist viel passiert, doch ich bin immer noch da. Die Welt um mich herum hat sich weiter verändert, und so habe auch ich mich verändert. Um nicht missverstanden zu werden, die Werte, die mein Tun und Handeln bisher leiteten, gelten für mich nach wie vor. Die Kompassnadel meines Weges zeigt in dieselbe Richtung. Sparsam geworden mit pauschalen Begriffen wie Sozialismus und Demokratie, und mit Vorbehalt wegen der Abnutzung dieser Begriffe, denke ich weiterhin daran, an einer Gesellschaft mitzuwirken, in der die freie Entwicklung eines jeden die Bedingung für die freie Entwicklung aller ist. Auch das, ich weiß es, gibt weiten Raum für Interpretationen. Und das soll es auch, nachdem eingeschlagene Gesellschaftsmodelle gescheitert sind, Auswege sich als Irrwege herausgestellt haben und die Suche nach neuen Wegen gerade erst begonnen hat.

Der Untergang des »realen Sozialismus«, insbesondere das Ende der DDR, war auch für mich eine Niederlage. Nicht weil die DDR meinen Idealen entsprochen hätte, wohl aber weil ich dort eine Alternative zu einer Gesellschaftsordnung sah, die auf der Ausbeutung der Arbeitenden und der Dritten Welt begründet ist und trotz oder wegen ihrer ökonomischen Effizienz den Menschen durch Konsum, Krieg und Krise ihre Würde nimmt. Ich glaubte in jenem »Sozialismus« einen Weg zu sehen, der über humanistische Reformen – zwei Jahrzehnte zuvor hatte ich Rudolf Bahros *Alternative* gelesen – zu einer besseren und gerechteren Welt fuhren könnte. Noch im Herbst 1989 hoffte ich, das »menschliche« Antlitz jenes deutschen Staates würde sich nun endlich zeigen, obwohl frühere Versuche in Ungarn, der Tschechoslowakei oder in Polen gescheitert waren. Dass das nicht nur an den sowjetischen Panzern gelegen hatte, erwies nun die kurze deutsche Geschichte von Massenflucht und Montagsdemos bis zur »Wiedervereinigung«. Ich hatte mich geirrt. Verkrustete Machtverhältnisse hatten längst jede andere mögliche sozialistische Alternative im Kein erstickt. Sodass, als sich die DDR auflöste, keine Zeit für neue, nie erprobte Ansätze blieb und nur die in der Bundesrepublik scheinbar bewährte, kapitalistische Gesellschaftsordnung das Vakuum füllen konnte.

Aber auch anderes lehrte mich die sich verändernde Welt. Und das gleichermaßen die Militärdiktatur in Uruguay wie der Untergang des Realsozialismus: Die Notwendigkeit der Freiheit. Der persönlichen wie der gemeinschaftlichen Freiheit. Wer wie ich Unterdrückung und Verfolgung schon unter dem deutschen Faschismus und Jahre seiner Jugend im Gefängnis und im Konzentrationslager verbracht hat, weiß sehr wohl, was es heißt, unfrei zu sein. Zumal man erst die Freiheit erst so richtig zu schätzen vermag, wenn sie einem fehlt. Eben nur so, aus der Perspektive des Mangels hatte ich den Wert der Freiheit begriffen. Erst die bleiernen Jahre der Diktatur in Uruguay, dann das letztliche Scheitern des Staatssozialismus, ließen mich verspüren, wie ohne den Sauerstoff der Freiheit die Luft zum Leben stickig wird, wie Initiative und Kreativität verkümmern. Was ich zudem schon wusste, war, dass demokratische Verhältnisse keine Garantie für soziale Gerechtigkeit sind. Sie gestatten die Ausbeutung der ökonomisch Schwachen und die Macht des großen Geldes. Die heute vorherrschende kapitalistische Ordnung kommt auch ohne sie aus, allenfalls sucht sie ein demokratisches Gesicht zu wahren, die äußeren Formen wie eine leere Schale ohne innere Substanz zu erhalten. Der Markt regelt ohnehin Wirtschaft und Gesellschaft in ihrem Sinne. Was ich aber jetzt erkannte, war, dass ohne demokratische Verhältnisse keine sozial gerechte Gesellschaft aufgebaut werden kann. Für eine solche sind sie Voraussetzung und fernes Ziel. Dass diese kein einmal proklamierter und etablierter Zustand sein kann, sondern ein langer und widersprüchlicher Prozess sein wird, sollten mich auch andere Erfahrungen lehren. Im November 1989 erlangte die Frente Amplio bei den Kommunalwahlen in Montevideo die Mehrheit, und am 1. März 1990 trat mit dem Onkologen Dr. Tabaré Vázquez erstmals in der Geschichte des Landes ein Sozialist sein Amt als Oberbürgermeister an. Eine seiner ersten Maßnahmen war die Dezentralisierung der Gemeindeverwaltung. Der Bezirk Montevideo wurde in 18 Zonen aufgeteilt. In jeder dieser Zonen wurde ein kommunales Zentrum aufgebaut, das »Centro Comunal«. Damit wurde die geografische wie auch menschliche Nähe der Regierung zu den Bürgern angestrebt. Jetzt wurde nicht mehr in der Machtzentrale des Bürgermeisteramtes ein Fünfjahresplan am Schreibtisch entworfen, sondern von Nachbarschaftsversammlungen in allen Stadtteilen wurden die Realitäten diskutiert und die notwendigen Prioritäten nach einer aufwändigen Diskussion gemeinsam entschieden. Aufgrund dieser Prioritäten wurde dann der Haushaltsplan aufgestellt und schließlich vom städtischen Parlament verabschiedet.

Gegen den anfänglichen Widerstand der beiden traditionellen Parteien Blancos und Colorados konnte zwei Jahre darauf das Gesetz zur Partizipation der Bürger verabschiedet werden. Außer den politisch zusammengesetzten Bezirksräten, den »Juntas Locales«, wurden nun auch in jeder der 18 Zonen überparteiliche Nachbarschaftsräte gewählt, deren Aufgabe es ist, die Interessen der lokalen Bevölkerung zu vertreten. Ein System der Partizipation der Bürger, das in Montevideo und im brasilianischen Porto Alegre entstand und inzwischen in vielen anderen lateinamerikanischen Großstädten, vor allem dort, wo Linksparteien die Mehrheit auf kommunaler Ebene stellen, Schule gemacht hat. Diese Neuerung rief eine soziale Wiederbelebung vieler Bürgerinitiativen und die Neugründung vieler Stadtteilkommissionen hervor. Andere Initiativen, die unter der Diktatur verboten waren oder nach 1985, während der Regierungszeit der Colorados entschlafen waren, erwachten erwartungsvoll zu neuem Leben. Damit eröffneten sich für mich und Feva neue Arbeitsfelder in unserem Stadtteil, genauer gesagt im »Centro Comunal Nr. 8«. Und auch viele neue Erfahrungen. Positive Erfahrungen bezüglich der Potenziale an Ideen und Kreativität, etwas, was sich vorher nicht hatte entfalten können. Aber auch bittere Erfahrungen. Die Verinnerlichung des Musters »Befehlen und Gehorchen«, die Unlust, Verantwortung zu übernehmen, die Gewohnheit, regiert zu werden und nicht selbst zu regieren, war weit verbreitet.

Dazu gesellten sich die »Tugenden« des Neoliberalismus, in dem ein jeder sich selbst der Nächste ist. Und in dem Maße wie die Medien, allen voran das Fernsehen, zu einer Art vierten Gewalt geworden sind, haben sich auch die Menschen mehr zurückgezogen, zumindest vom aktiven Engagement. Eine seltsame Erfahrung: Jetzt, wo die Strukturen für Teilhabe und Mitregieren geschaffen worden waren, war es schwieriger, die Menschen dafür zu gewinnen. Das wird viel Zeit und Arbeit kosten.

In unserem Straßenviertel gab es drei Straßen, die in der Nacht kaum passierbar waren. Ohne Beleuchtung traute sich kaum jemand dorthin. Nach Rückfrage mit den Nachbarn schloss unsere Stadtteilkommission einen Vertrag mit der Stadtverwaltung ab, wonach von der Verwaltung die Installation der Kabel, das Aufstellen der Pfosten etc. übernommen werden sollten, die Nachbarschaft aber die nötigen Lampen für eine ordentliche Beleuchtung der Zone finanzieren sollte. Innerhalb von drei Monaten kam das Geld für die Lampen zusammen, die Stadtverwaltung installierte die Infrastruktur, und unsere Straßen waren nun auch bei Neumond hell erleuchtet. In einem Straßenzug wurde sogar mehr Geld gesammelt, als für den Kauf der Lampen nötig war. Zu der Nachbarschaftsversammlung in dieser Straße kamen dann von den ca. 50 Familien, die eingezahlt hatten, allerdings nur zwölf Familien, die anderen blieben zu Hause. Da so kein Beschluss zu fällen war, wurde es dem Komitee übertragen, eine Verwendung für das Geld zu finden.

Im Bereich unseres Kommunalzentrums unterhält die Stadtverwaltung auch eine Kindertagesstätte, in der Kleinkinder aus armen Familien betreut werden. Die Kinder erhalten dort geistige, psychische und motorische Anregungen. Etwas, woran es in den Haushalten oft fehlt. Die Verwaltung bezahlt bei diesem Programm das Gehalt der Lehrerinnen, der Erzieherinnen etc. und stellt die Lebensmittel für zwei Mahlzeiten täglich. Die Verwaltung der Tagesstätte obliegt allerdings nicht der Stadt, sondern der Betrieb wird von einer Nachbarschaftskommission gemanagt. Da sich aber für diese Kommission nicht genügend Mitarbeiter in der Nachbarschaft gefunden hatten, nahm auch Feva an dieser Kommission teil. Das obwohl wir mehr als zwei Kilometer entfernt vom Kinderhort wohnen. Täglich sind Mittel für die Ausgaben zu besorgen, die Buchhaltung ist zu machen, Kontrolle und Initiativen für ein gutes Funktionieren sind vonnöten. Vor allem aber fehlt es an einem neuen Gebäude, denn das jetzige ist für die kleinen Kinder absolut ungeeignet. Fevas ständige Klage: Der Probleme sind viele, der Mitarbeiter viel zu wenige.

Aber nicht nur auf der lokalen Ebene, auch bei der Verwaltung selbst sind viele Schwierigkeiten zu überwinden. Da ist die kümmerliche Effizienz eines Beamtenapparates, im 20. Jahrhundert von den traditionellen Parteien nach dem Muster geschaffen: Du gibst mir deine Wählerstimme und ich gebe dir eine Anstellung im öffentlichen Dienst. Da ist die angestammte Bürokratie, bei der jeder Abteilungsleiter seine Parzelle der Macht eifersüchtig zu bewahren sucht. Wenn aber die Regierungsinstanzen mit Informationen an die Juntas Locales und die Nachbarschaftsräte geizen – und Information ist die Vorbedingung jeder Demokratie – und wenn die ausführenden Organe, Angestellte wie Arbeiter, nur schleppend den Bedürfnissen der Bürger nachkommen, so dämpft das den Impuls derer, die mitregieren sollen und wollen.

Die Partizipation in Montevideo ist also ein konfliktreicher Prozess. Erst in der Konfrontation zwischen althergebrachten autoritären Verhaltensmustern und neuen persönlichen Erfahrungen wird er sich allmählich weiterentwickeln können.

Erich Fromms sozialpsychologische Schriften hatte ich lange zuvor gelesen. Nun machte ich ganz konkret die Erfahrung bei den alltäglichen Arbeiten in der Nachbarschaftskommission unseres Stadtteils, wie weit Vorsatz und Realität auseinander klaffen können. Die besten Strukturen taugen nicht viel, wenn es nicht gelingt, den Willen und den Tatendrang der Menschen zu aktivieren. Die besten Gesetze bleiben Schemen, wenn die Menschen nicht reif für ihren Gebrauch sind. Das spricht weder gegen die Bildung neuer sozialer Strukturen noch gegen den Erlass gerechterer und besserer Gesetze, doch parallel dazu muss eine kulturelle Revolution den Menschen verändern, seinen engen ich- und familienbezogenen Horizont erweitern, solidarisches Verhalten zu einem Alltagscharakter machen, die durch den Markt erzeugte Konsummentalität muss durch eine andere Neugier nach Wissen, Verständnis und geistigen Gütern ersetzt werden. Das waren meine Erkenntnisse um die Jahrtausendwende und diese suchte ich auf der praktischen Ebene in unserem Stadtteil sowie auf der politischen Ebene einzubringen. Denn die soziale und politische Wende, die sich in Lateinamerika heute andeutet, wird sich nur dann dauerhaft durchsetzen, wenn sich die Mitbestimmung der Bevölkerung erweitert, ihr Mitregieren Realität und Alltag wird.

Die fast vierzehn Jahre der Linksregierung in Montevideo scheinen zu beweisen, dass das möglich ist. 1989 war die Frente Amplio in Montevideo mit 34 Prozent der Stimmen gewählt worden. Fünf Jahre später wurde sie mit 44 Prozent der Stimmen wieder gewählt, 1999 dann mit 58 Prozent aller Stimmen bestätigt. Dieser Erfolg erklärt sich – außer durch ihre Sozialpolitik – vor allem aus dem Erlebnis der Bürger, zum ersten Mal selbst, direkt oder indirekt, an der kommunalen Verwaltung beteiligt gewesen zu sein. Nicht alles, was sie sich gewünscht haben, ist realisiert worden. Aber das, was geschafft wurde, ist auch auf das Begehren und den Wunsch der Bevölkerung zurückzuführen.

Das mit dem Zusammenbruch der Banken im Juni 2002 in Uruguay endgültig gescheiterte neoliberale Modell eines Finanzparadieses in Uruguay hat nicht nur den Ruin der Industrie und großer Teile der Landwirtschaft bewirkt, sondern hat auch den Wahlsieg der Frente Amplio bei den Wahlen im Oktober 2004 herbeigeführt. Trotz aller gemachten Fortschritte bleibt die Frage, was die Linke wirklich verändern kann? Was kann sie als Landesregierung tun, um die Krise zu überwinden und zugleich den nationalen Reichtum von oben nach unten umzuverteilen? Welche Spielräume gibt es – ohne eine Revolution – jenseits und gegen die Regeln des Internationalen Währungsfonds und die Macht der Konzerne. Die Programme und Projekte mögen noch so gut und fortschrittlich sein, ohne die Mobilisierung der sozialen Bewegungen werden sie nur schwerlich funktionieren, ohne ihre Partizipation – selbst eine konfliktive – im Sande verlaufen. Das gilt meines Erachtens für Uruguay wie für linke Bewegungen in aller Welt.

Meine Desillusion, was einen schnellen und radikalen Wandel angeht, mag den erlebten Niederlagen, vielleicht auch meinem Alter geschuldet sein, eine Ernüchterung angesichts der realen Möglichkeiten der Veränderung. Keineswegs aber bedeutet sie ein Sich-Abfinden mit den gegebenen Verhältnissen, eine Anpassung an die herrschende Realität. Rund um mich herum ist die Welt erschreckend grausamer und menschenverachtender geworden. Gab es zwar in Uruguay schon immer Armut, so verhungern in diesem reichen Land Anfang des 21. Jahrhunderts Kinder. Gab es schon immer Kriege, so sind sie heute fast schon wieder zur Normalität geworden. Zum Massenhungertod aufgrund der wirtschaftlichen Vorherrschaft der multinationalen Konzerne hat sich der Massenmord der Supermächte gesellt. Allen voran der USA, aber keineswegs dieser allein.

Unmöglich, dabei tatenlos zuzusehen. Zu der Arbeit im Stadtteilkomitee kam im letzten Jahrzehnt vor allem die Mitarbeit im »Bertolt-Brecht-Haus« hinzu. Das »Kulturinstitut Uruguay–DDR« war während der Militärdiktatur geschlossen worden. Es wurde uns aber durch einen Gerichtsbeschluss 1989 wieder zurückgegeben. Allerdings nur das Gebäude, nicht die entwendeten Möbel und Einrichtungsgegenstände. Wenige Jahre, nachdem das Kulturinstitut seine Arbeit wieder aufgenommen hatte, hörte die DDR auf zu existieren. Die Institution mitsamt der Immobilie war nicht auf den Namen einer DDR-Institution eingetragen, sondern wurde schon immer von einem unabhängigen Verein mit Sitz in Montevideo betrieben. So konnte die »Wiedervereinigung« vermieden werden. Es blieb im Besitz der Vereinsmitglieder, zumeist Uruguayer, viele, aber längst nicht alle davon deutschstämmig, und vertrat ab da das »Andere Deutschland«, denn das offizielle Deutschland war und ist in Montevideo durch das Goethe-Institut vertreten.

Nach der Öffnung der Mauer in Deutschland und nach der erfolgten »Wiedervereinigung«, genauer gesagt, des Anschlusses der DDR an die Bundesrepublik, zogen sich viele derjenigen, die vorher aktiv gewesen waren, in ihr privates Schneckenhaus zurück. Diejenigen, die wie ich das Scheitern des Staatssozialismus nicht mit der sozialen Vollkommenheit und Zukunftsträchtigkeit des Kapitalismus gleichsetzten, setzten auch im reichen Deutschland auf die Kräfte, die bereit waren, um gemeinsam für eine Entwicklung auf solidarischer Grundlage zu kämpfen. Es gilt, sich nicht mit dem Status quo als einzig möglichem Endzustand der Geschichte abzufinden, sondern neue Wege auf der Grundlage alter sozialer Ideale, aber angepasst an die veränderte Situation und die gegenwärtigen Bedürfnisse, zu erkunden und zu begehen. Hier wie dort. Die »Casa Bertolt Brecht« ist heute eines der wenigen uruguayischen sozio-kulturellen Zentren der Linken. Außer dem Deutsch-Unterricht finden hier Konferenzen und Debatten über ein breites Spektrum von Themen statt. Dazu Rezitationen, Ausstellungen, Musikabende und Seminare über ökologische und soziale Probleme. Dabei kann die »Casa Bertolt Brecht« auch mit der Unterstützung deutscher Stiftungen wie der Heinrich-Böll-Stiftung, der Rosa-Luxemburg-Stiftung oder des »Solidaritätsfonds für Demokratische Medien in der Welt« rechnen. Und auch weil Feva und ich Wanderer zwischen den Welten sind, d.h. in Montevideo leben, aber jedes Jahr einige Monate im deutschen Sommer verbringen, können wir die Beziehungen zu den deutschen Partnern aufrechterhalten. Insofern sind wir zu Botschaftern geworden. Ohne diplomatische Pässe zwar, versuchen wir doch auch, Erfahrungen der Linken des kleinen Uruguays – gute wie schlechte – im großen Deutschland zu vermitteln. Andererseits lernen wir in Deutschland viel Neues kennen, was wir dann wiederum mit nach Uruguay nehmen können.

Und weiter lockt die Welt ...

Viele der Beziehungen sozialer und politischer Art sind mit der Zeit zu persönlichen Beziehungen und Freundschaften geworden. Unser Haus in Montevideo ist ein Haus der Offenen Tür, der Mate macht die Runde im Schatten der Glyzinie in unserem Garten, und wenn sich das Basiskomitee versammelt oder die Stadtteilkommission sich bei uns trifft, ist es eine Mischung aus Politik und Geselligkeit. Seit mehreren Jahren schreibe ich sowohl für die *ila*, eine Lateinamerika-Zeitschrift, die in Bonn von der Informationsstelle Lateinamerika herausgegeben wird, als auch für verschiedene Medien der Frente Amplio. Aber auch Bücher. Zwei sozio-politische Bücher und drei Bände mit Erzählungen sind auf Spanisch in Montevideo erschienen. In *Ilusiones, frustraciones y esperanzas de la Izquierda* (Illusionen, Frustrationen und Hoffnungen der Linken) versuche ich den Uruguayern Analysen deutschsprachiger Sozialisten zur Zeit der Agonie des »Realsozialismus« zu vermitteln. Denn hier in Uruguay kommt diese Art von Literatur nur aus englischen, französischen, italienischen oder nordamerikanischen Quellen. Deutsche Literatur ist kaum zugänglich. So habe ich in diesem Buch die Ideen Robert Havemanns, Rudolf Bahros und Erich Fromms und anderer resümiert. Dabei aber immer auch aus einer lateinamerikanischen Sicht kritisch reflektiert, denn oftmals ist die Sicht der Autoren sehr eurozentristisch.

In *El Desafío de la globalización – Proceso forzoso o gobernable?* (Die Herausforderung der Globalisierung – Ein zwangsläufiger oder ein lenkbarer Prozess?), das 2002 erschien, habe ich versucht, die Entwicklung des Kapitalismus und des Neoliberalismus darzustellen und alternative Möglichkeiten zu einer solidarischen Welt aufzuweisen.

Los alemanes del milagro y los otros (Die Deutschen des Wunders und die Anderen), 1993 erschienen, beinhaltet Erzählungen vor dem Hintergrund deutscher Realität. Wobei »die Anderen« die nicht vom Wirtschaftswunder Beglückten und die Ausländer in Deutschland sind. Ein weiteres Buch ist *El camino a Sisikon – Geografías humanas* (Der Weg nach Sisikon – Menschliche Geographien) von 2000. Darin erzähle ich von Ländern, die ich bereist habe oder in denen ich gelebt habe. Im Jahr 2003 erschien auch eine spanische Fassung meiner Biografie in einem uruguayischen Verlag. Alfa Weil, die Tochter von Feva, übersetzte mein Manuskript ins Spanische.

De años oscuros (Aus dunklen Jahren), der letzte Erzählungsband, wiewohl fiktive Geschichten, schildert Episoden aus Ländern Lateinamerikas unter der Militärdiktatur, aus Nazi-Deutschland und auch aus der DDR. Überall, wo einmal das Licht der Freiheit fehlte.

In meinem Kopf schwirren noch viele Ideen umher. Einiges davon habe ich auch schon als Fragment aufs Papier gebracht. Doch habe ich auch meine Zweifel, wie es weitergeht, ob mir meine Lebenszeit reicht, alle jene Projekte auszuführen. Meine Kräfte haben doch etwas nachgelassen. Und alle meine Kräfte nur auf Aktivitäten wie Politik und Schreiben zu verwenden ist heute nicht mehr meine Sache. Arbeiten und das Leben bis zum Letzten zu genießen, ich versuche es zu vereinbaren. Immer noch macht es mir große Freude, unterwegs zu sein, »auf die Walz zu gehen«. Und in der Natur gehe ich immer noch auf, das ist wie früher. Uruguay ist das Land, wo ich glaube, etwas bewirken zu können, und darum meine gesellschaftliche und politische Heimat, und doch zieht es mich immer wieder nach Europa und vor allem in die heimatlichen Gefilde in Deutschland. Dort finde ich Ruhe und Muße, finde ich Kraft für neue Initiativen, kommen mir neue Ideen. Sind es die Erinnerungen an meine Jugend? So als könnte man da anknüpfen, wo die Welt am schönsten war. Eine Illusion? Statt einer Fortsetzung hatte es einen grausamen Bruch gegeben. Mein Leben war ganz anders verlaufen, als ich es mir vorgestellt hatte.

Aber immer noch lockt mich die Welt. Und meine Welt ist auch Evas Welt. In Holland, nahe bei Utrecht lebt Fevas Tochter Tania, von dort ist es nicht weit nach Delft, nach Amsterdam, nach Den Haag. Evas Bruder Federico lebte in São Paulo. Bei den Reisen nach Brasilien verliebte ich mich in Ouro Preto, die Stadt der Goldgräber des 17. und 18. Jahrhunderts, die bis heute wenig von ihrem kolonialen Gesicht verloren hat und die voller Geschichten ist, Geschichten von Rebellionen gegen die Portugiesen und viele andere mehr. Feva ist jetzt seit mehr als zwei Jahrzehnten für mich zu einem steten Ansporn für neue Erlebnisse und Unternehmungen geworden. Ihre ehemaligen Vorgesetzten im Frankfurter »Psychosozialen Zentrum für ausländische Flüchtlinge« sind nach Chile zurückgekehrt, in ihre Heimat. Auch sie haben wir besucht und das schmale Land von Valparaiso bis Puerto Montt besucht.

Mit einem Freund aus der Jugendzeit der »Kameraden« hatte ich zwar brieflichen Kontakt, viele Jahrzehnte hatten wir uns aber nicht mehr gesehen. Werner Guttentag, wie ich dem Naziregime entkommen, war Buchhändler und Verleger in Bolivien geworden, hatte sich um die bolivianische Literatur verdient gemacht und über viele Jahre hinweg die »Bibliografía Boliviana« herausgegeben. Wegen seiner Verdienste wurde schon zu seinen Lebzeiten sein Porträt als bolivianische Briefmarke herausgebracht! Auch ihn haben wir in Cochabamba besucht. Werner, etwas jünger als ich, gleichen Geistes und weiterhin sehr aktiv, führte uns zu historischen Orten wie Sucre und Potosí in »seinem« Land. In Potosí, auf 4.000 Metern Höhe bestaunten wir in der »Casa de la Moneda« den ehemaligen Reichtum an Gold und Silber. Aber uns wurde auch die brutale Ausbeutung der Indios klar, die zu Millionen ihr Leben in der »Münze«, dem Bergwerk, lassen mussten.

Nicht alle Fahrten waren Bereicherungen an Wissen und schön zugleich. Nach einem Besuch bei einer Freundin in Prag fuhren wir nach Theresienstadt. Dort im Konzentrationslager, aus dem ich die letzte Nachricht über den Aufenthalt meiner Eltern erhalten hatte, fand ich im Archiv das Datum ihres Transportes nach Ausschwitz und damit auch die Gewissheit über ihre Ermordung.

Wenn ich heute bedenke, wie weit wir herumgekommen sind, wie viel wir erlebt haben, so habe ich vieles nur den Freunden in der ganzen Welt zu verdanken. Freunden, die uns in Montevideo besucht haben und die wir in ihrer »Heimat« besucht haben. Freunde, mit denen wir gemeinsame Projekte entwickelt und durchgeführt haben, mit denen wir Erlebnisse, Erfahrungen und Gedanken austauschen konnten. Nicht alle leben heute noch. Amanda, die ich beim Kampf um menschenwürdige Wohnungen im Barrio Sur kennen gelernt hatte, ist gestorben. Käschen in Göteborg, Rudi und Stefan in São Paulo und auch mein Bruder Heinz sind nicht mehr unter uns.

Trotz all dieser schmerzlichen Verluste, wir haben bei all unseren Aktivitäten immer wieder neue Freunde kennen gelernt. Alte wie neue Freunde in Uruguay, in Lateinamerika, in Europa und in Deutschland: Dies ist unser größter Schatz.

Dass ich nicht unsterblich bin, habe ich inzwischen begriffen. Daran ist nun mal nichts zu ändern. Und das mag gut so sein. Da kommen die Jungen zum Zug. Mit frischen Kräften und neuen Ideen. Dass ich immer älter werde, nehme ich in Kauf, mache mir auch nicht vor, ich hätte noch die gleiche körperliche und geistige Kapazität wie früher. Doch wenn einem das Leben so viel gegeben hat, bescheidet man sich mit dem Rest. Ich glaube, dass ich nicht ganz umsonst gelebt habe. Etwas von einem bleibt wohl immer. Von mir vielleicht ein Stahlgerüst, das mit der Zeit gewiss verrostet, vorher aber seinen Dienst für diese oder jene nützliche Produktion geleistet haben wird. Oder ein paar Worte, die Widerhall bei diesem oder jenem gefunden haben und über andere weiterwirken. Vielleicht auch etwas von meiner Art und meinem Beispiel bei den Kindern. Schwer zu sagen, was wirklich bleibt. Aber es ist tröstlich, zu denken: Irgendetwas bleibt doch.

Trotzdem werde ich gewiss ein wenig strampeln, wenn es so weit ist. Und wenn mir überhaupt Zeit dazu bleibt. Aber auch beim schönsten Schauspiel gilt: Einmal muss der Vorhang fallen. Also auch für mich. Doch das Welttheater hört darum nicht auf. Das ist beruhigend, aber zugleich spüre ich dabei doch so etwas wie einen wehmütigen Neid: Es geht auch ohne mich weiter.

Bibliographie

Spanisch:

Cronicas del Barrio Sur, Montevideo, Banda Oriental, 1988
Los alemanes del milagro y los otros, Montevideo, Banda Oriental, 1993
Ilusiones, frustraciones y esperanzas de la Izquierda, Montevideo, Cuadernos de Marcha, 1996
El camino a Sisikon – Geografías humanas, Montevideo, Banda Oriental, 2000
El Desafio de la globalización – Proceso forzoso o gobernable?, Montevideo, Banda Oriental, 2001
Patria en el exilio – Exilio en la patria, Montevideo, Banda Oriental, 2003

Deutsch:

Südamerikanisches Domino. Geschichten von Liebe und Gewalt, Vorwort von Mario Benedetti, Peter Hammer Verlag, 1987
Exil in der Heimat – Heim im Exil, dipa-Verlag, 1990
Uruguay zwischen Diktatur und Demokratie, dipa-Verlag, 1991